社会的養護入門

小田兼三／石井 勲
[編著]

ミネルヴァ書房

はじめに

　人間社会にとって，児童養護はきわめて大切で自然な営みである。児童は家庭に生まれ，成長とともに，家庭にくわえて地域社会やより広い社会の息吹きを吸い，それらの一員として自覚するようになり，つぎの時代の家庭や社会の形成者となる。家庭の養育環境が不適切な児童や，心身に障害を受けた児童には，児童の子育ちの権利や気持ちを十分に尊重しながら，家庭と社会が援助する。そのような社会的養護によって，児童は家庭のみではえられないような集団の肌のぬくもりを感じ，また福祉的，機能的訓練を受け，成長していく。
　とくに社会的養護についての福祉の仕組み，関係，技術などを学び，同時にいじめや児童虐待にみられるような児童家庭福祉に目を向け，それらに前向きにこたえようとする態度をもつことが「社会的養護」の学習の出発点である。
　現代社会においては，子どもを取り囲む生活環境の変化，核家族化の進行と少子化などが重なって，児童家庭福祉も大きく変容しつつある。つまり，児童養護の社会化が求められている。
　21世紀に入ると，少子高齢化のスピードが早まるとともに，核家族化の影の部分が目立つようになってきた。このような点を踏まえ，現代の状況に対応した書籍を刊行すべく，以前刊行した『養護原理 第4版』（現代の保育学5）を絶版とし，この度，新たに最新の動向を盛り込んだのが本書である。
　上記の『養護原理』から数えてみると，30年の歳月が流れていることを知り，あらためて社会的養護の関係者や，フレッシュな感覚で本書を読むことになる学生諸氏にも，希望を託して，本書を捧げたい。

2013年1月

小田兼三

目　　次

はじめに

第1章　児童家庭福祉と社会的養護 …………………………… 1

1　児童家庭福祉の理念と社会的養護 …………………………… 1
　　（1）児童家庭福祉の理念　1
　　（2）児童家庭福祉と社会的養護　4

2　児童理解の基本 ……………………………………………… 8
　　（1）パーソナリティの形成と社会化　8
　　（2）児童のニーズと社会的対応　13

3　現代社会における児童家庭養護問題 ………………………… 15
　　（1）児童の生活と家族・地域社会　15
　　（2）児童家庭養護問題発生のメカニズム　18
　　（3）現代の児童家庭養護問題　19

4　親権・児童の意見表明権と児童家庭養護 …………………… 22
　　（1）親権の内容　22
　　（2）児童の意見表明権　23
　　（3）児童養護における親権行使と意見表明権　24

第2章　社会的養護の歴史 …………………………………… 28

1　欧米における社会的養護の歴史 ……………………………… 28
　　（1）イギリス　28
　　（2）アメリカ　33

2　日本における社会的養護の歴史 ……………………………… 35
　　（1）戦前・戦間期の子どもの養護　35
　　（2）戦後の子どもの養護　38

第3章　社会的養護における子どもの権利……41

1. 児童の権利に関する条約とは……41
   - （1）児童の権利に関する条約の成立と日本政府の批准　41
   - （2）児童の権利に関する条約の特徴と内容　42
   - （3）権利行使の主体としての位置づけと包括的保障　42
   - （4）子どもの環境としての家族や社会の重視と役割の明確化　43
2. 社会的養護で育つ子どもの権利……45
   - （1）社会的養護に求められる基準　45
     ──特別な保護と援助，そして回復の権利
   - （2）ケアにおいて保障される権利を知る　46
   - （3）措置やケアについて意見を言う権利　49
   - （4）暴力からまもられる権利　50
   - （5）家族との関係性を維持する権利　51
   - （6）プライバシー確保の権利　52
   - （7）学習する権利　53
3. 子どもの権利を守るための規範……54
   - （1）規範としての児童の権利に関する条約　54
   - （2）社会的養護における倫理　55

第4章　社会的養護の基本原理……58

1. 人権の尊重と人間形成の原理……58
   - （1）児童の権利と発達の保障　58
   - （2）人間形成　59
2. 個別化の原理……59
   - （1）個別化の要因　60
   - （2）児童福祉施設における個別的援助　61
3. 集団性活用の原理……62
   - （1）生活集団　63
   - （2）遊びの集団　63
   - （3）学習および治療集団　63
   - （4）生活集団の利点の活用　64

  4 親子関係尊重の原理………………………………………………… 65

  5 社会的自立の原理…………………………………………………… 68

    （1）施設入所時点から開始される積極的社会的自立　69

    （2）高校卒業後の社会的自立　69

第5章　現代の家庭と社会的養護……………………………………… 71

  1 子どもにとっての家庭と社会……………………………………… 71

    （1）人口減少社会　71

    （2）世帯規模の縮小　71

    （3）生活基盤の弱まり　73

  2 現代の家庭と社会的養護…………………………………………… 75

    （1）家族モデルの揺らぎ　75

    （2）子育て家庭における「貧困」　76

  3 社会の役割と社会的養護…………………………………………… 78

    （1）すべての子どもに対する支援の必要性　78

    （2）子育ち・子育て支援　78

    （3）子ども・子育てビジョン　79

    （4）子どもが安全・安心して育つ場の確保　80

  4 社会的養護の体系…………………………………………………… 81

    （1）社会的養護が必要になる場合　81

    （2）社会的養護の体系　81

第6章　社会的養護におけるソーシャルワーク ……………………… 84

  1 ソーシャルワークの視点…………………………………………… 84

    （1）ソーシャルワークとは　85

    （2）子ども家庭福祉時代のソーシャルワークとは　86

  2 ソーシャル・ケースワークの導入 ………………………………… 87

    （1）新たな社会的養護におけるソーシャル・ケースワークとは　88

    （2）事　例　89

  3 グループワークの導入……………………………………………… 91

　　　　　（1）グループワークとは　91
　　　　　（2）社会的養護におけるグループワーク　92
　　　　　（3）事　例　93
　　4　コミュニティワークの導入……………………………………………94
　　　　　（1）コミュニティワークとは　94
　　　　　（2）社会的養護とコミュニティワーク　95
　　　　　（3）事　例　95

第7章　社会的養護の実際………………………………………………98
　　1　子どもの日常生活……………………………………………………98
　　　　　（1）共に笑い・共に泣き・共に悩み・共に生きる…　98
　　　　　（2）事　例　100
　　　　　（3）生活日課　101
　　2　衣・食・住……………………………………………………………101
　　　　　（1）服　装　101
　　　　　（2）食　事　102
　　　　　（3）「住まい」としての生活空間　103
　　3　健康と安全……………………………………………………………104
　　　　　（1）心の健康と安全のための愛着形成　104
　　　　　（2）事　例　105
　　　　　（3）災害訓練　106
　　4　行　事………………………………………………………………106
　　　　　（1）行事内容と対象　107
　　　　　（2）行事の目的　107
　　5　施設における人間関係………………………………………………108
　　　　　（1）集団生活の中で　108
　　　　　（2）子どもと職員　108
　　6　性　教　育……………………………………………………………109
　　7　進学・就職……………………………………………………………109
　　　　　（1）増加する大学等への進学希望　109

　　　　（2）中学校卒業後の進路指導　110
　　　　（3）学習指導　111
　　　　（4）自立支援　111
　　8　アフターケア………………………………………………………112

第8章　社会的養護を担う専門職………………………………………113
　　1　専門職が守るべき規範・基準……………………………………113
　　2　保育士……………………………………………………………113
　　3　児童指導員………………………………………………………114
　　4　児童自立支援専門員………………………………………………115
　　5　児童生活支援員……………………………………………………116
　　6　母子支援員………………………………………………………116
　　7　少年を指導する職員………………………………………………117
　　8　児童の遊びを指導する者…………………………………………117
　　9　家庭支援専門相談員………………………………………………118
　　10　心理療法担当職員…………………………………………………118
　　11　被虐待児個別対応職員……………………………………………119
　　12　その他の専門職員…………………………………………………120

第9章　社会的養護における運営管理…………………………………121
　　1　児童福祉施設における運営管理…………………………………121
　　　　（1）運営管理の意義　121
　　　　（2）運営管理の要点　122
　　　　（3）運営管理の過程　123
　　　　（4）施設長の役割　124
　　2　児童福祉施設の設備及び運営に関する基準……………………124
　　　　（1）児童福祉施設の設備及び運営に関する基準の概念　124
　　　　（2）職員問題　125

3　施設組織と運営管理……………………………………………125
　　　　（1）法人のあり方　125
　　　　（2）資産・設備の管理　126
　　　　（3）職員組織　126
　　　　（4）職員会　127
　　　　（5）人事・労務管理　127
　　4　施設運営におけるアセスメント——第三者評価………………131

第10章　居住型児童福祉施設の種別と機能………………………132
　　1　家庭環境に問題のある児童のための施設……………………132
　　　　（1）助産施設　132
　　　　（2）乳児院　133
　　　　（3）児童養護施設　136
　　　　（4）自立援助ホーム　139
　　　　（5）母子生活支援施設　141
　　　　（6）児童家庭支援センター　144
　　2　障害児入所施設……………………………………………147
　　　　（1）主に知的障害児を対象とした福祉型障害児入所施設　147
　　　　　　——旧・知的障害児施設
　　　　（2）主に自閉症児を対象とした障害児入所施設　152
　　　　　　——旧・自閉症児施設
　　　　（3）主に盲ろうあ児を対象とした福祉型障害児入所施設　155
　　　　　　——旧・盲ろうあ児施設
　　　　（4）主に肢体不自由のある児童を対象とした障害児入所施設　161
　　　　　　——旧・肢体不自由児施設
　　　　（5）主に重症心身障害児を対象とした医療型障害児入所施設　163
　　　　　　——旧・重症心身障害児施設
　　3　情緒・行動面に問題のある児童のための施設…………………167
　　　　（1）情緒障害児短期治療施設　167
　　　　（2）児童自立支援施設　172

第11章　通園型児童福祉施設の種別と機能…………………………182

　1　主に知的障害児・肢体不自由児を対象とした児童発達支援センター
　　………………………………………………………………………182

　　（1）主に知的障害児を対象とした福祉型児童発達支援センター　182
　　　　——旧・知的障害児通園施設
　　（2）主に肢体不自由児を対象とした医療型児童発達支援センター　185
　　　　——旧・肢体不自由児通園施設

　2　その他の通園施設……………………………………………………188

　　（1）主に難聴幼児を対象とした福祉型児童発達支援センター　188
　　　　——旧・難聴幼児通園施設
　　（2）児童発達支援事業・放課後等デイサービス　190
　　　　——旧・児童デイサービス

第12章　家庭型社会的養護の種別と機能…………………………194

　1　里親制度………………………………………………………………194

　　（1）沿革と現状　194
　　（2）里親の種類　195
　　（3）里親手当　196

　2　養子縁組………………………………………………………………196

　　（1）普通養子縁組　197
　　（2）特別養子縁組　197

　3　地域小規模児童養護施設……………………………………………198

　　（1）家庭的養護のはじまり　198
　　（2）事　例　199
　　（3）課　題　200

　4　小規模住居型児童養育事業…………………………………………201

第13章　社会的養護と地域社会……………………………………203

　1　児童福祉施設における地域支援……………………………………203

　　（1）短期入所生活援助事業（ショートステイ）　204
　　（2）夜間養護事業（トワイライトステイ）　204

目　次

　　2　家庭における諸問題の発生と支援……………………………………………204
　　　　（1）家庭における諸問題の発生　204
　　　　（2）家庭支援のあり方　205
　　3　地域社会での連携………………………………………………………………206
　　　　（1）児童相談所との連携　206
　　　　（2）福祉事務所との連携　207
　　　　（3）警察署や裁判所との連携　208
　　　　（4）教育機関との連携　208
　　　　（5）医療機関との連携　209
　　4　ボランティア活動………………………………………………………………209
　　　　（1）地域ボランティアセンター　209
　　　　（2）学生ボランティア　210
　　　　（3）企業ボランティア　210

第14章　虐待を受けた子どもへの支援……………………………………………212
　　1　児童虐待の実態…………………………………………………………………212
　　　　（1）社会的養護と児童虐待　212
　　　　（2）児童虐待とは何か　213
　　　　（3）児童虐待の現状　214
　　　　（4）児童虐待を受けた子どもの受け入れ施設と子どもの特徴　216
　　2　児童虐待の発生要因……………………………………………………………217
　　　　（1）保護者側のリスク要因　217
　　　　（2）子ども側のリスク要因　218
　　　　（3）養育環境のリスク要因　218
　　3　児童虐待への対応………………………………………………………………219
　　　　（1）虐待の発生・早期対応・家族調整と心のケア・家族の再生への道　220
　　　　（2）地域での支援——要保護児童対策地域協議会を中心として　221
　　4　児童虐待の事例…………………………………………………………………221
　　　　（1）通報から施設入所まで——児童相談所が職権介入した事例　221

ix

（２）施設入所から家族再統合まで　223
　　　　　──施設での子どものケアと家族調整事例
　　5　残された課題 …………………………………………………… 225

第15章　社会的養護のこれから …………………………………… 227
　　1　社会的養護の変遷と改革 ……………………………………… 227
　　2　施設内虐待の背景と防止 ……………………………………… 228
　　　（１）暴力の背景　228
　　　（２）体罰の歴史　229
　　　（３）施設内虐待の事例　230
　　　（４）施設内虐待の防止　231
　　　（５）虐待防止への取り組み　232
　　　（６）苦情解決委員会　233
　　3　児童養護施設の小規模化 ……………………………………… 234
　　　（１）小規模化への取り組み　234
　　　（２）小規模施設の実際　236
　　4　社会的養護の当事者活動 ……………………………………… 237
　　　（１）社会的養護における当事者活動の現在　237
　　　（２）社会的養護で育った人たちが声を発していく困難　239
　　　（３）今後の課題　241
　　5　専門職員の待遇改善・研修と第三者評価 …………………… 243
　　　（１）専門職員の待遇　243
　　　（２）専門職員の研修　245
　　　（３）施設の第三者評価　247

おわりに
巻末資料
索　　引

第1章　児童家庭福祉と社会的養護

1　児童家庭福祉の理念と社会的養護

(1) 児童家庭福祉の理念

1) 児童保護と児童家庭福祉

　児童家庭福祉の発達は国によって異なるが、わが国の場合、1945（昭和20）年を境に大きく進歩した。それはこの年の第2次世界大戦の終戦によってわが国が大きく民主化したこと、また国民が児童家庭福祉に強い責任を感じたことなどによるところが大きい。それ以前の児童に対する援助の呼び方を児童保護、児童救済などというが、そのような考え方と児童家庭福祉のとらえ方との間には大きな違いがある。それを簡潔に表にまとめれば、表1-1のようになる。

　児童保護にあってはその対象を要保護児童に限定していたのに対し、現代の児童家庭福祉ではすべての児童とその家族を対象としてとらえるようになり、そのとらえ方が開放的になった。つぎに、児童に対する援助の理念の面では、かつては慈恵とか善意で行われていたが、現代では児童の権利、おとなの義務として、はっきりと規定されている。それは新憲法のもとで制定された児童福祉法の基本的な考え方として示されており、1997（平成9）年の全面改正においても受け継がれている。すなわち、児童福祉法は第1条で「児童福祉の理念」として、次のようにのべている。

> 1　すべて国民は、児童が心身ともに健やかに生まれ、且つ、育成されるよう努めなければならない。
> 2　すべて児童は、ひとしくその生活を保障され、愛護されなければなら

表1-1 児童保護と児童家庭福祉の比較

	対象	理念	性質	行動
児童保護	要保護児童	慈恵	消極的	個人的行動
児童家庭福祉	全児童とその家族	権利・義務	積極的	組織的活動

ない。

　このように規定して，すべての児童の心身の健全な成長，発達とそのための児童家庭に対する生活と愛護の保障を権利として認めている。第2条では「児童育成の責任」についてふれ，親とともに国，地方公共団体の公的責任と義務を明らかにしている。第3条では「前2条に規定するところは，児童の福祉を保障するための原理であり，この原理は，すべて児童に関する法令の施行にあたつて，常に尊重されなければならない」と「原理の尊重」を規定している。とりわけ，第1条では，児童が生活の保障と愛護をうける権利の主体であることを明らかにしており，これがわが国の現代の児童家庭福祉の制度，政策を進めるにあたっての基礎となっていることは重要である。

　また，児童保護の性質は消極的，事後的にとどまっていたが，児童家庭福祉は積極的，予防的な面を強くもっている。児童福祉法の規定にもうかがえるように，児童の心身の成長，発達を積極的に推進し，児童の自立支援，家庭への子育て支援に前向きに取り組むというのが，その大きな特徴である。

2）児童の権利のとらえ方

　児童福祉法以外にも児童家庭福祉の理念は，憲章や宣言などの形で，国の公的な承認のもとにある文書として，児童のために備えられている。第2次世界大戦後，わが国が新しい民主的な社会を目指していた時に，児童福祉法の精神をうたい上げるために1951年に制定された児童憲章は，その代表的なものである。また，ジュネーブ児童権利宣言，世界人権宣言などを基礎として国連で採択され，わが国の国会でも承認された児童権利宣言（1959年），知的障害者の権利宣言（1971年），障害者の権利に関する宣言（1975年），児童の権利に関する条約（1989年，わが国は1994年に批准）などがある。これらは児童をどのようにし

てとらえるかの基準となっており，あるべき児童家庭福祉の原型を示している。例えば，わが国の児童憲章はその精神を前文においてつぎのように示している。

　　児童は，人として尊ばれる。
　　児童は，社会の一員として重んぜられる。
　　児童は，よい環境のなかで育てられる。

　このような児童観を基本として児童憲章は，第1に健康な成長，発達と生活の保障の必要なこと，そのため家庭の役割が重要であることを強調している。第2に，精神的，知的発達と教育の役割をのべている。第3に，労働，遊び，環境についてふれ，最後に「すべての児童は，愛とまことによって結ばれ，よい国民として人類の平和と文化に貢献するように，みちびかれる」としている。こうして児童の生活の多くの面にわたって，その成長，発達の方向を，高い理想にたって規定しており，すぐれた内容をもった憲章である。
　また，国連の児童権利宣言は，児童の心身の未熟に対する特別の保護を「人類は，児童に対し，最善のものを与え」「児童が，幸福な生活を送り，かつ，自己と社会のためにこの宣言に掲げる権利と自由を享有することができるようにするため」に公布された。その内容は，人種，皮膚の色，性，言語，宗教，社会的出身，財産などによって差別を受けないこと，社会保障，適当な栄養，住居，レクリエーション，医療を与えられること，身体的，精神的，社会的に障害児は必要とされる特別の治療，教育，保護を与えられること，家庭的愛護を受ける権利を有すること，教育を受ける権利を有することなど，広い分野にわたる権利を指摘している。
　さらに，児童の権利に関する条約（子どもの権利条約）においては，最善，最大限，最高水準などの積極的な表現による児童の権利保障が確認されているにとどまらず，意見表明権，表現の自由についての権利など，児童の能動的な権利の保障が示されている。
　このように児童家庭福祉をとらえる理念は，高い精神と豊かな内容をもって，

児童の権利，おとなや国・地方公共団体の義務として世界的規模において位置づけられている。こういった児童に関する憲章，宣言，条約，法律を空文化させるのではなく，深い理解と認識をもってその実現にあたることが，児童家庭福祉関係者あるいは実践者に求められている。

3） 児童福祉から児童家庭福祉へ

児童家庭福祉において大切なことは，福祉の対象者，利用者として，児童だけではなく，その保護者や家庭が入ってくるところにある。保護者や親権者による子育ては，児童が生まれ，かつ育っていく環境も重要なのである。

児童福祉法第6条は，保護者とは親権を行う者，未成年後見人その他の者で，児童を現に監護する者としている。この点からいえば，児童を家庭から分離してとらえるのではなく，児童と家庭の福祉を一体的にとらえた児童家庭福祉，あるいは子ども家庭福祉という見方がより具体的であるといえる。

（2） 児童家庭福祉と社会的養護

1） 児童家庭福祉の仕組みと社会的養護

児童福祉施設という社会的養護の場における児童養護は，一度だけの相談，助言，指導や治療処置によって決して終わるものではない。それは，児童相談所から送致されてきた児童に対して，それぞれの児童の必要性に応じて，ある一定の期間にわたって，意図的，継続的に展開される日々の児童養護活動の積み重ねを通して，はじめてその効果が期待され，やがて養護目標に到達することのできる一連の社会的養護活動の展開過程としてとらえられなければならない。そのような一連の児童家庭養護の流れを図示すると，おおよそ図1-1のようになる。

家庭で養護を受けている児童が，親の過保護や放任あるいは児童自身の心身の障害などの理由によって，家庭養護だけでは対処できなくなった時，市町村，福祉事務所家庭児童相談室，家庭裁判所，警察署少年係，各種民間児童相談施設などの相談機関を通して，児童相談所に相談が持ちこまれる。時には各種相談機関を通さずに，地域の民生児童委員や市町村の通告・連絡というかたちで，

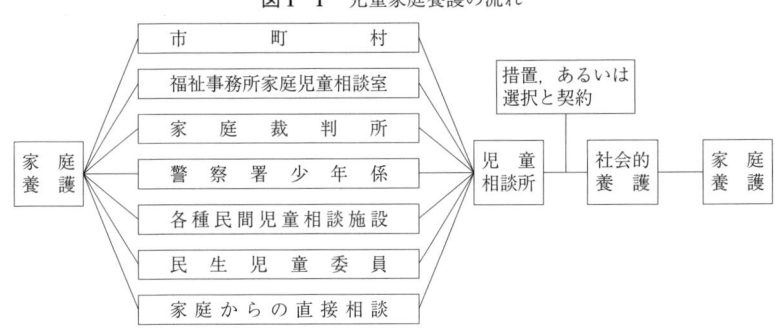

図1-1 児童家庭養護の流れ

児童相談所から家庭を訪問するという逆の方向をとることもある。また，児童相談所に家庭から直接的に相談が持ちこまれることもある。

児童相談所では，いろいろな経路を通って持ちこまれてくるこれら数多くの児童家庭の問題に対応する。児童一人ひとりのニーズに対して，まずそのニーズをアセスメントし，その児童のニーズに応じた問題解決の援助方針を決定する。その方針にしたがって，数多くある各種児童福祉施設の中から具体的にどの施設に結びつけていくかということが，社会的養護の過程の流れとなる。その流れのなかで，児童相談所は措置という行政権限を行使することになる。措置を行使する権限は，児童家庭に限っては基本的に児童相談所のみが持っており，これを措置権と呼んでいる。措置は，福祉に欠けている児童に対して，その欠けている福祉ニーズを充足させるための児童相談所の行政手続のことである。この流れのなかで，児童自身の意見表明権が尊重され，児童相談所の情報開示が十分になされることが求められる。その意味では，たんなる措置というよりは，近年では「選択と契約」を重視することが必要だとされている。

児童がある具体的な種別の社会的養護に措置される時，その決定の基礎となる診断判定会議で，その児童家庭の福祉に欠けているニーズが正しく判断され，それに応じた問題別の対応が適確になされなければならないことはいうまでもない。児童が児童福祉施設や里親などの社会的養護に措置された時，施設などにおいては児童の個性，問題性に応じた生活の場を提供することになる。これ

が児童家庭養護の展開過程となるわけである。この過程にあっては，児童家庭養護についての知識，技能を備えた児童家庭福祉の専門職員が十分に配置され，一人の児童の入所に始まって退所に及ぶ間の援助を十分になすことが求められる。そして，このような援助や働きかけによって，一日も早く児童がより一層積極的な家庭生活への復帰や社会への参加ができるよう，常に心がけておくことが必要である。社会的養護における援助過程は，それ自体が自己完結的なものではなく，家庭生活への復帰，社会参加のための準備期間として位置づけられる。

2）児童家庭養護の定義

　児童家庭福祉の対象のとらえ方が開放的となり，すべての児童とその家族をその対象範囲としてみる立場が，現代では一般的である。それにつれて，社会的養護のとらえ方も従来の施設入所児童だけに限らず，広い角度からとらえるようになってきている（大谷嘉朗・杉本一義・井上肇編『養護原理』参照）。

　児童の養護は，

① 児童本来の家庭における親自身の手による育児
② 親類・養父母・里親など，いわゆる代替家庭において行われる養育
③ 保育所・幼稚園など，いわゆる集団保育の場で，家庭における育児機能を補完する働きとしての保育
④ 児童養護施設など，いわゆる本来の家庭に代わる，居住型施設という集団育児の場における社会的養護
⑤ 障害児入所施設や児童自立支援施設など，居住による集団育児の場としての日常生活養護だけでなく，それにくわえて，治療訓練や矯正教育の場としての治療訓練的な処遇
⑥ 児童発達支援センターや児童厚生施設など，家庭から通園してきて，そこでそれぞれの専門治療者や指導者の手によって子どもたちに与えられる，教育治療的訓練や健全育成のための余暇指導

など，これらすべてを含めて，その最も広い意味において用いられる。つまり，「児童家庭養護」とは，一人ひとりのすべての児童のための健全な心身の成長発達過程を援助，促進し，これらの児童が将来の社会生活のなかで，できるかぎり有意義な自立的生活を作り出していく市民となるようにするために，社会やおとなの側から児童に対して働きかける，すべての活動，サービス，プログラムを意味する。

　しかし，狭い意味においては，社会的養護としての児童福祉施設という場における保育・養護のことを，児童の施設養護ないし「児童家庭養護」と呼んでいる。さらに最も狭義の使い方としては，児童養護施設のような居住型施設を中心とし，保育所とそこにおける保育活動以外のあらゆる種類別児童福祉施設での施設養護に限定して，「児童家庭養護」という用い方をすることもある。

　このように，児童家庭養護・社会的養護を含んだ広義の児童家庭養護，社会的養護の場における保育・養護をあわせた狭義の児童家庭養護，保育所保育を除いた種類別児童福祉施設における最狭義の児童家庭養護というように，児童家庭養護は3段階に分けて定義づけられる。しかし，これらの3段階の定義の間には，連続性があることを忘れてはならない。たとえば，最狭義の定義にある種類別児童福祉施設における児童家庭養護は，実は広義における有意義な自立生活を作り出していく市民となるための支援の一部分であって，最狭義の児童家庭養護の意味のみにとどまるものではない。とくに，現代のように児童家庭養護そのものが核家族化などによって不安定な状態にある時代にあっては，家庭養護および社会的養護が入り組んだあり方を示すことも多い。したがって，児童家庭養護の定義はいちおう3段階に分けて理解するのが通常だとしても，それら定義づけの間には密接な連続性があることを，あわせて知っておく必要がある。

3）社会的養護原理の位置

　児童家庭養護とは，ただたんに児童に衣食住とか身辺的介護によって，利用児童家庭の日常的必要性を充足させることにとどまらない。むしろ，児童の情緒的，精神的な側面に深く留意し，その人間性や生きがいの回復，増進，開発

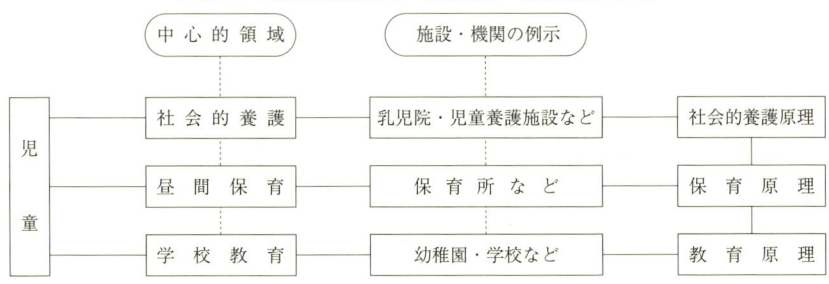

図1-2 社会的養護原理・保育原理・教育原理の関係

などの支援も重要となっている。とくに児童については，その心身の健全な育成に深くかかわる教育，保育，医療，福祉などの総合的配慮が不可欠であることはいうまでもない。児童家庭養護は，このような各分野のネットワークによって達成される。

このようなネットワークの中にあって，社会的養護原理とは，児童家庭に関する社会的養護を中心とし，その展開のための考え方，内容，方法などを総称したものである。ただ，現代においては家庭養護，社会的養護あるいは昼間保育や学校教育をめぐる関係は複雑化しつつ，分業化されている。例えば，図1-2のように，昼間保育を主として行う保育所を対象とする保育原理や，幼稚園・学校などを主として対象とする教育原理とも密接な関連性がある。したがって，社会的養護原理は保育原理や教育原理と連携しつつも，各種の居住型施設，通園型施設を主とした養護，療育などについての理論と実際をめぐる諸課題に重点をおいて体系化されている。

2 児童理解の基本

(1) パーソナリティの形成と社会化
1) 児童家庭養護とパーソナリティ

家庭養護においても社会的養護においても，児童を養護するにあたっては，児童の基本的なパーソナリティの形成について理解しておくことが求められる。

児童は，決しておとなを小さくしたものではない。つねに成長，発達の過程にある動的な有機体としてとらえられなければならない。パーソナリティ（personality）は，わが国では人格と訳されるが，人格という訳し方には倫理的な意味がつきまとっていて，必ずしも適当ではない。また，性格といってしまうと狭義にすぎる。そこで，原語のまま，パーソナリティというのである。
　パーソナリティはいろいろな個人的特徴，すなわちある個人の心身の機能のいっさいの統合を意味し，かつその個人独自の生き方ないし行動のしかたを意味する。また，パーソナリティは気質，性格，能力およびそれらに関する自他の評価を含んだ用語でもある。要するに，ある個人の特徴を自他からみた場合の状態をパーソナリティといえよう。人間のパーソナリティは，いかなる状態のなかにあっても，その個人の成長，発達の過程を通して形成される。それは，遺伝的な素質が環境の影響を受けながら，しだいにそれぞれのパーソナリティとして形成されてゆくのである。
　乳幼児期にあっては，生活環境の基礎である家庭および親子という基本的人間関係の体験が重要である。パーソナリティは，生まれつきすでにでき上っているのではなく，人間が生まれてから経験する環境の場におけるいろいろな生活を通して，徐々につくりあげられてゆく。しかし，パーソナリティの中心部分は家庭および親子の人間関係を体験する乳幼児期に形成される。この時期のパーソナリティは，とくに気質・性格や情動的な反応に影響を与えるものであり，人間の先天的・生理的な素質と結びついて，生涯を通して変わりにくい部分である。それは，親子の心理的結びつきや乳児院における保育士との精神的かかわり，授乳，排泄，睡眠などのしつけが大切な条件になっている。
　児童期にうつると，家庭環境ばかりでなく，近隣や学校などの環境が，大きな影響力をおよぼすようになる。例えば，遊び仲間や学級集団のなかでの子どもの占める地位，役割などが強い要因となっている。とくに，わが国の伝統的慣習としては，男らしく女らしくということが，社会的に強く期待され要求されてくる。それは，家庭でも施設でも学校でも，ほとんど同じである。こうして，男女によるパーソナリティの違いが育てられる。すなわち，衣服・態度・

言語・動作から興味や特技にいたるまで、しだいに男女差が目立ってくるのである。

思春期は、パーソナリティ形成の危機の時期である。それは、子どもとしての習慣がぬけきれないのに、"もはや子どもではない"といわれて、成人なみの要求がなされる一方、心身ともに成人と同等に発達しているにもかかわらず、"まだ未成年だ"とされて行動を制限されるという、どっちつかずの状態のなかにいるからである。思春期から青年期にかけては、精神的離乳期であるともいわれる。

いずれにしても、乳幼児期から青年期までの期間は、パーソナリティ形成上のかけがえのない時期である。わが国の児童福祉法は、満18歳までを児童としているが、この年齢期間は、家庭養護にあっても社会的養護にあっても重要な期間である。

2） パーソナリティの社会化

人間は誕生後一人の社会人になるまで、養護を受け、多くの集団に所属しながら、パーソナリティの社会化（socialization）を経験する。その集団のうち、とくに家族は子どもが経験するはじめての集団であり、最も基本的な社会化を受ける集団でもある。家族では、食事・排泄・睡眠のように、人間の生理的欲求に最も密着した部分での統制と自立のしつけが行われ、さらに着衣・清潔のような社会的要求に沿うしつけも行われる。このような食事・排泄・睡眠・着脱衣・清潔の五つの習慣は、人間が社会的存在として確立するのに必要な最も基本的であるという意味で、基本的生活習慣と呼ばれ、それを習熟するのは乳幼児期の最大の発達課題である。このような基本的生活習慣の確立は、家庭養護にあっては母子間の密接な情緒的関係を通して行われ、乳児院などの社会的養護にあっては保育士などとの深い人間関係を通して達成される。

基本的生活習慣が確立される幼児期にいたると、児童はいろいろな人間関係を経験し、そのなかで相互に心理的緊張を解消し合い、そしてパーソナリティ発達のための社会化の過程をたどっていく。

ふつう3歳の前半では、子どもは分け隔てなく、その場に偶然いる誰とでも

平気で遊んだりするが，3歳の後半に入ると，しだいに接触し合う範囲と，互いに近づこうとしない範囲が決まってくる。4歳を過ぎると，幼児はある一定の子どもとの交友が他の子どもとの交友より楽しいことを知り，しだいに何人かと親密に交わるようになる。5歳に近づくにつれて，それまでは比較的多かったけんかの数は減少し，特定の遊び友達と友好的に接触するようになってくる。したがって，パーソナリティの社会化はかなり進んでくる。

小学校低学年になると，児童の交友関係は不安定となり，友人が次々と変わるが，4年生ごろから交友関係は安定しはじめ，継続期間が長くなり，学年が進むにつれて安定度は高まる。小学校低学年の児童の交友関係は，主として相互接近という形で成立するので，それが失われると解消されてしまう。これに対して，小学校中・高学年の交友関係の解消は，主として相互の興味，関心，社会的欲求の変化による場合が多い。

また，小学校低学年ごろには，男女混成の交友関係がもたれるけれども，その心理的結合はきわめて弱い。3年生ごろになると，年齢のまちまちな6〜7人くらいの男女混成の集団遊びが盛んに行われるようになる。しかし，この集団のまとまりは弱く，メンバーの参加・脱落が頻繁に行われる。そして次第に児童は性別ごとに分かれて遊ぶ場合が多くなり，男女の反発・分離の傾向が強まる。4年生ごろから顔ぶれの決まった同性同士の集団遊びが始まり，5年生ごろにまとまりの強い閉鎖的集団が現れる。この集団をギャング集団（gang group）と呼ぶ。児童のギャング活動は8〜9歳ごろから現れ，11〜13歳ごろに最も活発に行われ，その後衰退して，14〜15歳ごろにはほとんど消滅する。この集団のメンバーは，集団への協力と忠誠を誓い，家庭・施設・学校の監視をのがれて自治的・集団的に行動する。

ただ，最近では学校でも施設でも，ギャング集団は形成されることが少なくなってきており，また形成されても，以前と比べてメンバーの結合が弱く，閉鎖的でなくなるという傾向がでてきている。地域や施設においても，ガキ大将がみられなくなってきたといわれており，現代っ子のパーソナリティの社会化の一つの課題となっている。

3） 児童の個人差とその理解

　児童のパーソナリティの社会化の時期は，同時に個性化（individualization）の時期でもある。乳児期，幼児期，学童期，思春期，青年期と年齢を経るにつれて，しだいに児童の個性がはっきりしてくるようになる。個人差が目立ってくるのである。

　例えば，攻撃的に一度に問題を解決しようとする児童，手さぐりで模索しながら徐々に目標に近づこうとする児童，自己の欲望をおさえて周囲との摩擦を回避する児童など，さまざまな児童の行動の型がある。これは，それまでの児童の欲求の充足のしかたとか，親や施設職員などとの関係のしかたとか，交友関係などのさまざまな生活体験の相違からくるものである。また，社会環境や文化環境から受ける影響によっても，個人差は変わりうる。

　このような児童の個人差は，その時その時の対人関係において変わってゆくし，助長されたりもする。そして，青年期のころになると，その人独特のパーソナリティとして個性化され，一定の型にはまるようになる。もちろん乳幼児期の場合は，まだこの行動の型は柔軟で変わりやすいが，年齢を経るにつれ，次第にその行動の型が固定化してくる。つまり，パーソナリティの形成の過程を通して，いろいろな行動のくり返しをしている間に，どのような場合にも，一定の行動傾向・態度をとるようになり，パーソナリティの形成が固まってくるのである。よく人間の顔が一人ひとり異なるように人間の性格も異なるというが，まさにそうであって，パーソナリティの社会化と個性化が同時に行われるという事実を正しく理解しておく必要がある。

　とくに社会的養護，学校教育などにおいては，最近，個性のない児童が多くなってきているという声を聞く。没個性化現象である。型にはまった児童養護とか，受験戦争などでパーソナリティの個性化の機会が奪われるという原因からくる問題であろう。児童の個性化の花が開くという重要な時機に，その根が絶やされることのないよう，柔軟で多様な養護・教育を提供されることが望まれる。

（2）児童のニーズと社会的対応
1）児童のニーズと特性

　児童は身体的,心理的に未成熟であり,独立したパーソナリティの達成としてのおとなへの成長,発達の過程にあることが,基本的特徴となっている。しかし,一個の人間としての基本的ニーズはおとなも児童も大きくは変わらない。岡村重夫は,何人も避けることのできない人間の社会生活上の基本的ニーズとして,次の七つを挙げている（岡村重夫『全訂社会福祉学（総論）』参照）。

① 経済的安定——これは人間の基本的要求の一つである生理的要求を経済との関連で規定し直したもので,継続的に収入を確保する必要がある。
② 職業的安定——これは経済的安定を確保するための手段である。
③ 身体的・精神的健康の維持。
④ 社会的協同——これは孤立した個人でない人間が,社会生活を営むうえでどうしても必要な集団的協同組織の保持である。
⑤ 家族関係の安定。
⑥ 教育の機会。
⑦ 文化・娯楽に対する参加の機会。

　このうち職業的安定は,児童にとっては間接的なものであるが,経済的安定のなかで児童が生活できることのニーズを別の角度からとらえたものといってよい。児童を含めて,人間がこのような七つの基本的ニーズを一般的にもっていること,またそれを充足させることが当然求められる。児童の場合は,未成熟であるために,経済的にも,日常生活上でも,自立してこれらのニーズをみたすことはできない。おとなへの依存なしに,身体的,心理的成長,発達の過程を達成できない。養護なしには,無限の可能性を秘めた児童の成長,発達は保障できないのである。

　児童は,親あるいは社会的養護を通して,身体的,心理的に成長,発達をと

げつつ，おとなへの依存，養護をのりこえて自立に向かっていく。こうして児童は次代の担い手となってゆくのである。このような児童の未成熟・未発達な部分に対する援助のあり方が，児童養護の課題である。

2）養護児童のニーズ

養護児童のニーズは，基本的には一般児童の場合のニーズと相違はない。しかし，それのみでつきるのではなく，それまでの生活体験，環境などの条件によって，一般児童のニーズにくわえて個々の児童に独特なニーズが加味される。この点，岡村重夫は，養護児童のニーズとして次の3点を挙げている（岡村重夫『社会福祉学（各論）』参照）。

① 養護児童も，一般家庭の児童と同じく，その子どもが「児童」であるがために充足しなければならない要求（児童としての共通の要求）。
② 養護児童としてもつ特別の社会的状況から生まれる要求，すなわちその子どもが他人のもとで養護されなければならないという社会的境遇において，充足しなければならない要求（養護児童としての一般的要求）。
③ 養護児童としての一般的要求をもつほかに，各養護児童は，それぞれ異なる生活状況のもとにおかれているために，さまざまの個別的要求をもっている（養護児童の個別的要求）。

養育環境上の問題をもつ児童，心身障害児，情緒・行動上の問題をもつ児童など養護児童はさまざまであるが，児童としての共通の要求，養護児童としての一般的要求，個別的要求の3種類のニーズをもっている。このようなニーズに対して，社会的養護としてはできるだけ一般児童に近い生活環境のなかで生活の保障，情緒の安定，療育，学習の機会などを提供すべきである。とくに養護児童の個別的ニーズを重んじ，個々の児童に見合った社会的養護内容の実践が求められる。

3 現代社会における児童家庭養護問題

(1) 児童の生活と家族・地域社会
1) 児童の生活と家族

　アメリカの首府ワシントンで開かれた第1回児童福祉ホワイトハウス会議(1909年)は「家族は，人類が創造した最も高く美しい文明の所産である。児童から，貧困という理由だけによって，この家族生活の幸福を奪ってはならない。ただし，家族が家族としての効力を持たず，悪徳に包まれているという異常な場合は，これに代わるものが備えられねばならない」という有名な大会基調宣言によって，20世紀における児童家庭福祉の基本理念を打ち出したものとされている。児童の健全育成にとって家族が最も基本的な場であるとする児童家庭福祉の根本的な考え方は，その後のホワイトハウス会議のみでなく，いろいろな児童家庭福祉に関する国際会議においても，くり返し強調されている。いうまでもなく，家族は人間生活の基礎単位であり，その家事，生殖，育児，精神的安定は他の社会制度のなにものにも変えがたいものをもっている。

　児童の生活は，家族においてまず開始される。また，児童の身体的，心理的成長，発達は，家族のなかにおいてみたされていく。その意味では，ホワイトハウス会議が指摘するごとく，児童家庭養護における家族の役割は，最も基本的なものである。みずからは未熟な存在であり，他への依存なしに心身の成長，発達をさせることのできない児童にとって，家族という血縁集団は，まことに重要な役割をもっている。

　一方，家族をめぐる環境も，社会の工業化・都市化・情報化・少子高齢化という現代社会の波を受けて，大きく変化しつつある。児童扶養のみならず，高齢者をも含めた家族扶養意識が危機におちいっている。イギリスの精神医学者J.ボウルビィによるボウルビィ報告書(1950年)が勧告しているように，児童家庭福祉の最大の課題はあらゆる方法を駆使して「家族生活の健全な維持・強化に向かって指向されなければならない」。しかし，今日における多くの家族

の現実は，児童養護の立場からみれば弱体化し，時には社会的養護の援助を借りなければならないほどに無力化しつつある。

わが国では，第2次世界大戦後の民法改正や民主思想の移入などによって，親子中心の伝統的ないえ制度が廃止されてから，夫婦と未婚の子女からなる核家族が急激に増加した。この核家族の増加によって，児童養護の面でも新たな長所とともにいくつかの課題が生じるようになった。

一つには，家族機能の縮小が生じてきた。核家族となり，愛情を中心とした家族形態となり，家族メンバーはそれぞれの役割分担の軽減という利点を持つようになった。その反面，家族メンバーの生活の共同場面が少なくなり，そのために家族メンバー同士の接触度が希薄になり，連帯性が弱まるといった欠点が生じてきた。

二つには，家族メンバーの依存性の低下につれて，家族の生活態度が家族指向的ではなく，社会指向的となってきた。それは従来の家族の閉鎖性を打ち破るという点では良いことである。しかし，家庭教育なども学校教育本位に傾いて，家庭が学校の勉強のための学習強化の場と考えられ，家庭教育本来の使命が見失われがちになってきた。

三つには，家族の民主化からみた功罪がある。伝統的ないえ制度のもとにある家父長の権威の低下によって，家族内の民主化による個人の人格尊重や男女両性間の平等といった望ましい変化が生じた。他面，家庭内の統制力が欠如し，児童の両親への同一化がむずかしくなって，その人格形成上に支障が生じつつある。

現代における核家族化は，若年未経験夫婦の育児ノイローゼ，性急な結婚による家庭生活の放棄による引き取り手のない児童，親類や血縁者どうしの間における相互扶助意識の低下などをもたらし，児童の健全な養護をいたるところでおびやかしている。核家族化による人間関係の希薄化は，ひとり親家庭，崩壊家庭の増加や，親子関係の情緒的不安定ともつながり，児童養護問題の原因ともなっている。

2） 児童の生活と地域社会

　現代社会においては，工業化，都市化，情報化の渦に巻きこまれて人々は生活している。このような事情はいずれの国にあってもほぼ変わりがないけれども，わが国ではきわめて急速な変動がもたらされたという面がある。すなわち，1960年代を中心とした高度経済成長による工業化，都市化は経済的豊かさをわが国にもたらしはしたが，それが急激であっただけに，かつての地域共同体の否定，個人の価値・生活意識の多様化による連帯感の喪失などの問題を表面化させるようになった。つづく1970年代には，地域社会の解体状況およびそれに対する種々の住民運動が増加してきた。1990年代から21世紀にかけての低経済成長の時期になっても，同じである。

　また，中央・地方のいずれの行政組織ともに，地域解体という社会状態に対応すべく，実験的にか試行錯誤的にか，いろいろなコミュニティ・プロジェクトや住民参加方式をあいついで講ずるようになった。国が主唱したプロジェクトだけを挙げてみても，国民生活審議会「コミュニティ」（1969年），自治省（現・総務省）「コミュニティに対する対策要綱」（1971年）など，次々と発表され，計画実施に移されている。このように，地域問題の増加に対する反作用として起こってきた地域再発見，再構築への取り組みは，住民側からも行政側からもなされている。

　しかし，地域再発見という動き自体は望ましいものであるとはいえ，それが生活課題を担った人々や児童家庭問題を解決するための大きな役割を果たすことができるかどうかというのは，また別個の問題である。地域社会を取り戻していこうという社会的雰囲気があるわりには，障害児や高齢者などに対して，地域社会が冷淡であったり，自己防衛的姿勢が目立つ場合も少なくない。地域住民が児童家庭問題を傍観者的に眺めたり，行政の責任に転嫁する態度も強い。また，一人ひとりの児童が地域で孤立し，遊びを中心にした仲間集団が形成されにくくなっている。家族生活の弱体化とともに，地域における児童の孤立化傾向があいまって，現代における児童養護の問題を複雑化ならしめている。

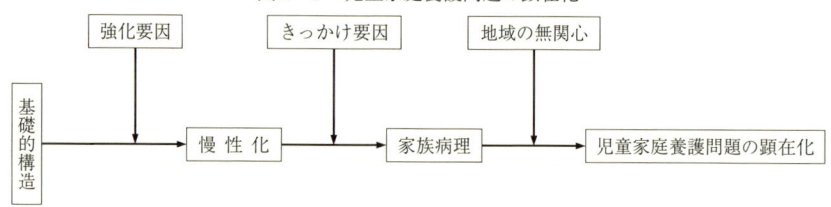

図1-3 児童家庭養護問題の顕在化

（2）児童家庭養護問題発生のメカニズム

　養護に欠ける児童，心身に障害のある児童，情緒や行動上の問題をもつ児童など，児童の社会的養護問題はさまざまであるが，これらの児童が社会的に表面化してくる過程をみると，非常に似通った経路をたどっていることが多い。その過程を図示すると，図1-3のようにあらわされるであろう。

　養護に欠ける児童を例にとると，まず，子どもの両親の仲が悪いとかつねに言い争っているとかなど，家族関係上の問題が基礎的に存在している。そのため，子どもはいつも両親の間にはさまって不安定な状態におかれている。そこに夫の側の父親が妻を亡くし，寝たきりになったのを契機に，家族に引き取らなければならなくなった。この祖父との同居が強化要因となって，夫婦の間の不仲はますますひどくなり，ついに日常茶飯事となってしまい，慢性的に悪化してしまった。夫婦の口論も激しくなり，ある日妻が家出ということを口にしたのをきっかけに，夫婦の間では離婚という事態が公然と話題にのぼるようになった。家族病理が慢性化，固定化してしまったのである。実際，妻は数カ月後には突然家出をしてしまい，行方不明となってしまった。あとに残された夫は，寝たきり老人と8歳の子ども，1歳の乳児をかかえて，職場にも通えないことになってしまった。地域の人々も，この家族の事情を知りながらも，無関心をよそおっていた。やむをえず，夫は児童相談所にかけこみ，1歳の乳児を乳児院に措置してくれるように依頼するにいたった。

　このような経路をたどって，児童家庭問題が顕在化してゆく。児童は不安定な家族のなかにあって，基本的に抑圧・不安の中におかれるが，それが次第に慢性化し，ついには問題家族の犠牲者となって施設入所という状態にまでおい

第1章　児童家庭福祉と社会的養護

こまれていく。これが児童家庭問題顕在化のおおよその流れである。

(3) 現代の児童家庭養護問題
1) 養育環境上の問題

養育環境上の児童家庭養護問題は，その発生のメカニズムの典型的な経路をたどることが多い。養育すべき親や家族が死亡，遺棄，離婚，長期の病気入院，拘禁などのためにいないか，いても親や家族の労働や問題行動のために養育が不可能であったり，児童への虐待など不適切な状態におかれているのが養育環境上の児童家庭養護問題である。これらの児童は，養育責任のある親や家族の問題のために，生活の維持がおびやかされる状態におかれている児童である。このような状態にある児童は，日常生活の維持，経済的保障，パーソナリティの社会化，個性化などに大きな支障があり，それらのニーズの充足がまず何よりも必要である。

くわえて親や家族への依存の不安定さ，親や家族との分離からくる不安あるいは学校や地域社会などのなかでもたらされた人間的ゆがみなどをいやすことも重要である。児童の養育環境上の問題は，児童の成長，発達にかかわる基礎的条件の問題である。また，このような児童家庭養護問題は親や家族の経済的，社会的，心理的貧困と深く結びついている。そのために児童家庭養護問題に対する歴史のなかで，養育環境上の問題はつねに中心的課題となってきたし，現代においてもこのような傾向は強い。児童家庭養護のための社会的かかわりのはじめは，養育環境上の問題をもつ児童への救済・保護であったことは，まぎれもない史実である。

2) 心身の障害

心身に障害のある児童は先天的，後天的な理由によって心身諸機能が障害をうけ，そのために心身の成長，発達が，現代の医学的水準，教育的水準，環境諸条件のもとで，ある段階で固定あるいは遅滞している状態にある。

障害には大きく分類して，身体障害と知的障害と発達障害がある。このうち身体障害には肢体不自由，感覚器官障害，内部臓器障害などがある。知的障害

はその程度によって，軽度，中度，重度の3段階に分かれる。また，身体障害と知的障害との重複障害もある。

このように心身の障害といっても，障害の部位，程度，状況によって，個々の児童のニーズが大きく異なっていることを知っておく必要がある。

心身の障害によって，運動能力，労働能力はもとより，日常生活動作能力の遂行にも困難がつきまとう。こういった心身障害児の基礎的条件の困難性が，現代の交通・道路事情などの環境的条件のもとでその生活行動を制限し，人間関係の広がりにも支障をきたす。心身障害児は，閉鎖的な人間関係や社会性の遅れ，または社会の偏見などのために情緒的にも問題をもちやすい。のみならず障害に起因する器質的，体力的劣弱性，障害児に対する配慮の乏しい環境条件などのために，健康，疾病などの面でも困難のつきまとうことが多い。

そのため心身の障害の原因となる疾病や障害の治療，リハビリテーション，訓練などを通して，障害による遅れの回復，残存能力の開発，日常生活上のニーズや精神的生活のニーズを充足することが，社会的養護の目標となる。その際，これらの治療，リハビリテーション，訓練，生活介護などの障害別の専門的対処が必要であり，親や家族だけでは達成が難しいため，専門的機能をもつ機関，施設，学校などにおける社会的養護や療育が求められることになる。

障害児に対する療育は，児童家庭養護の分野においては居住型，通園型の施設養護が中心であり，最近では通園型の形態が増加しつつある。また，1979年（昭和54）から障害児の特別支援学校通学が義務化され，それに併設された寄宿舎において，日常生活上の生活習慣の習得を含めた教育，訓練が行われている。さらに，医療面での訓練，指導も行われており，児童家庭養護，学校教育，医療の体系的な整備と連携がますます必要となっている。

3） 情緒・行動上の問題

現代社会では，複雑多様な都市的環境や不安定な家族構造を背景として，児童の情緒・行動上の問題も児童家庭養護の課題として浮かび上ってきている。児童の情緒・行動上の心理的問題は，内向化した場合は不登校，家庭内暴力などの情緒障害としてあらわれ，外向化した場合は校内暴力，いじめ，非行，暴

行などの反社会的行為としてあらわれる。

　情緒障害は，家庭，学校などでの人間関係，とくに親の過保護，期待過剰，放任，冷淡，虐待などの態度が原因となって，情緒面に支障をきたし，不安定な心理状態が持続している児童である。例えば，引っ込み思案の児童，家庭では口をきいたり暴れたりするが学校などへ行くと口をきかない児童，つねに落ち着きがない児童，登園拒否や登校拒否をする児童，ささいなことにすぐかっとなったり衝動的であったりするようないわゆる不適応児童である。ただし，脳器質障害，精神疾患そして知的障害などを主因とする不適応行動をとる児童は，情緒障害児に含まない。

　一方，非行児童は家庭内，社会的環境に不適応を起こし，反社会的行為をおかす児童であり，窃盗，暴行，家出，性的非行などの行動がみられる。家族生活の乱れや崩壊，親子関係の不適応や受験競争による生活のゆがみ，社会の投機的風潮，性的退廃文化の氾濫などが背景にある。そして，このような状態のなかで，健全な社会生活についての考え方のゆがみや成人社会に対する不信，自律的自己統制の未熟さなどが重なって生ずる反社会的行為が多い。

　こういった情緒障害や反社会的行為のために，親や家族では養護が困難であったり不適切であったりするので，家族にかわってあるいは家族とともに専門的，治療的指導援助，再教育を社会的養護として行う必要がある。情緒障害児にあっては，心理的障害を緩和し除去するために，入所型，通所型の情緒障害児短期治療施設において治療を行う。

　反社会的行為にはしる児童にあっては，社会生活上の考え方のゆがみや情緒不安定，自己統制の未成熟，親子関係の問題などの調整が，社会的養護の目標となる。この社会的養護は，14歳以上は少年法，少年院法による少年院での教育訓練として，また14歳未満は児童福祉法による児童自立支援施設での社会的養護として行われる。

4）健全育成上の問題

　道路事情の悪化，遊び場不足，交通事故の頻発などの生活環境上の問題，テレビやマンガなどの児童文化上の問題などが重なって，最近の児童は家のなか

で遊ぶ時間が多くなっている。また，学習塾やけいこ事に通っている児童が多く，なかには三つあるいは四つぐらいのけいこ事に毎週通っている児童も珍しくない。現代の児童は非常に多忙なのである。

　平日は，保育所・幼稚園・学校などに通い，残りの時間は家の中で過ごすかあるいは学習塾などに出かけてしまい，仲間集団で遊ぶ時間が少ない。休日になると，家の中で閉じこもっているかあるいは家族との同伴で出かけるといった児童が多く，これまた仲間集団での共同活動は少ない。生活圏でのパーソナリティの社会化の機会に恵まれていないのが，現代の大半の児童の実情である。

　一方，核家族化の進行とともに兄弟姉妹数も減少し，家族内におけるパーソナリティの社会化にも限界が生じてきている。さらに共働き家庭の増加は，いわゆる鍵っ子問題を表面化させており，児童の健全育成上の課題となっている。このような健全育成上の問題に対応することは，児童養護として重要である。児童館，児童遊園などの児童厚生施設が，児童の健全育成のための施設である。

4　親権・児童の意見表明権と児童家庭養護

(1) 親権の内容

　親権と児童家庭養護が関連するのは，居住型児童福祉施設において施設長，児童指導員，保育士などが具体的に社会的養護を行う場合である。居住型施設においては，児童の24時間にわたる生活に責任をもっており，ある意味で親権に代わる権利と義務とを負っていることになるからである。法律的にみれば，親権そのものは長い封建時代における「家のための親権」という見方を経て，明治以後の旧民法下においては「親のための親権」となり，今日では「子のための親権」という考え方に到達してきた。

　ところで，親権については民法第818条「成年に達しない子は，父母の親権に服する」から，第837条「親権を行う父又は母は，やむを得ない事由があるときは，家庭裁判所の許可を得て，親権又は管理権を辞することができる。前項の事由が消滅したときは，父又は母は，家庭裁判所の許可を得て，親権又は

管理権を回復することができる」にいたるまでの条文で規定されている。親権の内容は、児童の監護と教育、居所指定、懲戒、職業許可、財産管理の五つである。

　第1に、児童の監護と教育であり、民法はこれを親の権利とし、かつ義務としている。児童のわがままを許すことができないのは家族・施設・学校・地域いずれも同様であるが、児童は指導のみでは不十分で監護する必要がある。のみならず健全育成のために衣食住を提供し、教育を行うことも大切で、民法では監護と教育を親権の最初に挙げている。

　第2に、居所指定の権利である。児童に対して家に落ち着かせることは重要で、児童が浮浪することなどのないよう、居所を指定する権利である。

　第3に、懲戒の権利である。民法ではこれを懲戒場へ入れることとしているが、実際には懲戒場に入れるようなことはまずありえない。しかし、その精神は生きているから、民法ではその意味で親の懲戒を認めているわけである。

　第4に、職業許可の権利がある。ただし、未成年者でも労働基準法が許す満15歳を越えれば就業できるから、この規定を含めて職業許可があるとみてよい。他面、事業主の側からみれば、15歳以上の少年を雇用しようとすれば親権者と労働契約を結ばなければならないから、民法の職業許可の項目に触れることになる。また、映画の子役など職種によっては15歳未満の児童でも労働基準監督署の許可を受ければ雇用できるが、この場合でも当然親権の職業許可におよぶ。

　第5に、児童がもつ財産を管理することである。財産をもつ児童の法律行為は親権者が代表して行うのである。その際、児童に債務が及ぶものについては児童の同意が必要である。

　以上の五つは親権の内容であって、そのうち第1の監護・教育の権利は児童家庭養護、とりわけ施設養護や里親委託などの場合に最も関係が深い（木田市治『養護原理』参照）。

（2）児童の意見表明権

　1989（平成元）年、児童の権利に関する条約（子どもの権利条約）が国連で採

択され，1994（平成6）年にはわが国の国会でも批准された。その第12条には児童による「自己の意見を表明する権利」（一般には，意見表明権という）が規定されている（巻末資料参照）。

ここに示されているように，意見表明権は基本的にはすべての児童が行使でき，「その児童に影響を及ぼすすべての事項」について自由に表明できることを認めている。もちろん，年齢や成熟度による制限はあるが，先の親権に対しても表明できるし，児童福祉施設での援助のあり方についても表明できるのである。また，第2項に示されているように，「直接に又は代理人若しくは適当な団体を通じて聴取される機会を与えられる」ことになっている。

例えば，親権の行使が不適切な場合には，後に述べる未成年後見人とか，児童虐待防止協会，児童権利擁護センターなどによる聴取によって，児童の意見表明権が行使され，適切な意見や理由があれば，親権の停止や児童福祉施設の処遇改善をしなければならなくなる。したがって，親権は大切な親の権利でもあり義務でもあるが，絶対的なものではなく，親責任とか児童の意見表明権によるチェックを受けるのである。

（3）児童養護における親権行使と意見表明権

1）親権行使の実際

親権は，原則として父母が共同して行使する。したがって，片方だけの行使はありえないが，父母のどちらかが行使できない事情があればやむを得ない。また，親権は養子であれば養親がもつ。

父母が協議離婚を行い，ひとり親となれば，離婚協議の時に親権者を決定しておく。ただし，出生前に離婚すれば，原則として母親が親権者となる。その場合でも，認知手続をした子であれば，認知した父親を父母の協議の上で親権者と定めることができることとなっている。

親権は，親の教育の有無にかかわらず子どもに対して強い責任性をもっている。しかし，これを濫用したり，親権者の不行跡があったり，または子どもの利益が害されるので，これを保護する必要があったりすれば，その喪失，制限

などの規定がもうけられている。とくに親権の喪失については，その必要に応じて，家庭裁判所に児童相談所長または子どもの親族から請求することになっている。親権の一部，つまり財産管理だけの喪失請求も可能であるし，法令上は親権者の変更もできる。

さらに，原則として親権者が誰かいるはずだが，まれにいない児童もある。その場合には親権者があらかじめ遺言で未成年後見人を定めているか，あるいは家庭裁判所が未成年後見人を選任しているかのいずれかの方法によって，未成年後見人が定められている。未成年後見人は親権の内容として，財産管理権を除いた四つの権利を親権者と同様にもっている。

また，児童の意見表明権を十分に尊重したものでなければ，親権者あるいは未成年後見人は，法的にも福祉的にも，その権利を行使できなくなる。

家庭における児童養護については，親がいたずらに親権を濫用せず，みずからを律しながら，親責任として児童の意見表明を尊重する方向において児童の養護にのぞむことが期待されているのはいうまでもない。

2） 施設養護と親権

施設養護を必要とする児童については，児童の意見表明権を前提として，児童相談所長の措置権，児童福祉施設長の親権代行権などがあるため，親権者との間に親権をめぐる関係が発生する。

まず，児童相談所長は，措置権の一つとして一時保護の権限をもつ。ほんらい児童には，親権者がいるが，緊急かつ必要な場合には親権者がいてもその同意を求めることなく一時保護できることになっている。これはある意味では児童の自由を拘束することにもなるが，直ちに保護しなければ生命が危ぶまれる場合などは，かえって児童のための福祉保障となるからである。この場合，児童が意見表明できれば同意を求めるが，それも緊急の場合とか，年齢，成熟度による意見表明に限界がある場合には行われないこともある。だが，一時保護所への入所期間はつぎの措置が決定されるまでの短期間であり，運用上は一時保護後できる限り早く親権者の同意を得ることとなっている。

次に，児童相談所長の措置により児童の入所を受けた児童福祉施設長は，児

図 1-4 家族崩壊の過程

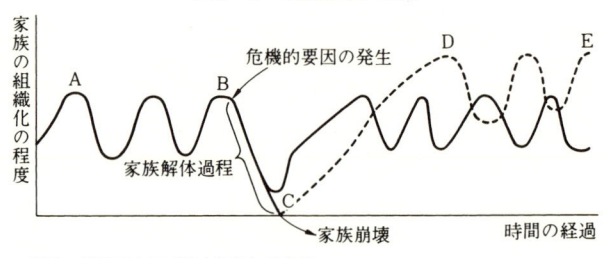

縦軸：家族の組織化の程度　横軸：時間の経過

A, B, C, D, E／危機的要因の発生／家族解体過程／家族崩壊

資料：岡田藤太郎『社会福祉』啓林館。

童福祉法の定めによって親権の一部を行使する。これを親権代行権という。児童福祉法第47条では，「児童福祉施設の長は，入所中の児童等で親権を行う者又は未成年後見人のない者に対し，親権を行う者又は未成年後見人があるに至るまでの間，親権を行う。…（中略）…児童福祉施設の長…（中略）…は，入所中又は受託中の児童等で親権を行う者又は未成年後見人のあるものについても，監護，教育及び懲戒に関し，その児童等の福祉のため必要な措置をとることができる」としている。つまり，児童福祉施設長は児童の意見表明を尊重しながら親権者，未成年後見人がいない児童については親権を行使し，くわえて親権者，未成年後見人がいる場合でも監護，教育，懲戒に関して必要な援助を実施する。

ただ，15歳未満の児童が養子縁組する時は，家庭裁判所の許可を得るほかに本人に代わって承諾する者を要するが，これを施設長が行う時にはあらかじめ知事の許可を得ることとなっている。

最近，乳児院や児童養護施設に入所する子どもの入所原因をみると，図1-4のごとく家族崩壊していたり，児童虐待が行われていたり，突然両親が蒸発したりするというケースが目立ってきている。このようなケースの場合には，児童の意見表明権，親権，措置権，親権代行権の関係が複雑で，児童に適切な養護を提供できないという事態も起こってくる。児童の基本的人権の立場から，これらについては再検討されるべき内容があるといえよう。

参考文献

木田市治『養護原理』朝倉書店，1974年。
大谷嘉朗・斎藤安弘・浜野一郎編『施設養護の理論と実際』ミネルヴァ書房，1974年。
大谷嘉朗・吉沢英子『新版養護原理』誠信書房，1975年。
浦辺史・積惟勝・秦安雄編『新版施設養護論』ミネルヴァ書房，1977年。
全国社会福祉協議会養護施設協議会編『親権と子どもの人権』全国社会福祉協議会，
　1980年。

第2章　社会的養護の歴史

1　欧米における社会的養護の歴史

(1) イギリス
1)　エリザベス救貧法から新救貧法へ

　イギリスの中世封建社会における農奴は領主に支配される立場でありつつも，領主の生活には不可欠な存在であることから，領主によって保護される立場でもあった。また農奴の生活は地縁や血縁によっても支えられていた。都市では同業者によって作られた組合（ギルド）によって生活の支え合いが行われていた。このような地縁や血縁，組合（ギルド）という共同体内での生活の支え合いからこぼれ落ちた子どもたちは生き抜くために乞食になるほかなく，その内の一部の子どもがキリスト教の救貧院などで養育され，里子や徒弟に出されることもあった。

　産業革命を経て産業構造が変化する過程において，羊毛生産を行うために土地が囲い込まれたことによって仕事を失う農奴が出てきた。仕事と同時に生活を支える共同体を失った農奴は仕事を求めて都市へ移動するが，都市にも仕事がなかったために乞食や浮浪者となった。乞食や浮浪者は治安を脅かす存在と認識されたため，治安維持を目的にした諸法律が制定された。しかしながらこれらの法律が有効ではなかったことから，諸法律をまとめたものとして「エリザベス救貧法」が1601年に制定された。

　エリザベス救貧法では貧民である対象者を，①労働が可能な者，②労働が不可能な者，③貧窮状態にある子ども，に分けた。①労働が可能な者には労働を強制し，従わない場合には処罰を行った。②労働が不可能な者には救済が与え

られた。③貧窮状態にある子どもは男子24歳，女子21歳または結婚するまで「教区徒弟」として徒弟に出された。救貧法が運用されていくなかで，救済費用を安くあげるために大人も子どもも区別されず「労役場」に収容され，労働が強制されるようになった。この労役場での生活は「恐怖の家」と呼ばれるほど悲惨さを極め，子どもも例外ではなかった。また，教区徒弟として出された子どもは，工場機械の清掃など小さな身体を活かした仕事の担い手とされ，安価な労働力として大変厳しい生活を強いられていた。

1834年に制定された「新救貧法」では，貧困を本人の怠惰や不摂生に原因があるという考え方（個人的貧困観）のもと，労役場での生活は救貧法の対象にならず自分で働いて何とか暮らしている人々の生活よりも厳しいもの（劣等処遇）でなければならないとされた。そのため労役場には労働が可能かどうかといった状態に関係なく，子どもを含めたあらゆる状態の人たちが一緒に収容され，悲惨な生活が強いられた。しかし，次第にこのような労役場への収容がかえって救済を受ける人たちの再生産の場になっていることが明らかになってきたことから，子どもが将来，救済を受けずに生活するために必要となる知識や技術といった教育を受ける機会を与える必要性がいわれるようになった。そのため1835年頃から労役場学園，1850年以降には労役場から独立した救貧法学園が設立されるようになっていった。このような施設によって貧困状態にある子どもたちは労役場から分離されるようになったが，救貧法学園は1,000人を超す子どもが生活する巨大な施設となっていった。

2） 慈善事業家による活動

救貧制度の厳しい運用によって，街には救済を受ける必要がある状態にありながらも救済を受けることができない多くの人々が存在した。それらの人々に対しては慈善や博愛事業による救済が行われていた。慈善事業家は，子どもへの対応として貧児学校を設立することや，救済活動を行うなかで放任されている貧児の多くが非行を経験していることへの気づきから，子どもが犯罪者となることを予防するための授産学校や罪を犯した子どもに矯正教育を行う感化院を設立していった。

19世紀になりイギリス社会が大不況を経験するなかで，大量の失業者や生活困窮者が発生していった。チャールズ・ブース（C. Booth）やシーボーム・ロウントリー（B. S. Rowntree）による社会調査によって，貧困がそれまで考えられていた本人の怠惰や不摂生ではなく，低賃金や雇用の不安定さといった社会的な背景によって生み出されること（社会的貧困観）が明らかになった。またこの時期には，労働者が長時間かつ低賃金労働におかれていることや，生活基盤の不安定さによって家族員のつながりが弱まっていること，貧困家庭で子どもへの虐待が生じていることも明らかになっていった。

　救貧制度を補うように活動を展開していた慈善事業団体は，何の調整もなく事業団体ごとに救済を行うことによって生じる非効率を解消するために，慈善事業間の連絡・調整を行うための組織として慈善組織協会（Charity Organization Society：COS）を立ち上げ，組織的な救済事業を開始した。またトーマス・ジョン・バーナード（T. J. Barnard）による小舎制の採用（バーナードホーム）や里親委託制度の利用などのさまざまな実践が慈善事業家によって繰り広げられた。さらにこの時期には1850年以降に設立された救貧法学園での大規模収容によって，眼病や皮膚病といった健康被害が子どもに生じていることが明らかになり，大規模施設に対する批判が起こってきた。そのため，各地に小舎制のホームや分散ホームが設立され，貧窮状態の子どもが一般家庭のような養育や教育を受けることができるようになっていった。また，救貧に必要な費用をより安くできることに加え，家庭的な生活を送ることによって子どもの情緒の発達が促されることから，19世紀末頃から里親委託制度が普及しはじめた。

3） 児童保護に関する法整備

　里子とされた子どもの生活は決して安全を確保されたものではなかった。職業的里親の中には謝礼だけ受け取り，子どもの世話をしないような者も存在した。一般家庭や事業所における子どもに対する虐待にも注目が集まるようになり，これらに対応するために1889年に「児童虐待防止法並保護法」が制定された。また，1907年には「学童保健法」が制定され，貧窮状態にある子どもに対して無料のミルク配布などの保健サービスが本格的に提供されはじめた。さら

に，これまで制定されてきた子どもの保護や非行少年への援助にかかわる法律や，「児童虐待防止法並保護法」を統合した子どもにかかわる総合的な法律である「児童法」が1908年に成立した。このような子どもに対する関心の高まりや援助を改善しようとする動きは，1899年から1902年まで行われたボーア戦争で，若年人口の減少や青少年の身体的・精神的能力の低下などが明らかになったことが大きな契機となって起きたものであった。

第1次世界大戦（1914～1918年）後には，国家が国民の生活を保障するという生存権の思想が定着すると同時に，子どもは戦争の最初の，そして最大の犠牲者であるという認識が広まった。このような認識に基づいて1924年には国際連盟で「児童の権利に関するジュネーブ宣言」が採択され，子どもの権利が国際的にも提示されるようになった。子どもの権利からみえる子ども観とは，社会的弱者として護られる存在であるだけではなく，子ども自らが生活を営む主人公，権利を有する存在というものであり，新しい子ども観を提示した。

1942年には，第2次世界大戦後の社会の方向性および社会保障のあり方について検討を行ったベヴァリッジ報告が提出された。その内容は，家族手当と国民保健サービス，完全雇用の実施を示すものであり，これらの提言は戦後に実行に移され，イギリスは「福祉国家」となった。

先述したように19世紀末頃から里親制度の推進がなされていたが，1944年に発生した里子デニス・オーニルが栄養不良と里親に受けた身体的暴力によって死亡するという事件は，社会的に大きな反響を生んだ。この事件に関する検討を行ったカーチス委員会は1945年に報告書を提出している。報告では，これまで行われてきた制度の改変によって子どもに関わる機関の混乱が発生していることによって，必要な監督や規制が十分できていないことが指摘された。この委員会報告での勧告を受けて，1948年に新たに「児童法」が制定された。

1948年の「児童法」では公的機関は家庭生活を補う立場であることが明示されるとともに，地方当局の責任や子どもの福祉にかかわる委員会や専門職の配置が示された。また，家庭を重視し，家庭での生活が奪われた子どもについては，①養子，②里親委託，③施設入所の順で対応することに加え，要保護児童

のアフターケア計画を整備することが含められた。またこの時期，家庭生活を基本とする考え方は，ルネ・スピッツ（R. Spitz）やジョン・ボウルビィ（J. Bowlby）による「ホスピタリズム（施設神経症）」や「母性剥奪論」によってより促進されるようになった。またこれにより施設のケアが，従来行われていたような衣食住の提供やしつけだけではなく，子どもの情緒的側面に留意した専門的なケアを行うように変化していった。さらに施設形態も小規模化が目指され，1950年代にはファミリーグループホームの増加がみられた。

4）コミュニティを基盤としたサービス提供へ

イギリスの1960年代は多様な社会問題が発生した時代であり，その一つが子どもの非行の増大や貧困の再発見であった。1960年に出された非行少年への援助に関する検討委員会報告（インクルビー委員会報告）では，子どもが非行になる，もしくは家庭生活が奪われることを防ぐために，子どもとその親に適したコミュニティサービスが提供されることが必要であることが提言された。この報告を受けて1963年に制定された「児童青少年法」では，子どもはよい親による養育を受ける権利を有していることに加え，問題を抱えた家族に対して，問題が解決不可能になる前に，家族が抱えている問題に適した幅広い援助を提供する必要性が示された。さらにこの法律は1969年にコミュニティを基盤とした援助活動を推進する内容に改正されている。

子どもは家庭が貧困状態であるかどうかにかかわらず，さまざまなニーズを抱えている存在であり，ニーズを満たすために多様な領域によるサービス提供が必要であるという認識が強くなっていった。この流れをうけて1971年には「地方自治体社会サービス法」が施行され，子どもと家庭に対するサービスを分離・独立させるのではなく，対人福祉サービスの一つとして，コミュニティを基礎にした広範なサービスが提供されるようになった。

1973年に虐待による死亡事件が発生した。マリア・コールウェルが里親から実母のもとに帰った直後に継父に殺されるというものであった。この事件が契機となり，1975年に改正された「児童法」には，子ども自身が抱えているケアに対する希望や思いを考慮する必要があることが盛り込まれた。また1976年に

はケアを受けていた，受けている子どもたちによる世界最初の「養護児童の声会議」が開催されている。このようにイギリスでは，ケアをうける子ども自身の希望や思いをケアに反映させる仕組みをもちながらサービスの提供が行われるようになっている。

（2）アメリカ
1) 救貧法および慈善による救済活動

当初，アメリカの貧困対策はイギリスの救貧法に基づいて州政府ごとに行われていた。当時の救貧法の受給者は自宅で救済を受けていたが，次第に救貧院内で救済を受けるようになっていき，1870年代末頃からは，救貧院内での受給に限定されるようになっていった。

アメリカ経済の急激な発展を根底で支えた労働者の労働条件は非常に過酷なものであった。そのため多くの労働災害が発生し，寡婦が生み出された。寡婦になった女性は十分な収入を得ることができる仕事に就く機会が少なく，独身女性よりも低賃金におかれていた。そのため寡婦の子どもを抱えながらの生活は，貧困状態にならざるを得ない状況であり，子どもにかかわる時間を惜しんで働いて生計を成り立たせるか，もしくは扶養できない子どもを施設に託すかといった厳しい選択を迫られることも多かった。また，このような生活は子どもたちにとっても厳しいものであり，母親が働いている時間に放置され非行に走る子どもや施設で生活をせざるを得ない子どももみられた。当時のアメリカは，このような貧困状態にある人々がいる一方で，巨額の富を得た資本家も存在しており，貧富の格差が大きい社会であった。

19世紀末頃になるとそれまでの施設中心から里親制度の普及と転換を目指そうとする改革が行われるようになった。また先述したような子どもがおかれている状況を問題視する人々も出てくるようになってきた。1909年には，セオドア・ルーズベルト（T. Roosevelt）大統領の招集のもと，要救護児童に関する会議（第1回白亜館会議／ホワイトハウス会議）が大統領官邸で開催された。そこでは家庭生活を保全することが第一であることが掲げられた。また，十分な所得

33

がないために子どもの養育が困難になっている家庭においては，その子どもと親を分離するのではなく，十分な生活を営めるだけの扶助を提供することが必要であることが示された。

2） 社会保障法の成立

1929年に発生した大恐慌は，発展を迎えてきたアメリカ経済に大きな転換を促した。大恐慌によって多くの失業者と貧困者が発生した結果，従来の州毎の救済制度では対応できないことが明るみになり，連邦政府による新たな介入が求められるようになった。また大恐慌は子どもの生活に，栄養不良や疾病に加えて，扶養者から遺棄されるなど多くの困難さを生じさせていった。さらに不況によって働く場所を得られない少年たちが浮浪するようになった。このような子どもの問題が広範かつ深刻になるなか開催された第3回白亜館会議では，アメリカ児童憲章が採択されるとともに，子どもに生じる問題の解決のために家族に十分な支援が必要であることが指摘された。また，施設ではなく子どもが自宅で生活しながら保護する方向性が示されると同時に，施設での保護が必要な子どもを選んで施設保護することや，施設で保護された後にできるだけ早い時期に地域での生活を実現できるようにする方向性が求められた。

子どもに生じる諸問題が広範かつ深刻になり，施設でのサービス提供が縮小されていくなかで，何らかの問題が発生しているかどうかに限らず，すべての家庭に対する支援の必要性が次第に認識されていくようになった。それまでもそれぞれの州において扶養が必要な子どもに対する保護や，非行少年や知的障害児に対する施設保護，訓練などが提供されてきたが，不況によって生じてきた諸問題の解決には，地方政府や民間による社会福祉実践ではなく連邦政府の関与が必要となってきた。

このような背景のもと，高齢者，障害者，子どもなどに対する恒久的な生活保障制度として1935年に社会保障法が成立する。社会保障法は，①社会保険制度（連邦直営の老齢年金保険，州営の失業保険），②公的扶助（高齢者や視覚障害者，扶養が必要な子どもなど貧窮者に対する金銭給付），③社会福祉サービス（母子保健サービス，肢体不自由児サービス，児童福祉）という3部門から成り立つものであ

った。この法律によってアメリカの児童福祉は社会保障政策の一つとなり、連邦レベルでの政策課題になった。また、扶養が必要な子ども、障害児、非行児などの保護について、州政府だけではなく連邦政府による責任が確立された。さらにサービス提供においても貧困状態であることではなく、ニーズの有無が要件とされるようになった。社会保障法に基づく連邦補助金を受けるために、州独自の児童福祉プログラムが実施されるようになっていった。各プログラムでは適用範囲が拡大されると同時に、内容についても事後救済的なものから治療的・予防的・育成的なものへと変化していった。また実践を重ねていくなかでケースワーク、グループワーク、コミュニティオーガニゼーションなどの専門的な技術が確立されていくようになった。

2 日本における社会的養護の歴史

近代以前においてもわが国においては、聖徳太子らによる「四箇院」の一つである悲田院での孤児救済や、江戸時代における「七分積金制度」で積立てられた一部が孤児の救済や教育に使われるなど、養育されない子どもへの支援が行われていた。ここではわが国が「近代国家」を確立させていった明治時代から2000（平成12）年の「児童虐待の防止等に関する法律（児童虐待防止法）」成立までの流れをみることによって、今日の社会的養護の方向性を考える際の素材としたい。

(1) 戦前・戦間期の子どもの養護

明治期以前のわが国においては各藩の状況に応じて生活困窮者や養育者のいない子どもを支える仕組みが作られていた。明治政府によって中央集権の社会システムが編成されていくなかで、これまで藩によって行われていたような救済の仕組みを作る必要性が出てきた。子どもの保護にかかわるものとして、1871（明治4）年に棄児を養育する者に子どもが15歳になるまで年7斗の米を支給する「棄児養育米給与方」や1873（明治6）年に3人目が生まれた貧困家

庭に対して，国から一時金5円を養育料として支給することを定めた「三子出産貧困者へ養育料給付方」を挙げることができる。さらに1874（明治7）年には困窮者対策として「恤救規則」が発せられた。

恤救規則は，血縁や地縁での助け合いが基本とされ，助け合いでは対応できず働くことのできない高齢者や障害者，13歳以下の子どもに対して一定の米代を支給するものであった。恤救規則における支給は生活困窮者の権利としてではなく，国の慈恵として行われた。また恤救規則では，血縁や地縁での助け合いが基本とされていたため，受給対象者が限られており，そのため受給が必要な生活状態である多くの人が対象外とされ，貧困状態におかれていた。このような状況は子どもにとっても例外ではなく，子どものおかれた状況を目の当たりにした民間篤志家や，キリスト教や仏教などへの信仰を基盤とした宗教家によって子どもの保護・救済を行う施設が設立されていった。

育児事業としては，仏教系では1879（明治12）年に今川貞山らによって福田会育児院（東京）が設立され，1886（明治19）年には森井清八によって愛知育児院が設立された。キリスト教系では，1872（明治5）年にカトリックの修道女によって横浜慈仁堂が設立され，1874（明治7）年には岩永マキによって浦上養育院（長崎）が設立された。1887（明治20）年に石井十次によって岡山孤児院が設立された。石井はバーナードホームを参考に子どもを10人程度に分けて家族的な生活を送ることができるように小舎制を取り入れることや，幼少期の子どもについては養育費を払って里親に預けるなど先駆的な実践を行った。また孤児院の運営には，実業家である大原孫三郎の支援があったが，石井自身の私財・人生・生活をかけた実践が行われていた。1890（明治23）年には小橋勝之助によって博愛社（兵庫，後に大阪に移転）が設立されている。

保育事業としては，1890（明治23）年に赤澤鐘美・仲子夫妻によって新潟静修学校に付設の保育施設が作られた。1900（明治33）年には華族女学校付属の幼稚園で働いていた野口幽香と森島美根によって，貧しい家庭の子どもの保育を行う二葉幼稚園（後に二葉保育園と改称）が設立された。

障害児に対する施設としては，視覚・聴覚障害児の施設として，1878（明治

11) 年に京都盲唖院や1880 (明治13) 年に東京訓盲院が設立されている。知的障害児の教育機関として1896 (明治29) 年に石井亮一によって滝乃川学園が設立されており，1909 (明治42) 年に脇田良吉による白川学園 (京都)，1916 (大正5) 年には岩崎佐一によって桃花塾 (大阪) が設立されている。

不良・非行少年に対する感化施設としては，1883 (明治16) 年に池上雪枝が池上雪枝感化院 (大阪) を設立し，1885年 (明治18) 年に高瀬真卿によって東京感化院が設立されている。1899 (明治32) 年には留岡幸助による「家庭学校」(東京) が設立され，家庭的な環境で職業訓練や教育が実践された。これらの感化施設は当時の不良・非行少年の増加に対応するものであった。また増え続ける不良・非行少年について政府は1900 (明治33) 年に感化法を制定し，各都道府県に感化院を設立してこれに対応しようとした。

1920年代には慢性不況により，国民生活の困窮は深まりをみせた。子どもは家計を支えるために安価な労働力として仕事に就くことや売買されることもあり，子どもの救済が社会問題とされた。また乳幼児死亡率の高さに対応するために，妊産婦の保護や乳幼児保護事業などの発展がみられた。さらに昭和恐慌期には，都市では失業者の増加，農村では大量の欠食児童，親子心中，人身売買，不良少年の増加がみられるようになった。

「救護法」(1929年) は国の救済義務を明らかにしており，対象者を65歳以上の老衰者，13歳以下の子ども，妊産婦，障害者とした。これは「恤救規則」よりも広範囲の困窮者を助けることになったが，母子心中が発生するなど十分な対応にはならなかった。そのため母子に対しては13歳以下の子ども (孫) を養育する母 (祖母) を対象として，生活や養育，生業，医療対して扶助を行う「母子保護法」が1937 (昭和12) 年に制定された。

不況による貧困状態のために欠食や身売り，親子心中などにあう子どもが出てきたことから1932 (昭和7) 年に「児童虐待防止法」が制定された。これは14歳未満の子どもを親や保護者による虐待や放任から護ることおよび子どもに見せもの，曲芸，物売り，乞食をさせることがないように保護する法律であった。1933 (昭和8) 年には「少年救護法」が制定されている。これは1923 (大

正12）年に成立した「少年法」で14歳以上の非行少年に対する少年審判が行われるようになったことを受けて改正された「感化法」をさらに大幅改正した法律であった。

　その後，わが国の社会自体が戦争遂行へ傾くにつれ，社会事業全体もその流れに沿い，「人的資源の確保」を目指した活動となっていった。この目的が掲げられたことによって，これまでの困窮状態にある子どもや非行少年などの限られた子どもだけではなく，すべての子どもが保護の対象となっていったと同時に，保護を必要としている子どもの保護が切り捨てられる面もあった。

（2）戦後の子どもの養護

　敗戦後の国民生活の混乱の中，戦争によって養育者を失った戦災孤児や浮浪児に対する早急な対応が必要となったことから，1945（昭和20）年に「戦災孤児等保護対策要綱」が出されている。さらに1946（昭和21）年「浮浪児その他の児童保護等の応急措置実施に関する件」が発表され，浮浪児を保護収容するために養護施設（現・児童養護施設）の増設方針が取られた。1936（昭和21）年に「日本国憲法」が公布され，基本的人権が規定されるとともに，国に国民の最低生活を保障する責任があることが明確にされた。1947（昭和22）年には戦前の「児童虐待防止法」を組み込みつつ「児童福祉法」が制定され，翌年に「児童福祉施設最低基準（現・児童福祉施設の設備及び運営に関する基準）」が示された。

　児童福祉法は，わが国で初めて福祉という表現を用いた法律であり，保護が必要な子どもたちだけではなく，すべての子どもの幸福を目指したものである。また，子どもの人権を保障するとともに，保護者とともに国や地方公共団体が子どもの育成に責任があることを明示しているほか，児童福祉施設や児童福祉の実施機関など基本事項が規定されており，今日においても子どもの福祉に関する土台となっている法律である。さらに1951（昭和26）年5月5日には児童憲章が制定され，子どもが人として尊ばれ，社会の一員であり，よい環境で育てられる権利を有する存在であることが前文でうたわれており，すべての子ど

もの幸福を目指す際の理念が明示されている。

　1950年頃には，欧米におけるホスピタリズム論がわが国にも紹介され，施設養護のあり方や家庭的な雰囲気で養育する里親への乳幼児委託，小舎制の施設形態が模索されることとなった。しかし当時は里親委託の発展が難しく，また新たに小舎制を新設する必要があるなど移行は容易ではなかった。さらにホスピタリズム症状は施設で育った子どもに特有の症状ではなく，養育機能が低下した一般家庭でみられる症状であることから，施設での集団生活による利点を活かしつつ，個々の子どもに適した援助をしていくことの必要性が言われた。

　わが国が高度経済成長を迎えた1960年代後半には児童養護施設で生活する子どもたちがおかれた状況に変化がみられた。戦後は戦災孤児や引揚孤児，浮浪児のように養育者である親を失った子どもたちであったが，この時期には親のいる子どもが多くなった。また，1965（昭和38）年発行の『児童福祉白書』で指摘されているように，非行少年や情緒障害，神経症，自殺児童の増加などそれまでみられなかった子どもの様子がみられるようになった。そのため情緒障害を有した子どもを教育・治療するための施設として1961（昭和36）年に児童福祉法に「情緒障害児短期治療施設」が追加されている。

　1980年代になると大都市では里親開拓が進められるようになった。施設においては分園型のグループホームがつくられ，地域社会の中で自立を目指した支援が行われるようになっていった。さらに1990年代には児童養護施設で，短期入所生活援助事業（ショートステイ）や夜間養護事業（トワイライトステイ）が始められるようになった。これらの事業を行うことによって児童養護施設の機能は，家庭による養育が困難になった場合に養育者の代わりとなって子どもを養育するといった「代替機能」から，家庭の維持的な養育をサポートするといった「補完機能」へ広がりがみられるようになった。また1989年の国連総会において「児童の権利に関する条約（子どもの権利条約）」が採択され，わが国は1994年にこれを批准した。さらに批准を受けて1997（平成9）年には児童福祉法が一部改正され，子どもの将来的な自立を促進・自立を支援するためのケアを提供することが明示されるとともに，ケア目的の変更にともない施設名称の

変更が行われた。

　虐待を受けた子どもの増加に対応するために2000年（平成12）年に「児童虐待の防止等に関する法律（児童虐待防止法）」が公布された。虐待を受けた子どもたちの成長を支えるためには，これまで以上に専門的知識を基盤としつつ，子どもとの個別のかかわりが求められる。また家族再統合に向けた支援も必要となってきている。今後は，里親制度のさらなる普及をはじめとして，より家庭的な養育環境が提供できるように，「児童福祉施設の設備及び運営に関する基準基準」の改正に加えて，施設の小規模化をさらに進める必要がある。さらに，「児童の権利に関する条約」に示されているような子ども自身の「意見表明権」がより尊重されるように，提供されるケアに子ども自身の希望・要望が届けられ，反映できる仕組みが必要となっている。

参考文献

古川孝順『子どもの権利』有斐閣，1982年。

桑原洋子『英国児童福祉制度史研究』法律文化社，1989年。

レイサ・ペイジ・ジョージ，A・クラーク／津崎哲雄訳『養護児童の声　社会的養護とエンパワメント』福村出版，2010年。

田澤あけみ『20世紀児童福祉の展開——イギリス児童虐待防止の動向から探る』ドメス出版，2006年。

ウォルター・トラットナー／古川孝順訳『アメリカ社会福祉の歴史』川島書店，1978年。

野澤正子『児童養護論』ミネルヴァ書房，1991年。

許斐有『子どもの権利と児童福祉法　社会的子育てシステムを考える』信山社，1996年。

右田紀久恵・古川孝順・高沢武司編『新版　社会福祉の歴史——政策と運動の展開』有斐閣，2001年。

第3章　社会的養護における子どもの権利

1　児童の権利に関する条約とは

(1) 児童の権利に関する条約の成立と日本政府の批准

　児童の権利に関する条約（以下，権利条約）は，1989年国連において採択された。2011年12月現在193カ国が批准する国際条約である。権利条約が成立には，次の3つの背景があった。まず，1959年の国際連合・子どもの権利宣言，1924年の国際連盟・子どもの権利宣言である。第2次世界大戦後，国際社会は人権保障の基準づくりとその監視を重視するようになってきた。理念的に人権は「すべてのもの」が対象となっていながら，子どもの権利は実際には十分に保障されてこなかったため，それを保障しようとする動きが起きたのである。次に，貧困や路上生活，劣悪な労働環境など世界の子どもたちが置かれている厳しい現実があった。かわいそうな子どもを助けるという視点ではなく，そうした環境が子どもの生存や発達の権利を侵害しているという認識に立って，解決する重要性が認識されたのである。最後に，2つの世界大戦で多くの子どもを犠牲にしたポーランドのイニシアティブがある。権利条約には，子どもとともに命を失ったポーランド人のコルチャック博士の思想が活かされている。権利条約は，このような経緯を経て誕生した。子どもの権利を保障する世界共通の基準を示すものである。

　1994年，日本は158番目に権利条約を批准した。批准とは，条約を国会で審議，承認し国際的に宣言することであり，国内法と同様に法的拘束力をもつことである。当時の日本政府は，権利条約を発展途上国など貧困等の厳しい状態にある子どもを対象とした条約と考え，積極的な姿勢を示していなかった。そ

れが，158番目という遅い段階での批准という結果につながったのである。

（2）児童の権利に関する条約の特徴と内容

権利条約が採択される以前にも，子どもの権利はさまざまな条約で示されてきた。ただ，従来の条約等と比して，権利条約には新たに見出される特徴がある。一つは，子どもを権利行使の主体として明確に位置づけたうえで子どもの権利を包括的に保障しようとした点，もう一つは，子どもの環境としての家族や社会を重視しその役割を明確化した点である。

権利条約は，あらゆる差別の禁止（第2条），子どもの最善の利益の確保（第3条），生命・生存・発達への権利（第6条），子どもの意見の尊重（第12条）を一般原則とし，全54条からなる（巻末資料参照）。それらは，生きる権利，育つ権利，守られる権利，参加する権利の4つの権利に大別される。

（3）権利行使の主体としての位置づけと包括的保障

前述した4つの権利のうち，参加する権利が，権利行使の主体として子どもを位置づけた点が権利にあたる。従来の条約のほとんどが子どもの受動性，保護性を護ろうとする視点に基づいたものであったのに対し，権利条約は，子ども自身の主体性や能動性に着目している。これまで子どもは，「未完成のおとな」であり「発達途上の存在」とみなされてきた。権利条約は，そうした視点から脱却し，おとなの子ども観の変革を促すものである。

子どもを権利行使の主体として位置づけた具体的な条文には，意見表明権（第12条），表現・情報の自由（第13条），思想・良心・宗教の自由（第14条），プライバシー・名誉の保護（第15条），情報へのアクセス（第16条）がある。意見表明権は，権利条約の一般原則でもあり，条約の解釈・運用の基本となるものである。また，子ども自身に影響を及ぼすすべての事柄の決定過程に参加する権利も意味し，子どもの環境であるおとなとの関係性の間に存在する権利でもある。ハート（Roger. A. Hart）が構想した「参加のはしご」は，こうしたおとなとの関係性を考えるうえで参考になる（図3-1）。ハートは，非参画とする

下から3つ目の段階は，子どもが参加しているが実質的には参加とはいえない状態として位置づける。参加か非参加を決定づけるのは，その活動における情報が渡されるか否かであり，その上の段階では子どもとおとなが物事の決定過程をどう共有するかがポイントとなっている。子どもがすべてのイニシアティブを持つことが最上位の参加ではなく，おとなとともに決定していくことが重視される点が興味深い。「参加のはしご」は，子どもの参加という過程が常におとなとの関係性の間にあることを示したものといえる。

同時に，権利条約は，子どもを保護する権利も明確に示す。子どもの発達を阻害しないようにという観点から，第27条の生活水準への権利が明示され，第32条以降は，厳しい状況にある子どもの実態を改善するための権利を列挙し，その保護と回復を重視している。

このように権利条約は，子どもの権利行使の主体性を明確に示したうえで，子どもが置かれた多様な現実を踏まえ，その権利を包括的に保障することを目指したのである。

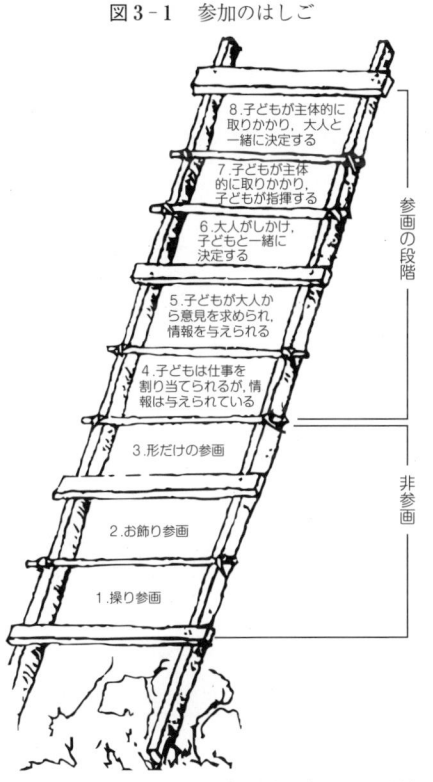

図3-1　参加のはしご

8.子どもが主体的に取りかかり，大人と一緒に決定する
7.子どもが主体的に取りかかり，子どもが指揮する
6.大人がしかけ，子どもと一緒に決定する
5.子どもが大人から意見を求められ，情報を与えられる
4.子どもは仕事を割り当てられるが，情報は与えられている

参画の段階

3.形だけの参画
2.お飾り参画
1.操り参画

非参画

出所：ロジャー・ハート『子どもの参画』，萌文社2000年，42頁（＝Roger A Hart（1997）"Children's Participation", UNICEF）

（4）子どもの環境としての家族や社会の重視と役割の明確化

前述したように，子どもが権利行使の主体となるためには周囲との関係性の

図3-2 子どもの社会的環境

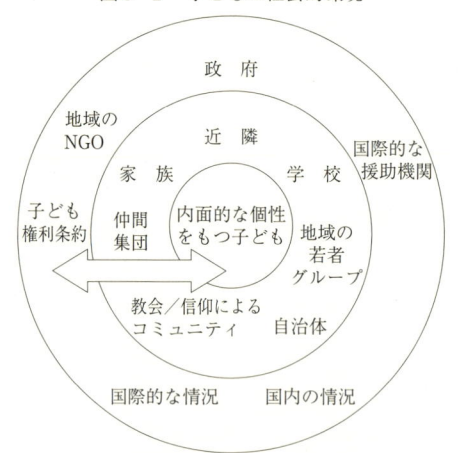

```
                    政　府
          地域の        近　隣
          NGO                    国際的な
                家　族    学　校   援助機関
          子ども   内面的な
          権利条約 仲間 個性を     地域の
                  集団 もつ子ども  若者
                                  グループ
                    教会／信仰による
                    コミュニティ    自治体

              国際的な情況　国内の情況
```

出所：IYP ASEC／国際エクパット，エクパットジャパン関西翻訳「私たち自身のために立ち上がって——若者の参加権概念と実践に関する研究」『人権教育』編集委員会編『人権教育』第14号，2001年，明治図書，110頁。

影響が大きくなる。権利条約は，子どもの環境である家族や社会の役割を示した。

　子どもは，「環境に反応しながら成長しつつある一人の個人」として存在する。図3-2は，そうした子どもの社会的環境を図示化したものである。子どもを取り巻く社会的環境は，子どもの成長発達に影響し，成長を促したり阻害したりする。図3-2では，子どもに影響を与える集団が近しいものから遠いものまで示されている。図3-2中の矢印は，子ども自身が環境に影響を与えていく力を示しているが，この力もまた，社会的環境に影響を受ける。そこでは，提供される情報の量，文化的要因，コミュニティ・組織・社会における権力関係やマイノリティに対する差別，若者参加に対するおとなの意識のすべてが子どもの力を決定づける要素となるのである。[1]

　そのうち，子どもの社会的環境において，最も大きな影響を与える存在が家族である。権利条約は，親の果たす役割を明確に示している。前文においても，

家族は「社会の基礎的な集団」「子どもの成長および福祉のための自然な環境」と子どもの育ちにおいて最も重要な存在として位置づけている。そして，家族を形成しその関係性を維持する権利が必要であることや，国や社会がそうした家族環境を維持するために親や家族を保護し援助する責務があることも示している。

家族の形成と関係性の維持に関する権利として具体的には，名前・国籍を得る権利（第7条），身元の保全（第8条），親からの分離禁止（第9条），家族再会（第10条）が挙げられる。それらは，子どもが家族という環境のなかで生きていくことができるよう，その条件整備のために必要な権利を明示する。社会的養護で育つ，家族とともに生活することができない子どものために，第20条で代替的養護の必要性，第21条で養子縁組等が明記されている。

親の役割と親に対する国や社会の責任も明確である。第18条では，子育てにおける親の第1次養育責任が示され，親が子育てにおける最も責任ある人として位置づけられている。第5条では，親その他の者の指導として親が最大限自身の役割を果たすことができるように国や社会が支援する責務があることを明示している。

2　社会的養護で育つ子どもの権利

(1) 社会的養護に求められる基準──特別な保護と援助，そして回復の権利

社会的養護で育つ子どもに最も該当する権利は，第20条の代替的養護に関する権利，そして第39条の心身の回復と社会復帰の権利である。

権利条約では，家庭環境が奪われた子どもには，国によって特別の保護及び援助を受ける権利があるとしている。そして，わが国において，その権利を保障する仕組みが社会的養護である。権利条約第20条が示す権利は，国内法でも裏打ちされている。児童福祉法第2条の「国及び地方公共団体は，児童の保護者とともに，児童を心身ともに健やかに育成する責任を負う」がそれに該当する。

すなわち，家庭環境を奪われた子どもは，その家庭環境に代わる仕組みが提供される権利をもっており，国や社会はそれを提供する責務がある。しかも，それは，「特別の」仕組みなのである。

今日，社会的養護に至る子どもは虐待等心身ともに傷ついた状態であるケースが多くを占める。そうした子どもの回復を保障することを明示したのが第39条である。第39条は，あらゆる形態の暴力によって傷ついた子どもに身体的心理的な回復，そして社会に復帰していく権利があり，その権利の促進のために国や社会が必要な措置を講ずる責務があることを示している。

権利条約は，日本政府に社会的養護で育つ子どもが家庭環境の代わりとなる特別の保護と援助を得ることができること，心身の回復と社会復帰が促進される環境を整えることを要求しているのである。

では，果たしてわが国の社会的養護の仕組みは，前述したような環境を子どもに提供できているのであろうか。以下では，社会的養護に至る子どもの入所から退所までの時間軸に沿って，必要とされる権利を概説し，その現状と課題を述べたい。

（2）ケアにおいて保障される権利を知る

権利条約の締約国は，権利条約の理念を広く普及する必要がある。なぜなら，学習する機会がなければ，権利を使うこともできないからである。権利条約第42条の条約広報義務は，多くの人が子どもの権利を学習できるように広報することを規定している。

では，社会的養護で育つ子どもが子どもの権利を学ぶことにどのような意味があるのだろうか。子どもが置かれた状況に思いを馳せてみよう。子どもたちは，社会的養護に至る以前に，虐待等さまざまな形で権利を奪われたり，侵害されたりした経験をもっている。社会的養護で育つという決定自体も，子どもにとって納得いくものでない時も多い。そうした実態にある子どもにとって，社会的養護における回復の一つは，自らを肯定し人生の主体となっていくこと，社会的養護で育つことを引き受けていくことであろう。それは，決して容易な

プロセスではない。しかし、その回復を支えることが社会的養護の責務である。

権利条約を学び子どもの権利を知ることは、子どもが自らを肯定し、人生の主体となっていく過程に貢献する。おとなの都合に振り回され受け身の状態で育ち、自分を責める傾向にある子どもにある気づきをもたらすのだ。その一つは、「暴力を受けても仕方がない存在である自分」から、「暴力を受けてはいけない大切な存在である自分」への価値転換である。虐待を受けた子どもは、自らが悪いから虐待を受けたのだと誤解する傾向にある。そのように信じ込んでいる子どもが、どの子どもにも「暴力から護られる権利」があり、どんな状況であっても暴力を行使した側に非があるのだと気づくことは、回復の最初の段階になる。

資料3-1 大阪府の『権利ノート』

また、社会的養護という国の仕組みによって育つ子どもだからこそ、その仕組みのなかで保障される権利を知ることは重要である。施設や里親家庭での生活に対する不安を減らすだけでなく、その生活で不当なことがあったときに助けを求めるために有効である。

では、社会的養護で育つ子どもが権利を学ぶ取り組みについて紹介しよう。一つは、『子どもの権利ノート』(以下、『権利ノート』)、もう一つは、子ども暴力防止(Child Assault Prevention、以下、CAP)プログラムである。

1)『子どもの権利ノート』

『権利ノート』とは、児童養護施設に入所する子どもに対して、施設生活の情報と施設生活において保障されるべき権利が書かれた小冊子である(資料3-1参照)。これは、子どもに自分たちのもつ権利を伝えること、そして、子どもに権利侵害が起きたときの対処方法を伝えるという2つの役割をもっている。多くは、児童養護施設で生活する子どもを対象として作成されており、入所前後に子どもに配布されるようになった。

『権利ノート』は，1995（平成7）年に大阪府が作成して以降，全国に展開しほとんどの自治体で作成されるようになった。権利の伝え方は，自治体によって多少の違いはあるが，大きくは大阪を中心とするQ&A型，東京を中心とする提言型に分かれる。Q&A型は，日常生活で子どもが遭遇するような質問を設定し，回答するスタイルである。提言型は，「あなたには，○○の権利があります」といったように明言して伝えているスタイルである。内容は，施設で生活する子どもが不安や心配を感じている事項を中心に構成されている。

　ただ，『権利ノート』は，子どもにとって身近な存在になり得ていないのが現状である。どちらかというと，『権利ノート』の導入は，施設職員の意識変革に大きな効果をもたらした。『権利ノート』導入以前，施設のケアは，子どもを集団としてみなし，従わせるような威圧的な指導が通常であった。導入をすすめていくにつれ，一人ひとりの子どもをみていく視点が構築され，子どもの声を聴き，対話を重視した開かれた支援へと変化していった。『権利ノート』の導入は，子どもに直接意義あるものとはなり得ていないが，子どもを取り巻く環境である施設職員の意識変革を成し得たという意味で，子どもの実態を改善させたのである。今後に求められるのは，子どもに権利を直接伝える冊子であるという本来の役割が機能するような工夫である。

2）CAPプログラム

　CAPプログラムは，子どもを権利行使の主体としてみなし具体的に暴力から身を護るすべを身に付けられるようにロールプレイングなど参加型で学習する暴力防止プログラムである。子どもに安心・自信・自由という分かりやすい言葉で権利の考え方を伝え，同時に，NO！（嫌という）GO！（逃げる），TELL（相談する）といった権利が奪われた時の具体的な解決方法を伝える。そして子どものみならず，おとなも同時に教育することで子どもが孤立しない環境をつくるCAPプログラムは，子どもの人権意識を育てることを重視する。自分自身で暴力防止をするという意志を育てるためには，「あなたは大切な存在だ。何としても自分を守ろう」という自分を大切にする気持ち，子どもの人権意識にアプローチする必要性があるからである。子どもに権利があることを自覚化

させ，がまんをしない，誰かに相談するという行動を子どもがとるようになるという効果があることが確認されている。[(6)]

2005（平成17）年以降にCAPプログラムは，施設で生活する子どもたちに対してのガイドライン[(7)]を作成し，関西を中心としたいくつかの施設において実践されている。施設職員にも同時にワークを実施しており，施設周辺の地域の人たちや民生委員といった子どもにとって社会資源となる人たちが共にワークを受ける。施設で生活する子どもにとってCAPプログラムは，奪われがちな「安心」を実感したり，不安やしんどさを言葉として表現する方法を学んだりする効果がある。

（3）措置やケアについて意見を言う権利

権利条約には，子どもが自らの措置やケアについて意見を言う権利も明示されている。第12条の意見表明権である。

社会的養護で育つことは，子どもにとって慣れ親しんだ地域や学校から離れ，新たな場所で生きることを余儀なくされる経験である。こうした決定に納得のいかない子どももいれば，再スタートできると期待する子どももいるだろう。措置に対する子どもの気持ちは多様であり，子どもの成長過程においても変化していく。入所時には混乱して言葉にならなかった気持ちも，聴きとってくれるおとなの存在があることで，言葉にすることができる。それは，子どもが社会的養護で育つことを受け止め，人生を主体的に生きていくときの助けになるであろうし，聴き手である子どもを養育するおとなにとっては，自らのケアを問い直すきっかけでもある。

では，この権利における現状はどのようなものであろうか。まず，措置に関しては，子どもが施設での生活か里親家庭かという選択することや，どの施設に入所したいのかといったことを選択することは難しい。ただ，1997（平成9）年の児童福祉法改正によって，子どもの措置に関して子どもや保護者の意向を確認することや，その意向を伝えることができるようになった。また，児童相談所の判断と子ども，保護者の意見が異なったケースに関しては，児童福祉審

議会に意見を申し立てることができるようになった。このように，措置段階における子どもの声を聴く仕組みは構築されつつある。

また，施設生活における取り組みには，次のようなものがある。一つは，児童養護施設における自治会活動や意見箱の設置である。自治会活動は，子どもにとって日常の中で感じたり思ったりしたことを年齢等に分かれて表明し合う機会である。2001（平成13）年に行われた全国の児童養護施設職員対象に行われた質問紙での調査では，このような「子ども会など子ども自身の自治活動」[8]は，73.4％の施設で行われていた。これらの自治会活動で，「規則」や「日課」「職員への要望」について50％以上の施設で話し合われていた。

もう一つは，子ども間，子どもと職員間で話し合いを中心においた児童養護施設の実践である[9]。それは，子どものケアにおいて「問題解決の方法として暴力を使わない」「話し合いを大事にする」ことを大切にした実践である。

（4）暴力からまもられる権利

権利条約には，子どもが暴力を受けることなく，子どもの安心や安全が護られた状態で育つ権利も明示されている。

第19条の虐待・放任からの保護は，社会的養護で育つ子どもにとって再度暴力を受けないために重要な権利である。

しかしながら，この権利に該当する社会的養護の実態は厳しい。近年の調査では，施設における施設職員から子どもへの暴力である施設内虐待が発覚した施設は全児童養護施設の1割にあたる[10]。2000年代後半から，施設職員から子どもへの暴力に加え，子ども間の暴力および子どもから職員への暴力も可視化されるようになった。それは，1990年代以降に被虐待児童の入所が増えたことと関連しているが，子ども間の暴力問題は，昔から根深く存在しており，近年になってやっと問題化，可視化されたといえよう[11]。

具体的な調査結果をいくつか紹介しよう。東京都内の児童養護施設では，調査期間である1週間の間に回答施設の半数にものぼる施設において児童間の身体的暴力が起きていた。また，暴力を行う子どもは繰り返す傾向があり，そう

した子どものうち68.7％が、週1回以上の暴力をふるっていた。子ども間の暴力については、1998（平成10）年の大阪市の調査で、全体の4割近い子どもが施設内におけるいじめの「経験がある」と答えており、2010（平成22）年の同市の調査においても31.9％にあたる子どもが「よくある」「時々ある」と回答している。

　また、ある施設で発生した子ども間の性的虐待を詳細に調査したところ、35名定員の調査対象施設において被害がなかった子どもがたった2名であったというショッキングな事実も報告されている。

　こうした実態からも、児童養護施設は、制度的改善、組織改善、施設職員の養育観・子ども観の改善、日常における養育・ケアの改善、子ども自身の力の回復、権利擁護システムの機能化、児童養護施設の社会的透明性の確保、安全委員会の導入などのさまざまなレベルでの改革が必要であることが明白である。そうした状況も鑑み、本書第15章第1節で記される施設内虐待の防止の取り組みも進みつつある。

（5）家族との関係性を維持する権利

　社会的養護で育つことは、一時的に、あるいは長期的に家族との関係性を断つことになる。ただ、一旦関係性が断たれた子どもと親、家族の関係性を維持する権利がある。それが、権利条約第10条である。

　第10条の親や家族との関係性を維持する権利は、子ども自身のルーツに関わる重要な権利である。なぜなら、親や家族の存在は、簡単に忘れることはできないものであり、自らの存在理由とも深く関わるからである。なぜ施設で育つのか、なぜ親は自分を手離したのかという問いかけは、社会的養護で育つ子どもにさまざまな葛藤を抱かせる。それは、人が生きていくうえで、自己承認とも関わる根源的な問いかけである。

　しかしながら、この権利の行使において、実態としては厳しいものがある。家族再統合が望まれる一方で、一度施設に入所することで関係性を断たれた子どもと親が再度関係性を構築していくことは困難さがともなう。そうしたなか

で，子どもは，親に対して怒りつつも承認を求めるといった複雑な感情を抱くことになる。そうした気持ちを抱えたまま，施設を退所後，子どもが真向かいで親と対面することになるが，その際に親自身が抱えるトラブルに巻き込まれることも少なくない。親に対する気持ちの整理，親との関係のとり方は，施設退所後の人たちがぶつかる困難の一つである。退所後の困難を軽減するためにも，子どもの実態に基づいた丁寧な実践が求められる。

（6）プライバシー確保の権利

　社会的養護における施設生活はおしなべて集団生活である。そうしたなかでも，子ども一人ひとりの私的空間を確保する必要がある。それが，権利条約第16条のプライバシーの権利である。

　プライバシーの権利は，子どもが安心感をもち，自分と他者の境界を理解するために重要である。とくに，思春期以降は，個々の私的空間が保たれる必要がある。しかしながら，この権利に関する実態も十分な状況ではない。

　大阪市の調査によれば，子どもが施設で一人になりたいと感じた時，施設内に一人になれる場所が「ある」「少しある」と回答した子どもは43.9％であった。およそ半数の子どもが一人になれる場所があると感じているわけだが，そこで挙げられている場所は，常に確保できるわけではないルームメイトのいない居室やトイレ，施設外のスペースである屋上，屋外であった。[15] 狭いスペースのなかで，なんとか一人の空間を持とうとする子どもの姿が浮かび上がる。広くない空間を共有した集団生活は，多くのトラブルがつきまとう。他の子どものトラブルに巻き込まれたり，私物が盗難にあったり，プライベート空間を確保できず息苦しい思いをしながら過ごすこともある。

　居室等の基準を定める児童福祉施設最低基準（現・児童福祉施設の設備及び運営に関する基準）は，2011（平成23）年6月にようやく改正され，新設あるいは改築する場合の居室の1人当たりの面積は$4.95m^2$，1室当たりの居室人数の上限は15人から4人となった。

(7) 学習する権利

　教育を受けることは，子どもの人生における可能性を広げることに貢献する。社会的養護で育つ子どもにとっては，教育を受けることで資格や学歴を得ることができ，親世代の負の遺産を手放していく契機となる。権利条約の第28条には子どもが教育を受ける権利が明示されている。

　第28条は，すべての子どもが能力に応じて高等教育を利用する機会が与えられることや，教育や職業に関する情報や指導が得られることを示している。また，学校の規律が子どもの尊厳を損なわないよう運営することも定めている。しかしながら，社会的養護で育つ子どもが安心して学習する環境を得るため，高等教育へ進学するためには次に述べるような2点の課題がある。

1）安心して学習できること

　社会的養護で育つ子どもたちは，家庭で落ち着いて学習できる環境になかった場合が多い。親の状況に合わせて転居を繰り返すことにより，転校を繰り返す場合も少なくない。また，学校という場も，施設で育った人たちにとって居心地のいいものではなかった。[16]社会的養護，児童養護施設に関する認知が低いことから，施設で育つ子どもたちは，施設で生活していることを隠すことにエネルギーを注いだり，暴力問題を起こしたり，施設で育つ子ども同士で固まり他の子どもとの交流を避けたりする姿がみられる。

　社会的養護で育つ子どもが安心して学習するためには，施設内の学習環境を安定したものにしていくこと，学校が社会的養護で育つ子どもの背景を理解し，排除せずに子どもの学力を保障していく場となっていくことが求めらる。

　近年，施設の学習環境に関してはいくつかの動きがあった。2009（平成21）年度からは中学生に対する学習塾の費用も措置費から助成されるようになった。2011（平成23）年6月の児童福祉施設最低基準（現・児童福祉施設の設備及び運営に関する基準）の改正では，「児童養護施設における学習指導は，児童がその適性，能力等に応じた学習を行うことができるよう，適切な相談，助言，情報の提供等の支援により行わなければならない。」という文言が，第45条第2項として新設され，児童養護施設の支援に初めて学習支援が位置づけられた。これ

まで施設で育つ子どもたちは，学力よりも生活能力や社会性を身に付けていくことが重視されてきたが，この改正によって学習の支援の必要性が明文化されたことは大きい。

2）高等教育への進学

児童養護施設入所者の大学等への進学率は，全国の高卒者の進学率と比べると，4分の1ほどにとどまっている。施設で育った人たちのうち，高等教育に進学した人たちは，「偶然」の機会と出会いによって進学を企図している。また，学業と生活を成り立たせていくうえでアルバイトなど人並み以上の努力をしている。施設で育った人たちが高等教育へ進学することはいくつもの困難があるのだ。

以前と比べて，社会資源である奨学金制度は充実しつつある。NPO法人ブリッジフォースマイルなどの民間の支援も始められており，施設で育った人たちの困難を減らす取り組みは広がりつつある。一方で，日本社会における教育費の負担が家族に課せられるという課題の解決もせまられている。家庭における教育費の負担能力の差は，子どもの育ちに格差・不平等をもたらしている。権利条約が示す「すべての者に対して高等教育を利用する機会が与えられる」という理念は，日本社会のありようそのものを問い直すことを要求している。

3　子どもの権利を守るための規範

（1）規範としての児童の権利に関する条約

権利条約は，子どもの権利を豊かに表現すると同時に，その権利を保障するための条件整備を示している。それは，親や家族，教員や援助者がつねに子どもにとって良き存在ではなく，時に子どもの権利を侵害し，奪う存在であることから，その責任と役割を自覚化させるための基準を示しているのだ。第42条の条約広報の義務を締約国に課し，子どももおとなも子どもの権利を学習し続けることを要求しているのである。

わが国においては，まだまだ子どもの権利の視点に立って子どもを支援する

という考えや実践が成熟しているわけではない。社会的養護で育つ子どもは、「かわいそうな子ども」とみなされ、位置づけられることが多い。施設に届く寄付やボランティアは、わが国では招待行事や子どもたちの余暇活動を補完するものとして評価されるが、イギリスでは慎重に検討される。なぜなら、「かわいそうな子ども」というまなざしは、子どもの自尊心や自立心を奪うからである。本章で繰り返し述べてきたように、子どもの育ちを支えるのは国や社会の責務であって、「かわいそうな子ども」であるから善意で育ててあげるわけではない。

　こうした日本社会の姿勢に対して、国連の子どもの権利委員会は、第2回条約締約国報告書の審査（2004年1月）において、子どもの権利アプローチの視点ですべて点検していくことを要請している。社会的養護分野と関連させて権利基盤型アプローチ（the rights-based approach）を検討した林浩康によれば[19]、権利基盤型アプローチが必要とする要件は、福祉・保護偏重アプローチからの転換、「子どもは権利行使の主体である」という認識の促進、子どもの意見表明・参加の保障、条約実施に対する全人的な視点である。今後、子どもの権利の視点を取り入れていくためにも、権利基盤型アプローチを学び、その実現のための条件を整備していく必要があるだろう。

（2）社会的養護における倫理

　社会的養護分野においては、これまでおとなの行動の制約原理としてケア基準を定めてきた。最初に定められたのは、1994（平成6）年の北海道養護施設協議会による「北海道養護施設ケア基準」であり、「施設職員が入所児童になすケアに関し遵守すべき事項を定めたもの」である。それ以降、いくつかの自治体でケア基準は定められてきた。そして、ようやく2010（平成22）年5月に、全国児童養護施設協議会によって倫理綱領が発表され、児童養護施設職員の価値と倫理が言語化された（巻末資料参照）。今後、このように言語化された倫理をいかにして実践現場で血と肉のある言葉にしていくかが問われている。

注

⑴ IYP ASEC／国際エクパット，エクパットジャパン関西翻訳「私たち自身のために立ち上がって──若者の参加権概念と実践に関する研究」「人権教育」編集委員会編『人権教育』第14号，2001年，明治図書，118-119頁。

⑵ 2004（平成16）年9月の時点で，47都道府県13政令都市のうち38都府県11都市で作成された。長瀬正子「児童養護施設における子どもの権利擁護に関する一考察──『子どもの権利ノート』の全国的実態とテキスト分析を中心に」『社会福祉学』46巻2号，2005年，43頁。

⑶ 長瀬正子「児童養護施設における子どもの権利擁護に関する実証的研究──『子どもの権利ノート』に焦点をあてて」2010年度大阪府立大学大学院社会福祉学研究科博士学位論文，51-71頁。

⑷ 同前論文，72-111頁。

⑸ CAPプログラムは，985年にアメリカで考案されたのちに森田ゆりによって日本に紹介され，1995年以降に養成プログラムが開始された。現在では140のグループによって提供されるプログラムである（CAPセンター・JAPAN『CAPへの招待──すべての子どもに「安心・自信・自由」の権利を』解放出版社，2004年，49頁）。

⑹ 同前書，173-184頁。

⑺ CAPセンター・JAPAN『CAP児童養護施設プログラム──子どもの気持ちに寄り添って』2005年3月，CAPセンター・JAPAN。

⑻ 高橋重宏・中谷茂一・荒川裕子他「児童養護施設における子どもの権利擁護に関する研究」日本子ども家庭総合研究所『日本子ども家庭総合研究所紀要』第37号，2001年。

⑼ 石塚かおる「どうして子どもと話し合わないのですか」全国養護問題研究会編『日本の児童福祉』第15号，2000年，134頁-137頁や，黒田邦夫「筑波愛児園における施設新生の取り組み〈その2〉──子どもも大人も明るくのびのびとできる施設を目指して」『児童養護』第34巻第4号，2004年，41-44頁がある。

⑽ 野津牧「児童福祉施設で生活する子どもたちの人権を守るために」『子どもと福祉』編集委員会『子どもと福祉』第2号，2009年，49頁。

⑾ 参考文献としては，施設で育った人たちの手記を集めた書籍である神田ふみよの『春の歌うたえば──養護施設からの旅立ち』（ミネルヴァ書房，1992年）や施設内のいじめで亡くなった子どもの裁判記録を整理した倉岡小夜の『和子6才いじめで死んだ──養護施設と子どもの人権』（ひとなる書房，1992年）がある。

⑿ 黒田邦夫「児童養護施設で何が起きているのか」浅井春男・金澤誠一『福祉・保育現場の貧困』明石書店，2009年，106-136頁。

⒀　大阪市児童福祉施設連盟養育指標研究会『今，施設で暮らす子どもの意識調査』2010年。
⒁　杉山登志郎・海野千畝子「児童養護施設における施設内性的被害加害の現状と課題」日本子ども虐待防止学会『子どもの虐待とネグレクト』第11巻第2号，2009年
⒂　大阪市児童福祉施設連盟養育指標研究会『今，施設で暮らす子どもの意識調査――10年を経て　児童養護施設・情緒障害児短期治療施設・児童自立支援施設の10年』2010年，103頁。
⒃　西田芳正「施設の子どもと学校教育」西田芳正編著，前掲書，74-112頁。
⒄　長瀬正子「高学歴達成を可能にした事件」西田芳正編著『児童養護施設と社会的排除』解放出版社，2011年，113-132頁。
⒅　例えば，社会的養護で育った人たちを支援するNPOブリッジフォースマイル（http://www.b4s.jp/）が提供する「カナエール」というプログラムがある。「カナエール」は，児童養護施設を退所した後，大学等へ進学する若者を卒業までサポートするプログラムであり，児童養護施設の子どもたちの進学格差をなくし，社会全体で「夢をかなえるチカラ」を育むことを目指している（http://www.canayell.com/，2011年12月16日アクセス）。
⒆　林浩康「児童養護施設職員による子どもへの虐待予防とその課題」日本子ども虐待防止学会『子どもの虐待とネグレクト』第11巻第2号，2009年，194-202頁。

| 第4章 | 社会的養護の基本原理 |

1 人権の尊重と人間形成の原理

(1) 児童の権利と発達の保障

　児童の権利と発達の保障は，憲法でうたわれている個人の尊重と基本的人権という理念の確立からはじまるといえる。人間の平等に生きる権利を保障した憲法の精神に基づいて，児童の基本的人権は認められるものだからである。児童福祉法では，第1条で児童福祉の理念，第2条で児童育成の責任，第3条で原理の尊重が明記されているように，児童は，健やかに生まれ，育成され，生活の保障と愛護をうける権利がある。児童憲章，児童権利宣言，児童の権利条約にもうたわれているように，児童は正常な家庭で愛情豊かに育てられる権利，教育を受け，最善の利益を受け，虐待や放任から守られ，自分の意見を表明し，遊びや文化に参加する権利，また，精神や身体に障害のある場合には，特別な治療や訓練・支援を受ける権利がある。

　児童は，これらの権利を自ら行使するのではなく，おとなに依存している。社会的養護は，この基本的な権利が阻害されたり，奪われたり，守られていない児童に対して，権利を回復し，保障することである。生存権の保障とは，基本的欲求の充足であり，食欲，排泄，睡眠などの生理的欲求と人格的・社会的欲求が充たされていて，正しい人間形成ができることである。

　児童は，心理的，身体的成長・発達の過程にあるが，それは常におとなの指導・援助によって達成される。児童の成長・発達には，無限の可能性があるが，それも保護者（親）や保育士，児童指導員，教師といった社会的な養育者によってなされるのであり，児童をとりまく家庭，学校，福祉施設などの社会的環

境にゆだねられている。

（2）人間形成

　社会的養護では，児童の心理的，身体的成長・発達のためにあらゆる専門的な知識と技術が駆使されるべきであり，家庭養護，社会的養護を問わず児童の基本的な人間形成が最も重要である。

　人間は，親から受け継いだ遺伝的な素質とあらゆる環境的な要素が加わって，一個の人格が形成される。児童は自分の意志とは関係なく，さまざまな状況のもとで生まれてくる。生まれたばかりの乳児は，おとな（親）の保護なしに生きることは不可能であり，やがて幼児期，学童期へと成長するにつれて，それぞれの段階に応じた適切な教育，指導，援助が必要になってくる。

　児童の人間形成にとっては，家庭の役割が重要であり，とくに親の温かい愛情を基盤にした親子関係は欠かすことはできないものである。現代社会の生活環境は，社会全体のライフサイクルの変化にともない家庭環境そのものが変貌している。女性の社会進出にともない母親が育児に専念することが少なくなり，父親が家庭における中心的な存在とは言えなくなったためである。これは児童の人間形成そのものに大きく影響を及ぼしている。

2　個別化の原理

　児童が正常に成長・発達するためには，人から愛されなければならない。それも多くの人に愛されることによって情緒的に安定して，人を愛することを知る。児童は，本来，家庭で親から個別的に愛されて育つものであるが，家族の中での兄弟姉妹のような同じ親から生まれて，同じ家庭環境で生活していても，一人ひとりの性格や能力などの違いによって，愛情の受けとり方も違う。また，親の扱い方や接し方も異なるものである。

　社会的養護では，異なった親から生まれた者，全く違った家庭環境，地域社会で生活してきた者が，同じ所で生活するのである。児童福祉施設の形態が，

小舎制または大舎制であっても，それは人為的につくられた生活の場であり，さまざまな児童を同時に援助しなければならない。それらの児童の性質，能力，体力などの特徴を正しく理解して，それぞれに応じた個別的な対応をすることが基本となる。

（1）個別化の要因
個別化をすすめていくためには，次の4つの要因について詳細に把握する必要がある。

1）身体的要因
児童が児童福祉施設に入所した場合，まず生育歴を通じて身体の発育状況を調べて健康状態を把握する。とくに体質に異常や病歴があれば，その後の生活に支障を来す恐れがあるので，検査などをした上での適切な援助が必要となる。食事・排泄・睡眠・運動などの状態を把握して，発育の遅れや異常がある場合には，その原因を取り除くための援助が行われる。児童福祉施設のような集団生活では，体力等の違いが生活への順応に影響するので，個人差を配慮した個別的な指導が必要である。

2）知的要因
児童の知的水準は，生活・学習・遊びなど多くの面で影響するので，個別に発達程度を正しく理解して援助する事が必要である。とくに発達の遅れている者は，学習・行動面で劣るため集団生活の中で孤立化するか排斥されたりするので，注意深く観察するべきである。知能の発達程度は，学習活動を大きく左右するので，個人の能力に応じた成績目標を設定した学習指導が必要である。また，親と別れて生活しているため学習意欲が低下している者がいるので，学科面での学習には，このような場合にも個別的な配慮が要求される。例えば，音楽や図工に興味をもつ者には，まずはその能力を伸ばすための指導を行い，学習意欲の向上につなげていくことが必要である。

3）情緒的要因
情緒面での個別化を図ることは，重要なことであるが難しいことでもある。

児童はいろいろなニーズをもっているが，それらは日常生活のあらゆる場面で満たされるべきである。とくに乳幼児期においては，親とのスキンシップにおいて情緒的欲求が満たされるが，それが不十分であると欲求不満となり，思春期になると反抗的態度を取ったり，暴力行為をするなど問題行動をとることにつながる。

　児童福祉施設では，他人同士の集団生活の場所であるが，保育士など直接にかかわる職員と児童が喜怒哀楽の感情を共有することが求められる。保育士と児童が一緒に食事をしながら「おいしいね」と話し合うことで，楽しい時間を味わう。一緒にテレビを見ながら笑ったり，涙をながしたりすることによって，少しでも情緒的な安定をもつことができる。

　4）　社会的要因

　児童の人格形成において親から受け継ぐ遺伝的な要因は大きな要素を占めるが，人為的に形成された社会的な要因も大きな影響を及ぼしている。家庭の中での親の養育態度が寛容であれば，児童の精神的状態は安定しているが，威圧的な態度であれば，おどおどするようになる。社会的養護においては，親に代わって保育士が良い社会的要因を形成するために主体的に取り組む必要がある。児童福祉施設は，教育的，文化的な要素を備えていなければならない。児童育成の専門的な知識と技術を修得した職員と一定の設備を備えた施設という社会的環境の中で一貫した援助がなされるべきである。

（2）児童福祉施設における個別的援助

　児童福祉施設という集団生活の場では，いかにして個別化をすすめるかが問題となる。当然，食事，勉強，遊び，入浴，テレビ，就寝といった生活カリキュラムの中で個別的な配慮が求められる。個人用のベッドやロッカー，学習机が与えられることによって，自分の場所が確保される。

　また，職員は，生活のあらゆる場面で意識的に接触する機会をもつことを心がけるべきである。大舎制の施設では限界があるが，小舎制（家庭舎・グループホーム）の施設では個別的な関わりが多くなる。また，里親やボランティアの

協力によって個別的援助の効果が期待される。

3　集団性活用の原理

　児童福祉施設は，人為的につくられた集団であり，家庭とは違った他人同士の生活の場である。家庭のような肉親との血縁関係ではなく，全く関係のなかった者がお互いに信頼して生活するのである。さまざまな違った経済的・文化的・社会的な環境で育った児童と大人（職員）の集団である。

　そこでは，児童と職員，また児童同士が互いに助け合い，協力して，信じ合い，ぶつかり合って集団生活を営んでいくのである。児童福祉施設の集団生活には，家庭では得ることのできない集団性があり，集団の力や集団の中での相互関係が児童一人ひとりの人格形成に大きく作用しているのである。つまり，協調性や共存性が育ちやすいともいえる。

　児童は，普通，家庭で保護者（親）の個人的な性格，能力，体質，考え方や価値観によって育てられているが，児童福祉施設では，児童養護の専門的な知識と技術をもった職員（保育士）によって，児童の個別性に応じた幅ひろい考え方や方法で育てられる。現代社会では，核家族と少子化の傾向が強いため，家庭における親子関係や同朋関係という相互関係が少なくなり，助け合いや協力性が養われにくい面がある。また，子どもが少ない家庭では，過保護や過干渉となる傾向がある。

　児童福祉施設における集団援助のねらいは，児童個人を集団に適応させるとともに，集団自体を好ましい方向に発展させて，集団行動を通して協調性や個性を高め，社会性に富んだ人格を養い，より良い社会人としての基礎をつくることである。そのためには，保育士が集団援助の専門的な知識と技術を駆使しなければならない。いわゆるグループワークの原理を導入して，集団づくりや集団活動を展開することである。

　児童福祉施設における集団づくりと集団活動について，以下，「生活集団」「遊びの集団」「学習および治療の集団」の3つに分けて述べる。

(1) 生活集団

　生活集団とは，居室単位を中心とした4～6人の集団，小学生までは男女混合，中学生以上は男女別々の集団である。児童福祉施設での生活がスムーズに運ばれるように意図的につくられたものである。食事は同じテーブルを囲み，就寝は同室であることから，仲間意識を持たせることと気楽な雰囲気をつくることを心がけることが重要である。

　また，基本的生活習慣を養う場であり，しつけの場でもあり，言葉づかいやあいさつ，行儀作法といった人間教育を施す場でもある。子どもの意見を聞いて，子どもの気持ちを受け止めるためには，職員の個性が強くて，一方的に自分の考え方を押し付けるようでは困る。生活集団の担当保育士の個性が大きな影響を及ぼすことを忘れてはならない。

(2) 遊びの集団

　遊びの集団は，自然発生的にうまれ，同じ興味や関心をもった者が集まって活動するので，同年齢で同性の場合が多い。グループ遊びを通して協調性が育ち，孤立感が生じにくくなる。また集団遊びの楽しさを理解して，子どもたちが自由に参加できるための時間と場所とプログラムを準備しなければならない。遊びによって，集団生活に変化と潤いをもたせ，日常生活そのものが楽しくなるように工夫することである。

　学童期は，キャンプのような野外活動や野球，サッカーのようなスポーツ活動に興味をもつから，そのような活動には積極的に参加できるように配慮することも重要である。児童福祉施設では，計画的にレクリエーション行事を計画・実施して，集団遊びの意義と楽しさを体験させることができる。

(3) 学習および治療集団

　児童福祉施設では，学校と並行して学習する時間と場所を提供している。児童は地域の学校に通学して勉強をしているが，下校後は児童福祉施設の中で集団的に学習する機会が与えられている。個人の学習机が用意されている場合は

個人的に宿題や予習・復習をしているが，図書室や学習室が用意されている所では，集団的に学習時間が設定されて，保育士などによる学習指導が実施される。学年別，学力別に学習集団を分けて目標を決めることで，学習効果を上げることができる。

　知的に遅れている児童や情緒面で不安定な児童に対しては，特別な集団治療の場を設定して集団的な援助が行われる。暴力行為をしたり，集団活動に参加できないなどの問題のある児童に対しては，集団心理治療や遊戯治療を行う必要がある。

（4）生活集団の利点の活用
　集団生活を強いられる児童には，その生活に耐えられる力が必要であり，集団の中で力を発揮する精神力が要求される。年齢や能力・体力にもよるが，学童期になると集団の中で仲間意識が芽生えて，集団に所属したいという欲求が出てくるので集団として関係が確立するような援助が求められる。そのため，保育士などの職員が集団の中に積極的に入り込んで，子どもたちに集団活動のプログラムを提供して，働きかけていくことが求められる。

　集団の中で，自分の存在感を確かめることができると，やがて青年期，成人に達した時に良い人間関係を築くことができる。社会的自立の上で大きく成長する。児童福祉施設に入所した当初に集団に参加できなかった子どもが，みんなと一緒に食事をしたり，テレビを見たり，お風呂に入ったりするうちに，自然と集団に溶け込んでいく姿を見ることができる。児童福祉施設の生活集団は，職員によって意図的につくられた集団であるが，子ども同士が助け合わないと生活が維持できないことを学び，衝突（ケンカ）はあるが相手の気持ちや立場を認め合っていく際には有効な集団である。集団の相互作用によって，ぶつかり合い，学び合い，遊び合い，そして育ち合うことができる。

4 親子関係尊重の原理

　児童が正常に成長・発達するためには，家庭における親子関係が基盤になっており，その関係を尊重し，維持発展させていくことが必要不可欠である。親は子どもが生まれた瞬間から子どもの欲求を受け入れて愛着行為をする。子どもは親の愛情を一身に受け止め，やがて強い絆が発生して信頼された親子関係が形成されるのである。家族は，語り合い，食事を共にし，病気になれば看病し，一緒に遊びに行ったりして楽しい時を過ごす。苦しいときには，共に励まし合い，助け合って生活を送るものである。親子関係の土台には，夫婦（父母）が深く愛し合うことで生じる信頼関係が必要である。

　しかし，現代の家庭では，核家族化が進み，家族の人数も少なくなる傾向の中で，家族相互の人間関係が希薄になり，相互の依存性が弱くなっている。また夫婦（父母）は，経済的・文化的・社会的観点などに関する考え方や価値観の違いから，不平や不満を抱き，相互に理解できなくなり，些細なことから夫婦間にトラブルが発生して両親が離婚する。その結果，家庭における児童養育が損なわれていくのである。

　社会的養護では，親子の人間関係を中心とした家族関係を尊重して，その状況，内容，問題点などを詳しく把握して，親子の健全な人間関係，正しい信頼関係を回復するように援助することを基本としなければならない。家族の人間関係は，夫婦，親子，兄弟姉妹が共同生活をして成立するのであるが，現代社会では，食生活をはじめとして保育，教育，医療，娯楽などが家庭の外の社会的な施設や機関に依存している。例えば，夫婦が二人とも就労しているために，帰宅時間が遅くなり，子どもは食事をコンビニで買ったものですませて，食後にテレビゲームをしている姿は，家庭本来の機能を失いはじめていると言っても過言ではないのである。

　また，近年，児童養護施設の入所理由は，両親の離婚や家出による家庭崩壊のために児童の養育が放棄され，家庭から放任されたケースが多いのも事実で

ある。要するに，両親がいるのに，家庭から切り離されて児童福祉施設での生活を余儀なくされるのである。家庭における児童の養育機能は失われたり低下していた場合，社会的養護をきっかけとして，家庭の養育機能を回復させて，児童の家庭生活を受ける権利を保障するべきである。親子関係の尊重は，子どもの権利条約に謳われている「児童の最善の利益を保障する」ことを意味しているといえる。

　社会的養護の方法としては，児童を児童福祉施設に入所させることが，親子関係の断絶にならないような援助をしなければならない。父母（夫婦）が別れたために，児童が児童福祉施設で生活するようになると，親は罪悪感と孤独感を抱いてしまい生活状況がますます悪くなることがある。児童はというと，親との分離不安のため，生活意欲がなくなり，食欲が減退したり，不眠になったり，夜尿をする者もいる。

　児童養護施設などでは，施設の援助方針や援助内容を親（保護者）に正しく理解させて，協力を得ることが必要である。施設職員は，親の仕事や収入の変化，親戚との交流，生活状況などを把握して，親と協議を重ねて親子関係を修復し改善する役目を果たすべきである。親・家庭問題を緩和または解決することは非常に困難なことであり，複雑な家族関係を修復するためには，経済的・社会的・精神的などのあらゆる面において援助が必要である。

　近年，児童養護施設には，家庭援助のためにファミリーソーシャルワーカーが配置されて，児童相談所や福祉事務所と連携して，親子双方の生活実態を詳細に把握して，相談・援助がすすめられている。施設入所の時点で，児童相談所は，児童援助計画書に保護者の生活状態や親子関係に関する事項を記入する。一方，施設では，児童自立援助計画書に児童の行動や成長過程を記入して児童相談所に報告するのである。

　また，親子関係の改善のためには，次のような援助プログラムがある。

　① 面　会

　児童福祉施設に入所した児童は，親の面会や親との外出を楽しみにしているので，出来る限りその機会をつくることが求められる。入所時に親子が疎遠に

ならないように面会を奨励することが必要である。施設の日課に支障がない程度に、親の仕事や生活状況にあわせて回数や時間帯に幅をもたせるとよい。幼児や小学生は、親との個別的なふれあいを期待しているので、その回数は多い方がよい。ただし、親の中には自分の寂しさを解消するために、一方的な感情で面会を希望する場合もあるので、児童の気持ちや立場を尊重して無理な面会は避けるべきである。とくに親から虐待を受けた児童の場合は、児童の心身の状態を考えて慎重に対応すべきである。

② 帰　宅

帰宅や帰省は、親の生活態度に問題がある場合には、児童のしつけの上で規制または禁止することも必要であるが、基本的には親の状態をきちんと把握して週末の帰宅を許可するべきである。きちんと食事を与えなかったり、夜遅くまでテレビゲームをさせる場合もあるので、帰宅前に悪い生活習慣を付けない約束をするとよい。お盆や正月には、長期間帰宅することがあるので、帰宅中に親の生活状況が変化したり改善された場合には、その情報を聴取して将来の生活設計のための援助資料として、児童の家庭復帰に役立てるべきである。

③ 通　信

電話や手紙は、親子の情報交換において大切な役割をもつものであり、親子の絆をつくることができる。最近は、携帯電話の普及により、いつでも、どこでも連絡ができるようになった。親が仕事の関係で遠方に出張したり、所在地を変更しても連絡できるようになった。ただし、父親が寂しさのあまり、酒を飲んで夜中に電話をかけるときには、親の気持ちを逆立てしないように注意すべきである。児童が「頑張って勉強しています」といった手紙を書いて親に送ると、もらった親は感動するものであり、親子関係の改善には効果がある。

④行　事

児童福祉施設の行事や児童が通学している学校行事に、親に連絡して積極的に参加してもらうとよい。施設でよく行われる、子どもの日の集い、夏祭り、秋祭り、クリスマス会などの行事には、親の参加を促し、親子交流の場にすべきである。学校の運動会や授業参観そして入学式、卒業式には出席してもらい、

児童の成長を見届けてもらうことが，家庭復帰後の親子関係に役立つのである。また，これは，児童福祉施設における援助内容の評価にもつながる。

5　社会的自立の原理

　社会的養護を広い意味での「養護」からみると，その最終的目標は，児童が成人して社会人となり，社会生活を営むとともに社会的諸活動に積極的に参加して，社会の民主的発展に貢献できる人間を育成することである。

　要養護児童は，親や家庭の事情で社会的養護の場である児童福祉施設や里親家庭で生活し，成長していくのであるが，親子関係が改善され，家庭問題も解決された場合には家庭復帰となる。また，家庭問題が解決されなかった場合は，児童福祉施設での生活が長期化して高等学校を卒業して，就職して社会生活を送ることになる。どちらにしても，社会的養護の基本的な考え方は，児童が福祉施設に入所した時点から，社会参加を目指したものとしてとらえなければならない。

　児童福祉施設に入所している児童は，一般家庭で生活している児童と並んで，人権が尊重されて，人間らしく取り扱われ，児童自身も卑下することなく通常の社会生活に参加できるように，養護が組み立てられ展開されなければならない。

　ところが，児童福祉施設の歴史的成立過程をみると，一般社会から隔離される傾向が強かった。そのため，地域社会の住民は，施設に無関心であったり，偏見をもつ人もいた。施設の運営も，地域社会から孤立して，自給自足の生活をする傾向がみられた。児童養護施設が，地域社会とは関係なく存在して，一つの閉鎖的な社会として児童を収容保護する時代があったのである。

　1970年代になって初めて，児童養護施設に入所している幼児が幼稚園に通園できるようになり，1973（昭和48）年に高等学校での修学費用が認められ，高校への進学が可能となった。障害児にも障害児支援学校への通学が認められて，地域社会の中で治療教育が行われ，社会参加の道が開かれるようになった。

このように，近年になってやっと児童福祉施設の近代化を迎えることができ，地域社会に開かれた公共性もつものとなった。施設の運営管理面や児童育成においても，地域社会に密着した福祉センターとしての機能と役割をもつようになった。要養護児童の社会参加は，児童が施設に入所した時点から始まっているのである。

（1）施設入所時点から開始される積極的社会的自立

要養護児童を施設に入所させることは，児童を親や家庭から隔離して援助することが目的ではなく，常に家族と交流を重ねて，親子・家族関係を維持継続させて，親の生活が安定したならば，一日も早く家庭生活に復帰できるように援助することである。家庭に戻った児童が，いつでも地域社会に溶け込めるように，施設に入所した時から地域社会に参加できる援助をすることである。

そのためには，児童福祉施設が所属している地域社会の町会活動に参加した方が良い。例えば，子供会，青年会，婦人会などである。また，学校のPTAの会合には，施設長や職員が参加して，日頃から地域の人たちと交流するとよい。短期間にしろ，長期間にしろ，施設で生活したことが，将来の社会生活に不利にならないように地域に溶け込んでいく援助プログラムを展開することが必要である。

（2）高校卒業後の社会的自立

児童福祉施設には18歳まで在所することができるが，家庭環境の問題が解決されなかったため，家庭復帰ができなかった場合は，高校を卒業した時点で施設を退所して就職しなければならない。まだ未熟であったとしても，自分の力で社会生活を営まなければならないのでる。

就職指導は，学校の進路担当教師と施設の職員が協力して，児童の意見や能力などを考慮して適切な就職先を選ばせるのである。卒業後の大きな問題は住居である。児童福祉施設から就職先への通勤はできないため，アパートなどで一人暮らしをしなければならない。企業に独身寮がある場合は好都合である。

> ───── コラム／福祉施設卒業後の自立 ─────
>
> 　K君（54歳）は，大手の土木建設会社のO支店工事課長を勤める社会人である。2歳の頃，遺棄されたらしく親の行方は全くわからない。児童相談所に保護された時，すでに小児結核にかかっていたため，児童養護施設に入所するとともに施設に在籍したままT病院小児科病棟に入院した。入院中，施設の保育士が1カ月に1回程度面会に行く位で，他には誰もたずねる人はいなかった。4年間治療を受け，病気が完治した後，小学1年生から児童福祉施設で生活を送った。幼児期での病院生活が長かったためか学習活動に対する意欲は乏しく，学業成績は悪かった。しかし，小学校高学年頃から食欲が旺盛になり，身体も大きくなり，次第にスポーツ活動に興味をもつようになった。中学時代は野球と水泳に熱中し，体格，体力ともに向上した。
>
> 　中学卒業後は高等学校への進学が難しく，職業訓練学校の自動車整備科で2年間修学して，自動車整備工場へ就職した。その後，転職を繰り返した。ガソリンスタンド店員，高層ビルの窓拭き，護岸工事の潜水夫といった苛酷な作業を体験した。27歳の時に建設会社の社長の自家用車を整備したことが契機となって社長と個人的に親しくなり，見込まれて建設会社に採用された。39歳で，社長から彼女を紹介されて結婚し，2女の父親となった。K君は，幼少期は親の面会もないため寂しい思いをしたが，学童期には，ボランティアの週末里親と交流したため，楽しい思いをすることができた。明るい性格で，真面目で誰からも好かれるタイプであったため，就職先では先輩，同僚を問わず多くの仲間と交流することができた。趣味は，サーフィンや草野球をしており，家族を大切にする健全な家庭生活を営んでいる。卒業後も児童福祉施設の元保育士と継続的に交流している。

　また，卒業後の援助としてアフターケアが必要である。

　アフターケアとは，施設職員が職場を訪問したり，休日に施設に帰って来たときに勤務状況を把握して職場に定着するように援助することなどである。とくに大切なことは，自由になったお金の使い方である。また，友人関係や余暇の過ごし方を誤らないように導くことである。

　児童福祉施設退所後に，経済的にも，精神的にも安定して社会的に自立して，社会の市民として社会参加が果たされてはじめて，社会的養護が終了したと言えるのである。

第5章　現代の家庭と社会的養護

1　子どもにとっての家庭と社会

（1）人口減少社会

　わが国は本格的な人口減少社会になっている。総務省による国勢調査結果発表によると，2010（平成22）年10月1日現在での日本国内に住む日本人の人口は減少傾向にあることがわかる。人口動態（表5-1）をみると2005（平成17）年に自然増減数がマイナスになっており，2010（平成22）年からは自然減の数がさらに大きくなっている。人口減少原因の一つとして挙げられているのが出生数の減少である。合計特殊出生率（図5-1）をみても，わが国が「少子化」社会であることがわかる。

（2）世帯規模の縮小

　さらに人口だけではなく，家族の世帯人数も減少している。戦後，わが国の産業が農業，林業や漁業といった第一次産業中心から，高度経済成長期におけるさらなる工業化を経験したことで，第三次産業中心へと変化していった。また，この変化は自営業者の減少と雇用者の増加を同時に生じさせていった。就業者に占める自営業者の割合は1961（昭和36）年には21.9％であったが，2010（平成22）年には9.3％となっている。一方，雇用者は1961（昭和36）年には55.1％であったが，2010（平成22）年には86.9％に増加している。雇用者の増加は企業や工場が多く集まる大都市への人口集中を促すとともに，夫婦とその未婚の子どもや夫婦のみ，ひとり親とその未婚の子どもからなる核家族，単身で生活する人の増加にもつながっていった（表5-2）。このような核家族，単身者

表5-1 人口動態総覧の年次推移

年次		出生数	死亡数	自然増減数	死産数	婚姻件数	離婚件数
1965	昭和40	1 823 697	700 438	1 123 259	161 617	954 852	77 195
1970	45	1 934 239	712 962	1 221 277	135 095	1 029 405	95 937
1975	50	1 901 440	702 275	1 199 165	101 862	941 628	119 135
1980	55	1 576 889	722 801	854 088	77 446	774 702	141 689
1985	60	1 431 577	752 283	679 294	69 009	735 850	166 640
1990	平成2	1 221 585	820 305	401 280	53 892	722 138	157 608
1995	7	1 187 064	922 139	264 925	39 403	791 888	199 016
2000	12	1 190 547	961 653	228 894	38 393	798 138	264 246
2005	17	1 062 530	1 083 796	△ 21 266	31 818	714 265	261 917
2006	18	1 092 674	1 084 450	8 224	30 911	730 971	257 475
2007	19	1 089 818	1 108 334	△ 18 516	29 313	719 822	254 832
2008	20	1 091 156	1 142 407	△ 51 251	28 177	726 106	251 136
2009	21	1 070 035	1 141 865	△ 71 830	27 005	707 734	253 353
2010	22	1 071 000	1 194 000	△ 123 000	27 000	706 000	251 000

注：(1) 昭和47年以前は沖縄県を含まない。平成21年までは確定数，平成22年は推計数である。
　　(2) 自然増減数は前年比。
出所：厚生労働省発表データ（http://www.mhlw.go.jp/toukei/saikin/hw/jinkou/suikei10/index.html，2013年1月9日アクセス）をもとに作成，1965（昭和40）年以降データのみ抽出，一部修正。

図5-1　出生数及び合計特殊出生率の年次推移

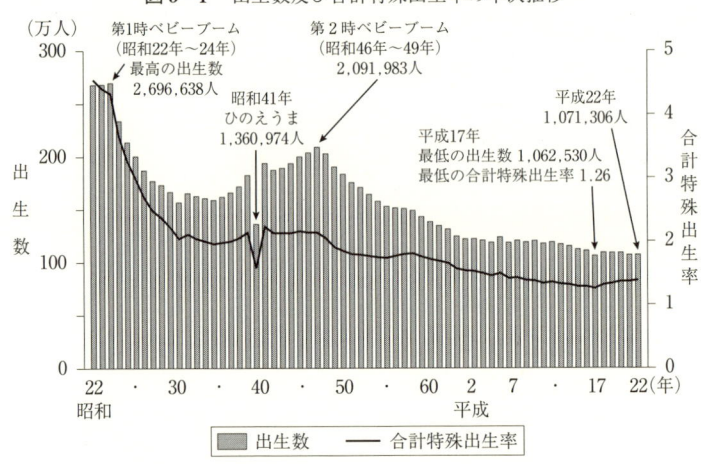

出所：厚生労働省HP（http://www.mhlw.go.jp/toukei/saikin/hw/jinkou/geppo/nengai10/kekka02.html#k2_2，2013年1月9日アクセス）。

第5章 現代の家庭と社会的養護

表5-2 世帯構造別,世帯類型別にみた世帯数及び平均世帯人員の年次推移

年次	総数	世帯構造						世帯類型				平均世帯人員
		単独世帯	夫婦のみの世帯	夫婦と未婚の子のみの世帯	ひとり親と未婚の子のみの世帯	三世代世帯	その他の世帯	高齢者世帯	母子世帯	父子世帯	その他の世帯	
		推 計 数 (単位:千世帯)						推 計 数 (単位:千世帯)				(人)
昭和61年	37 544	6 826	5 401	15 525	1 908	5 757	2 127	2 362	600	115	34 468	3.22
平成元年	39 417	7 866	6 322	15 478	1 985	5 599	2 166	3 057	554	100	35 707	3.10
4	41 210	8 974	7 071	15 247	1 998	5 390	2 529	3 688	480	86	36 957	2.99
10	44 496	10 627	8 781	14 951	2 364	5 125	2 648	5 614	502	78	38 302	2.81
16	46 323	10 817	10 161	15 125	2 774	4 512	2 934	7 874	627	90	37 732	2.72
20	47 957	11 928	10 730	14 732	3 202	4 229	3 136	9 252	701	94	37 910	2.63
22	48 638	12 386	10 994	14 922	3 180	3 835	3 320	10 207	708	77	37 646	2.59
		構 成 割 合 (単位:%)						構 成 割 合 (単位:%)				
昭和61年	100.0	18.2	14.4	41.4	5.1	15.3	5.7	6.3	1.6	0.3	91.8	·
平成元年	100.0	20.0	16.0	39.3	5.0	14.2	5.5	7.8	1.4	0.3	90.6	·
4	100.0	21.8	17.2	37.0	4.8	13.1	6.1	8.9	1.2	0.2	89.7	·
10	100.0	23.9	19.7	33.6	5.3	11.5	6.0	12.6	1.1	0.2	86.1	·
16	100.0	23.4	21.9	32.7	6.0	9.7	6.3	17.0	1.4	0.2	81.5	·
20	100.0	24.9	22.4	30.7	6.7	8.8	6.5	19.3	1.5	0.2	79.0	·
22	100.0	25.5	22.6	30.7	6.5	7.9	6.8	21.0	1.5	0.2	77.4	·

注:平成7年の数値は,兵庫県を除いたものである。
出所:厚生労働省「平成22年国民生活基礎調査の概況」(http://www.mhlw.go.jp/toukei/saikin/hw/k-tyosa/k-tyosa10/, 2013年1月9日アクセス)一部修正。

の増加が,平均世帯人数にも影響を与えており,1960年代には4人以上であったものが,1970年代,1980年代には3人,1990年代以降には3人を割るというような減少傾向がみられる。

(3) 生活基盤の弱まり

また,多くの人が雇用者であることから,生活する場所と働く場所が異なるといった職住分離が進んだ。その結果,生活する場所で過ごす時間が減少すると同時に近隣の人と関わる機会の減少を生んでいき,2000年代になりその傾向は進んでいる(図5-2)。

このようにみると私たちが生活している現代の社会は,決して不動のものではなく,常にさまざまな要因によって変動しており,家族が生活する家庭の状態は社会の様子を反映している。以前の社会を現代の社会と比べて考えてみると,今よりも子どもが多く,一緒に生活する家族の人数も多く,自営業や雇用

図5-2 近所付き合いの程度

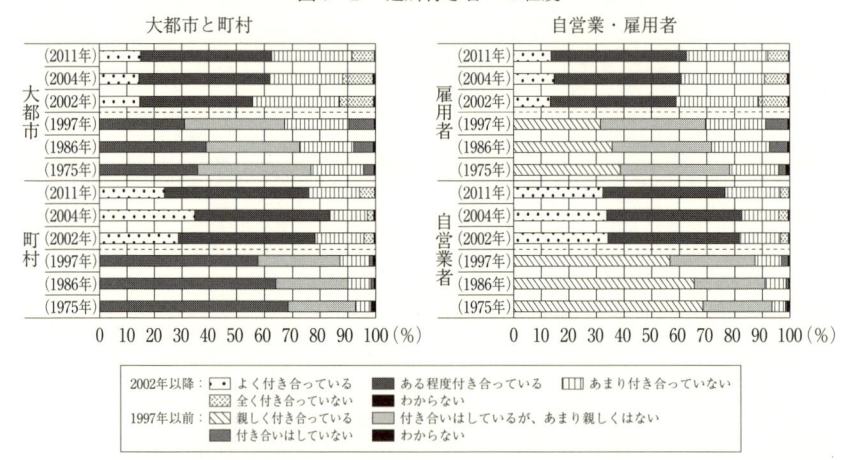

出所：『平成23年版　厚生労働白書』22頁。

者などいろいろな立場の人が存在し，今よりも活発に近所付き合いが行われていた社会であるといえる。

　また私たちの生活について考えてみると，日々の生活を営むためには掃除，洗濯，ゴミ出し，料理，片づけなどの家事だけではなく，家族員内に子どもや高齢者，病人が出た際のケアなど多くの労力が必要となっている。現代社会に生じている世帯人数の減少とは，これらの労力を分担する人数の減少であり，生活を営んでいくための基盤が弱まっていることを意味している。普段の近所付き合いは，生活基盤を補うものとしても機能していた。しかし，先にみたように近所付き合いが以前より活発に行われなくなっている。これが意味しているのは，現代社会において家族が生活していくための基盤が不安定であり，かつ，家族が孤立しているということである。子どもはこのような社会および家庭に，全面的に依存した存在として生まれてくるのである。

2　現代の家庭と社会的養護

(1) 家族モデルの揺らぎ

　高度経済成長期にみられた人口の都市集中や雇用者の増加，職住分離，家族形態の核家族化といった変化は，「夫は外で働き，妻は家庭で家事・育児」という性別役割分業(1)を生み出していった。先述したような家事・育児を妻一人が担うことによって，夫は仕事に専念することが可能となり，雇用者の力を効率的に発揮させたい企業にとっては都合のよい家族のかたちであった。さらに「夫は外・妻は家庭」という性別役割分業は，権威ある父親，愛情にあふれ優しい母親という親業の役割分担と重なりつつ，人口の多くを占める雇用者の家族モデルとなって，日本全体へと広く浸透していった。

　このような家族モデルは一見安定的に見えるかもしれない。しかしながら，近所とのかかわりが多くなく孤立したなかで夫や妻が病気になれば，途端に生活が滞ることが予想される。また，育児と介護というケアの提供が重なった場合，それを担う妻（母親）自身の健康さえ奪われかねなくなってしまう。すなわち，このような生活基盤の不安定さのもとで妻（母親）を愛情と優しさをもちつつ家事と育児を一手に担う役割とすることは，そのモデルが成り立ったときから限界があったといえる。また，周りから孤立した状態で子育てを行うという経験は，それまでの大家族や近所付き合いがあった社会にはなかったことである。

　さらに高度経済成長期が終了し1970年代後半から1980年代半ばにかけての安定成長期後の1985（昭和60）年頃から「男性雇用者と無業の妻からなる世帯」は減少し，「雇用者の共働き世帯」が増加するようになった（図5-3）。共働き世帯の増加は，「夫は外・妻は家庭」という家族モデルの揺らぎを生じさせつつも，それまで妻（母親）に割り当てられていた家事・子育てだけではなく，「家事・子育て・仕事」のすべてを妻（母親）に課すことにもつながっている。現代においても女性の働き方は，就学後に働き出し，結婚や出産を契機に退職，

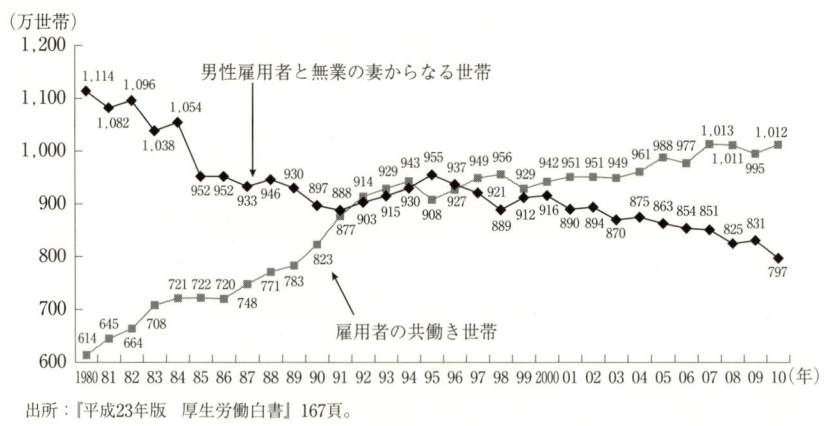

図5-3　共働き等世帯数の推移

出所:『平成23年版　厚生労働白書』167頁。

子どもに手がかからなくなってきた段階で再就職するというM字型の形態をとっている。以前よりM字の底が上昇してきているが，今日においてもM字型であることには変わりはない。再就職可能な職場も，パートやアルバイト，非正規といった不安定な立場であることも多く，夫の扶養家族として税控除可能な範囲内での就労になっている場合も多い。また，結婚や出産を経験しても働き続けることを希望する女性も出てきている。

このような女性の働き方の変化は，子どものケアの社会化を必要としていると同時に，子どものケアの社会化が実現されなければ子どもを産むこと自体を避けかねない状況を生み出している。さらに「夫は外・妻は家庭」モデルが当初から抱えていた限界が，子育てに対する不安や，子どもに対する不適切なケア，児童虐待として露呈してきている。これらは子どもに対するケアを家庭のみにゆだねるのではなく，家庭外すなわち公的な手助けの必要性を示している。

(2) 子育て家庭における「貧困」

また，子どもを育てている家庭の「貧困」にも注目しておく必要がある。国民生活基礎調査結果によると，2009（平成21）年における相対的貧困率は，16.0％であり，17歳以下の子どもの貧困率は15.7％であった。また，「子ども

第5章　現代の家庭と社会的養護

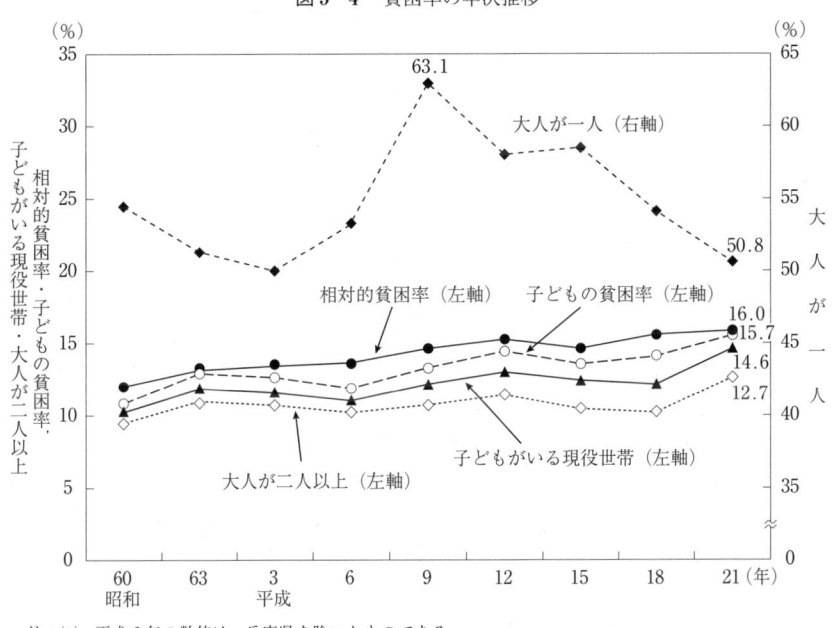

図5-4　貧困率の年次推移

（縦軸左：相対的貧困率・子どもの貧困率・子どもがいる現役世帯・大人が二人以上（％）　縦軸右：大人が一人（％））

- 大人が一人（右軸）：昭和60年ごろ約55％→平成3年ごろ約50％→平成9年63.1→平成21年50.8
- 相対的貧困率（左軸）：平成21年 15.7
- 子どもの貧困率（左軸）：平成21年 16.0
- 子どもがいる現役世帯（左軸）：平成21年 14.6
- 大人が二人以上（左軸）：平成21年 12.7

横軸：60 昭和　63　3 平成　6　9　12　15　18　21（年）

注：(1) 平成6年の数値は，兵庫県を除いたものである。
　　(2) 貧困率は，OECDの作成基準に基づいて算出している。
　　(3) 大人とは18歳以上の者，子どもとは17歳以下の者を言い，現役世代とは世帯主が18歳以上65歳未満の世帯をいう。
　　(4) 等価可処分所得金額不詳の世帯員は除く。
出所：「平成22年国民生活基礎調査の概況」（http://www.mhlw.go.jp/toukei/saikin/hw/k-tyosa/k-tyosa10/2-7.html, 2013年1月9日アクセス）。

がいる現役世帯」（世帯主が18歳以上65歳未満で子どもがいる世帯）の相対的貧困率は14.6％となっており，そのうち「大人が一人」の場合には50.8％，「大人が二人以上」の場合には12.7％となっている。これらの値は子どもが100人いた場合，大人が二人以上いる家庭では12〜13人の子どもが，大人が一人すなわちひとり親の家庭では50人以上の子どもが貧困状態におかれていることを示している。

　貧困率の年次推移（図5-4）をみてみると「大人が一人」の場合の貧困率の低下はみられるが，依然50％を超えている状態であり，「子どもがいる現役世帯」や「大人が二人以上」では貧困率は2009（平成21）年に上昇している。子

どもがいる世帯が「貧困」であることは，経済的に貧しいことだけを意味しているのではなく，子どもが育つプロセスにおいて選択肢を狭めるといった「不利」を生じさせる可能性があることを意味している。また，子どもの学力や健康状態においても経済的な状況が影響を与えていることも明らかになっている。すなわち，子どもが成長していく際の一要因に「貧困」が関わっている。すべての子どもが自身のもつ力を伸ばしつつ成長できるようになるためには，世帯内にいる大人の収入に頼るだけでは十分ではなく，より積極的な公的支援が求められている。

3　社会の役割と社会的養護

（1）すべての子どもに対する支援の必要性

　前節でみたような子どものケアの社会化や公的支援の必要性とは，これまで親や家庭に全面的に負っていた「子どもが育つプロセス」に積極的に社会や公（おおやけ）が介入することを要求しているといえる。また，「子どもが育つプロセス」を親や家庭が担う私事的な営みという認識から，社会からの働きかけによって私事的な営みを円滑にしていくという認識への転換が求められている。そのような意味では，何らかの障害のある子どもへの療育の提供は，「子どもが育つプロセス」を療育という社会からの働きかけを行うことによって，親や家庭を支援するものである。これからは「何らかの障害のある」という限定ではなく，すべての子どもに開かれたものである必要がある。また，より公的な介入が必要であると考えられている事象として，少子化や児童虐待の発生を挙げられる。

（2）子育ち・子育て支援

　少子化の原因については，夫婦の間に生まれる子ども数が第2次ベビーブーム中の1972（昭和47）年から2005（平成17）年においても2.2前後の値で推移しているため，晩婚化や結婚しない人の増加であるといわれている。[3] しかし，子

どものいない夫婦や一人の子どもを大切に育てようとする夫婦も増加していることから、今後は夫婦の間に生まれる子ども数も減少する可能性がある。子どもがいることが「当たり前」という規範をつくるのではなく、子どもを産み育てることを親自身の人生の喜びや深みにできるような支援が必要であろう。

　また、子どもを産み育てやすい仕組みを社会につくることは、社会の変化のなかで失ってきた「社会の中で子どもを育てること」を再び得ることにもつながる。近所付き合いが乏しくなりつつある現代においては、「つながり・付き合い」という人と人との関係を意図的に作る仕掛けが求められている。

(3) 子ども・子育てビジョン

　政府においても2003（平成15）年から次世代育成支援として、子育ち・子育て支援施策を推進しており、2010（平成22）年1月には子ども・子育て支援の総合的な対策として「子ども・子育てビジョン」が策定された。「子ども・子育てビジョン」は、2010（平成22）年度から2014（平成26）年度を目途とした5年間で目指すべき施策内容と具体的な数値目標を掲げており、子育て家庭への支援や保育サービスの充実、仕事と子育ての両立を目指すために企業も巻き込みながら子どもの育ちを社会全体で支え合う環境づくりの取り組みを目指している。さらに、基本理念をこれまでの「少子化対策」から「子ども・子育て支援」へと転換しており、子どもを主人公（チルドレン・ファースト）として、子どもと子育てを応援する社会づくりを目指したものとなっている。

　子育て家庭支援の取り組みとしては、「地域子育て支援拠点事業」の設置が進められている。これは身近な場所に子育て親子が気軽に集まって交流を行える場の提供や、交流の促進、子育て等に関する相談・援助の実施、地域の子育て情報の提供などを行う事業であり、「つながり・付き合い」を意図的に作る実践である。その他、乳児のいるすべての家庭を訪問して、情報提供や養育環境の把握、必要な支援につなげる「乳児家庭全戸訪問事業（こんにちは赤ちゃん事業）」や、子育て中の家庭を会員として子どもの預かり等援助の希望者をつなげて子育ての助け合い活動を支援する「ファミリーサポートセンター事業」、

保護者の通院や負担軽減などの目的で保育所など使いやすい場所で就学前の子どもを一時的に預かる「一時預かり事業」，保護者の入院など一時的に子どもの生活を支える必要があるときに児童養護施設等において子どもを預かる「子育て短期支援事業」等が子育て家庭への支援として実施されている。

（4）子どもが安全・安心して育つ場の確保

　2000（平成12）年11月に施行された「児童虐待の防止等に関する法律」（以下「児童虐待防止法」）は，2004（平成16）年，2007（平成19）年に改正され，対応の充実が図られてきている。2010（平成22）年度に全国の児童相談所で対応した児童虐待相談対応件数（宮城県，福島県，仙台市を除いて集計した数値）では5万件を超えており，増加の一途をたどっている。また，乳児院や児童養護施設，里親も含めた社会的養護の対象となっている子どもは約4万7,000人であり増加傾向がみられる。これらの数字は，自身の家庭において安全・安心に育つことが難しい状況におかれた子どもが少なからずいることを示していると同時に，これらの数字に上ってこない状態に置かれている子どもがいる可能性も示している。

　こうした児童虐待に対して政府は，①虐待の「発生予防」，②虐待の「早期発見・早期対応」，③虐待を受けた子どもの「保護・自立支援」という総合的な支援を行う方向性を示しており，同時に，児童虐待防止に向けた啓発も行われている。(4)子育て家庭に対して「監視」ではなく，先述した「乳児家庭全戸訪問事業（こんにちは赤ちゃん事業）」や「地域子育て支援拠点事業」などによる「サポート」や「見守り」が行われつつ，「子どもが育つプロセス」に社会が関わることが望まれる。

　このように，家庭での子育ち・子育ての支援をできる限り社会が行いつつ，何らかの理由によって家庭で安定した生活が送れなくなった場合には，より積極的に公的機関が介入して，必要な保護・支援を行うという仕組みが整えられてきつつある。このように親や家庭による「子どもが育つプロセス」を土台で支えることが社会の役割であり，親や家庭とともに「子どもが育つプロセス」

を支える実践の一つが社会的養護である。

4　社会的養護の体系

(1) 社会的養護が必要になる場合

　子どもの育つ場所は，多くの子どもにとっては家庭であろう。しかし，子どもが家庭で生活できなくなることもある。例えば，保護者の死亡や病気，行方不明，経済的な困難さ，保護者による虐待などが発生した場合である。また，子どもに何らかの障害があるために，家庭での子育てに加えて，その子どもの状態や特性に見合ったかかわりを通して，子どもの育ちを支えることが必要にもなってくる。このように何らかの事情があり，子どもの育ちを家庭のみでは保障できない場合，社会的な制度や機関，施設等によって，子どもの育ちを保障する仕組みとして社会的養護がある。社会的養護には，さまざまな施設があり，各施設が子どもの保護と養育を通して，子どもの育ちを支えている。以下では，社会的養護に関わる施設を体系的に整理していく。

(2) 社会的養護の体系

　社会的養護を生活形態で大別すると，家庭養護と施設養護に分けることができる。家庭養護とは，さまざまな事情から家庭では生活できなくなった子どもを養育者の家庭に迎え入れて養育を行うものであり，児童福祉法に基づく里親制度や小規模住居型児童養育事業（ファミリーホーム），民法に基づく養子制度があり，「家庭型社会的養護」と分類できる。家庭に近い環境で生活することによって，子どもが安心した環境の中で人間関係や社会性，生活習慣などを身に着けることができる。

　児童福祉施設等において行う子どもの保護や養育，療育などを施設養護という。児童福祉施設では，家庭や子どもが抱えている問題に応じて，保護や養育，指導，治療，育成，自立支援等を行うことを通じて子どもの福祉の向上を目指し，子どもの育ちを支えている。児童福祉施設のうち，特に社会的養護に関わ

図5-5 社会的養護の体系

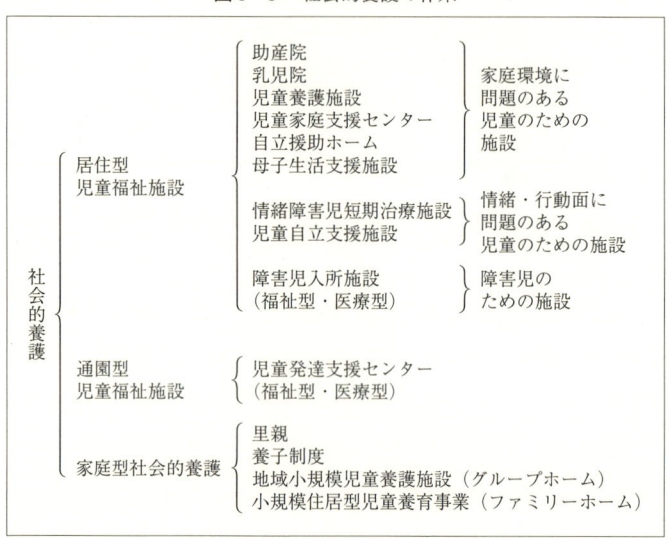

```
          ┌ 居住型      ┌ 助産院
          │ 児童福祉施設 │ 乳児院              ┐ 家庭環境に
          │            │ 児童養護施設          │ 問題のある
          │            │ 児童家庭支援センター  ├ 児童のための
          │            │ 自立援助ホーム        │ 施設
          │            │ 母子生活支援施設      ┘
          │            │
          │            │ 情緒障害児短期治療施設 ┐ 情緒・行動面に
社会的     │            │ 児童自立支援施設      ├ 問題のある
養護     ─┤            │                      ┘ 児童のための施設
          │            │
          │            └ 障害児入所施設        ┐ 障害児の
          │              （福祉型・医療型）    ┘ ための施設
          │
          │ 通園型      ┌ 児童発達支援センター
          ├ 児童福祉施設 ┤（福祉型・医療型）
          │            └
          │
          │            ┌ 里親
          └ 家庭型社会的養護 ┤ 養子制度
                       │ 地域小規模児童養護施設（グループホーム）
                       └ 小規模住居型児童養育事業（ファミリーホーム）
```

る施設を生活形態によって分類してみると、「居住型児童福祉施設」（乳児院、児童養護施設、障害児入所施設、情緒障害児短期治療施設、児童自立支援施設など）と、「通園型児童福祉施設」（児童発達支援センター）に分けることができる。また「居住型児童福祉施設」を施設の目的によって分類してみると、「家庭環境に問題のある児童のための施設」（乳児院、児童養護施設など）、「情緒・行動面に問題のある児童のための施設」（情緒障害児短期治療施設、児童自立支援施設）、「障害児のための施設」（障害児入所施設など）に分類できる。

また、ここでは児童養護施設で取り組まれている「地域小規模児童養護施設（グループホーム）を、家庭に近い環境で子どもの養護が行われていることから「家庭型社会的養護」に含められると考える。さらに、地域の子育て相談について専門的知識・技術をもとに対応を行う「児童家庭支援センター」は、家庭の希望に応じて利用される施設ではあるが、児童養護施設を中心に設置されていることから、「居住型児童福祉施設」に含まれると考える。これらの分類結果は図5-5の通りである。

注

(1) 落合恵美子は，大正期に誕生した俸給生活者の妻の「おくさん」という女性の生き方が，当時は自営業者の妻，農家の妻といった女性の生き方の一つであったにもかかわらず，戦後の高度経済成長期に雇用者比率が高くなり，多くの妻によって選択される生き方となったことによって，女性の生き方として「規範化」していったことを指摘している。
(2) 相対的貧困率とは，所得税や社会保険料を含んだ賃金ではなく，手取りの世帯所得を世帯人数で調整し，その中央値の50％ラインを貧困基準として，貧困基準に満たない世帯員の割合のこと。
(3) 『平成23年版 厚生労働白書』18頁。
(4) 同前書，176頁。

参考文献

落合恵美子『21世紀家族へ 第三版』有斐閣，2004年。
阿部彩『子どもの貧困──日本の不平等を考える』岩波書店，2008年。
浅井春夫・松本伊智朗・湯澤直美編『子どもの貧困──子ども時代のしあわせ平等のために』明石書店，2008年。
渡辺秀樹編『変容する家庭と子ども──家族は子どもにとっての資源か』教育出版，1999年。
住田正樹・鈴木晶子編『新訂 教育文化論──人間の発達・変容と文化環境』放送大学教育振興会，2005年。
『平成23年版 厚生労働白書』。
上野加代子『児童虐待の社会学』世界思想社，1996年。

第6章　社会的養護におけるソーシャルワーク

1　ソーシャルワークの視点

　「人は，この世の中でただ一人だけで生きているわけではない」ということは，人間社会では自明の理となっている。それは，乳幼児期には保護者からの愛情を伴う養育関係や，学童・青年期には地域の仲間関係などによりこころの中に培われてきた「生きるための知恵」とでも言うべきものだからである。この理は有形・無形の形で人々のこころの中で享有され，双方に大きな喜びや生きがいなどをもたらす一方，密接な関係が必要なことから歪みが生じやすく，憎悪の感情や苦痛などをも引き起こす。

　多くの関係の歪みはコミュニケーションの問題から生じるが，病気，失業や暴力被害などの不幸な出来事により触発されても生じる。差別や偏見による（社会的）排除意識とそれに付随する行為により，著しく歪んだ形で生ずることもある。このようなストレスフルな事象は誰にでも，またいつ起こっても不思議なものではなく，人が生きていく過程で常に付きまとうものでもある。幾重にも重なる苦痛の波が襲いかかると，自力でそこから抜け出すことは難しく，中には次第に無力感に苛まれ，生きていく意欲すら失っていく人もいる。一刻も早くこのような事態を終息させ，より豊かな生活を取り戻すためには共助（コミュニテイ等による支援）や公助（国や地方自治体のよる支援）による支援システムの手助けが不可欠である。そして，これらの支援システムが人の苦痛を効果的に緩和・解消していくためには，その軸ともなるべき確たる視点（価値観や援助観）がなくてはならない。

（1）ソーシャルワークとは

　どのような共助・公助システムであったとしても，実践するのは「人」である。ソーシャルワーク（相談援助活動）では，その役割を担う専門家のことをソーシャルワーカーと呼び，その業につく人は豊富な知識や卓越した専門的技術を有しているだけでなく，人間尊重などの高い価値観を持って活動していける人でなければならない。ソーシャルワーカーが行う相談援助活動とはどのようなものなのか，まずその定義からみてみる。

　ソーシャルワークの理論的創始者であるリッチモンド（M. E. Richmond）はその著書で「ソーシャル・ケースワークは，個々の人に対し，人と社会環境との間の意識的で効果的な調整を通して，人格の成長を行なう過程である[1]」と定義している。リッチモンドは「人と社会環境」「人格の成長」という用語を使用して，苦痛は人と環境との間での摩擦として，この摩擦面で起きている問題を社会診断し，支援を行う過程でクライエントが自らの問題に気づき，彼の人格が成長していくことがソーシャルワークであるとした。リッチモンドのこの考えは，今日のソーシャルワークの礎となり，以後，ソーシャルワークを実践する人たちへ大きな視座を与えることになった。

　その後「利用者とその環境の全体またはその一部との間に，よりよい適応をもたらすのに役立つような個人の内的な力及び社会の資源を動員するために，人間関係について科学的な知識と対人関係における技能を活用する技術（アート Art）である[2]」と定義したバワーズ（S. Bowers）や，「個人が社会的に機能する際に出会う問題により効果的に対応できるよう，人間福祉機関によって用いられる一つの過程である[3]」と定義したパールマン（H. H. Perlman）らの実践・理論家が次々と登場する。

　1970年代に入ると，システム論の考え方がソーシャルワークの世界にも取り入れられるようになる。その代表的人物であるピンカス（A. Pincus）とミナハン（A. Minahan）は，その著書『ソーシャルワーク実践——モデルと方法』の中でソーシャルワークについて次のように述べている。

「ソーシャルワークは，生活課題を解決し，苦痛をやわらげ，希望と価値を実現するための人々の能力に影響する環境と人々の相互関係にかかわることである。そこで，ソーシャルワークの目的は，①人々の問題解決と対処能力（coping capacities）を高めること，②社会資源，サービス，機会を提供するシステムと人々をつなげること，③効果的で人間的に機能するシステムを推進すること，そして④社会政策の改善と開発に貢献することである」[4]。

ここで注目すべきは「人（利用者）」「人々の能力に影響する環境」「人々の相互関係（接触面）」という３つの用語である。リッチモンドの定義からも分かるように，人と環境の関係についてはそれ以前からも十分に認識されていたが，当時は社会科学があまり発達していなかったこともあり，実際の支援活動では利用者か，環境か，どちらかにのみ焦点を当てた支援に終始しがちであった。しかし，ピンカスらは問題を抱えた人の対処能力を高めるだけでなく，人と環境，そして両者間にある相互作用を多面的に捉え，その３者へ同時平行的にアプローチを行うとともに，社会改善にそれらを結びつけていくことを提唱したのである。

（２）子ども家庭福祉時代のソーシャルワークとは

わが国は未曾有の急激な少子高齢社会に突入し，社会で子育てを支える仕組みづくりが喫緊の課題となっている。このため1994（平成６）年の「エンゼルプラン」から，直近の「子ども・子育てビジョン」に至るまで，「子育て支援計画」が立てられ，５年ごとに見直し・実施がなされてきた。しかし，現状は大幅な出生数の増加に結びつかず，少子化対策としては有効な手立てとはなっていない。また一方で少子化時代にもかかわらず，児童虐待，いじめ，学級崩壊，不登校や少年非行など子どもに関わるさまざまな事象が多発し，社会問題化し，その対応も大きな課題となっている。

このような社会的背景を受け，「児童福祉」は子どもの保護など特定の子ど

もの問題を対象とした従来の福祉（ウエルフェア）支援から，保育所の選択利用サービスで代表されるように，どのような家庭においても福祉サービスを享受していけることを目的としたウエルビーイングの実現を目指した「子ども家庭福祉」へと転換され，その枠組みや方法もそれに伴い大きく変化する。新たな枠組みでは，子どもを取り巻く家族や地域社会への，また子どもの受動的・能動的権利を尊重しながら発達や自立への支援を行うことが提唱された。

　また，ソーシャルワークは通常インテーク（受理面接），アセスメント（事前評価），プランニング（計画），インターベンション（介入），モニタリング（経過観察），エバリュエーション（事後評価）等の過程を意識化した支援が展開されるが，それらの過程の端緒となる相談はクライエント自らか，その関係者の手で持ち込まれるものが大半であった。しかし，このような「相談に来てください」的な待ちの姿勢では，近年増加しつつある深刻な児童虐待ケースなどでは，子どもの人権を守ることも，家族の抱える多問題を解消していくことも困難である。そこで，新たな子ども家庭福祉では，こうした事象に即応できるように，地域が抱える福祉ニーズの早期発見を重視し，積極的に展開していくことが求められている。

　例えば，子育て不安がある保護者は少なくないが，そうした保護者の中には，困ってもどこに相談機関があるかも知らない人がいる。また，児童虐待を起こしやすいリスク要因の一つに若年の女性の飛び込み出産が挙げられている。とくに望まない出産をし，近くに頼れる親族などがいない場合，深刻な児童虐待ケースに発展しやすいという報告がある(5)。このような重篤な事態に陥りやすいケースの場合，問題が発生してからでは遅すぎるため，ソーシャルワーカーが子どもに関わる地域の機関や住民などと連携して，積極的に情報を収集し，埋もれているニーズを掘り起こしいくことが求められている。

2　ソーシャル・ケースワークの導入

　子ども家庭福祉が一般家庭をも視野に入れた支援へと拡大・転換していく中

で，子どもの保護とケアを中心としてきた社会的養護の世界も大きく転換が迫られることになる。この転換を図るに際しては，子ども・子育てビジョンの「社会が子育てを支える」や児童の権利に関する条約の「子どもの最善の利益」の理念が基盤となっていることはいうまでもない。そして，理念を具現化するために，「社会的養護のあり方」が検討され，見直しがなされた。新たな社会的養護では，虐待を受けて心に傷がある子どもや障害児などを主な対象として支援を行うことが求められている。そして支援内容の拡充として，ハード面におけるケア単位の小規模化が，またソフト面では専門的ケア機能の充実，自立支援の充実，子どもの人権を尊重したケア基準や自立支援計画の策定などが施策の柱として挙げられている。[6]このようなケアの拡充だけでなく，施設自らがソーシャルワークの力をより高めて，市町村の子育て支援機関と連携し，地域の子育て支援により積極的に関わっていくことも求められている。

（1）新たな社会的養護におけるソーシャル・ケースワークとは

　従来，施設におけるソーシャル・ケースワークは施設内で利用者（または入所児）に対して生活相談という形で行われていることが多かったが，近年では利用者やその家族の悩み相談を受けることはもとより，地域住民や地域機関からの相談を受けることも求められている。例えば，児童養護施設では在籍所児からの相談（学校での仲間関係や親との関係など）やその家族からの相談（子どもとの関係，夫のDVや仕事先での人間関係など）に応じるだけでなく，地域で子育てに悩んでいる保護者からの相談（子どもの言葉の遅れ，トイレットトレーニングなどのしつけの悩みや反抗的で親を困らせるなど）にも応じている。また相談活動は昼間の来所相談や電話相談だけでなく，入所施設の特性（365日，24時間開設）を活かして夜間や休日にも窓口を開設し，行われている。

　このような支援は，より専門性を発揮し，安定した相談体制が取れるように施設に付設されている児童家庭支援センターで行われている。相談は主に児童指導員や保育士などにより対応されるが，近年ではファミリーソーシャルワーカー（以下，「FSW」）を配置し，対応しているところもある。FSWは，児童虐

待等で入所する子どもが増加したため，その家族調整と家族再統合を目的として1999（平成11）年に乳児院に最初に配置された職種（2004〔平成16〕年より児童養護施設等にも配置，また2012〔平成24〕年度より加算対象ではなく義務設置となった）で，今日では上記のような相談に応じることも期待されている。

そこで，FSWのCさんが「バイスティックの7原則」に基づきどのように支援を展開し，またどのような業務を担っているのか，以下，事例をふまえて述べる。

（2）事　例

1）施設入所までの経緯――問題の発生から児童相談所の介入まで

母親は高卒後，仕事先で知り合った男性と交際し，すぐに同居。1年後，男性のDVで別れ，実家に舞い戻る。その時，既に母親は妊娠しており，望まぬままA子を出産する。夜泣きが激しいA子に困り，母親は大声で叱責し，頬をきつく抓る。頬に傷があるのを祖母が見つけて母親を厳しく叱責する。しかし，そういう祖母も生活することに精一杯で，育児を手助けすることはなく，そのため母親はさらに孤立感を深め，育児への意欲を失っていく。A子の激しい泣き声を聞いた近隣住民より通報があり，通報を受けた児童相談所の児童福祉司（ケースワーカー）が，即刻，家庭訪問を行う。ケースワーカーは母親が若年で，育児方法が非常に荒っぽいことから，「一時的に施設を利用して子育ての方法を学んでは？」と提案。その時には，母親は「もうどうなってもいい」という投げやりな気持ちになっていたので，施設利用の勧めに簡単に応じる。

ケースワーカーは，児童相談所へ戻り，支援会議でA子のケースを取り上げて，早く保護した方が良いことや，また母親に子育て技術を学んでもらう必要があることなどの意見を述べ，乳児院への入所が決定する。また施設には，あらかじめケースの概要を説明するとともに，母親が抱える苦痛や不安を和らげるための支援を依頼する。

2）乳児院での母親との面接――個別化，受容，意図的な感情表出など

翌日，ケースワーカーが母親とA子を伴って乳児院へ行く。母親と顔を合

わせた FSW の C さんが「お母さん，よく頑張ってこられましたね，今日は帰ってゆっくり休んでください。私たちがお母さんに替って一生懸命 A ちゃんの世話をさせてもらいますから」と話すと，自分の親にもそのような優しく，いたわりの言葉をかけられたことがなかったので，母親は思わず泣き伏してしまう（受容，意図的な感情表出）。

　数週間後，母親は乳児院へ出向き，A 子と面会する。ぎこちない手で A 子をあやしている姿を見て，C さんは母親に注意することもなく，「お母さん，育児を全部自分でするなんて考えなくていいのよ，苦しい時は助けてと言えることが大切なの」と話しかける（非審判的態度，統制された情緒的関与）。その言葉を契機に，夜泣きで困った日のことや，A 子が生まれ，しばらくして保健師の訪問を受けた日のことなどを話し出した。A 子の発育が少し遅いようなので，「お母さん，みんな頑張って子育てをしておられます。一杯愛情をかけてあげてください」と保健師が言ったとのこと。母親はその言葉を聞いて，どの親もうまく子育てをしていると思い，「できない自分は母親失格」などと思ったそうだ。C さんは「保健師は励ますつもりだったのでしょうが，お母さんにはそう受け取れなかったのでしょうね。でも，最初から誰もが良い親というわけではないの。子どもを産んだので親には違いないけれども育てることは別で，それなりの訓練がいるのよ」と話した。そして「お母さんができる方法を一緒に考えていきましょう」と付け加えた（個別化）。

3）　家族再統合までの道——自己決定・守秘義務

　A 子が 2 歳になる少し前に，C さんは児童相談所のケースワーカーと相談して，A 子と母親の将来について話し合う場を設定した。

　面接の席上で，母親は「A 子が可愛いと思えるようになってきたが，今は経済的にも苦しく，また元のように虐待しないか不安だ」と訴え，また祖母も「仕事が忙しく，A 子の世話までできない」と訴えた。そこで C さんは母親の言い分を聞いて，A 子をもう少し乳児院で預かることにした。そして，C さんらは A 子の家庭復帰ができるためには，どのようにすればいいのか一つずつ課題をあげて母親と話し合っていった。その結果，母親の不安理由である経済

的なことについては，生活保護や児童扶養手当の申請・受給で，また育児不安については保育所利用や保健センターで実施されている「親子クラブ」などの利用で対応が可能なこと，また祖母にも母親の気持ちを理解してもらうように今後も働きかけていくことが決まった。勿論，こうした内容は紙に書き留められ，母親もその方向で努力することが双方で意志確認された（自己決定の尊重）。

　このようなケース会議のことを，この施設では「家族応援会議」といって，何度も行われ，その都度，計画が順調に進行しているかどうかが確認される。この会議の開催調整などもCさんが行うだけでなく，A子が地域に戻って安心して生活できるように，母親の了解を得て（守秘義務の原則），地域の要保護児童対策地域協議会（「子育てネットワーク会議」ともいわれる）で報告し，予め支援を要請しておくのもCさんの役割となっている。

　この事例からFSWは2つの役割を担っていたことが分かる。一つは，母親とはより良きパートナーシップを構築しながら支援を展開していく役割である。もう一つは，児童相談所や地域の子どもに関わる機関と協働（コラボレーション）して，親子を支えていくという役割である。

　ただ注意しておかなければならないのは，児童虐待ケースでは何よりも子どもの安全が優先されなければならないことである。母親の心情を理解し，寄り添って支援していくことは大変重要ではあるが，片方で幼い子どもの生命が天秤に掛けられていることを，ソーシャルワーカーは理解しておかねばならない。子ども家庭福祉では，何よりもチルドレン・ファースト（子どもが主人公）であることが最優先されるのである。

3　グループワークの導入

（1）グループワークとは

　グループワーク（集団援助技術）は，欧米のセツルメント活動を通じて発展してきたソーシャルワーク技法の一つである。その先駆者であるコノプカ（G. Konopka）は「ソーシャル・グループワークとはソーシャルワークの一つの方

法であり，意図的なグループ経験を通じて，個人の社会的に機能する力を高め，また個人，グループ，地域社会の諸問題に，より効果的に対処しうるよう，人びとを援助するものである(7)」と定義している。また，その成立要件は「①ソーシャルワークの共通基盤に立脚した実践であること，②グループ活動を媒介としてメンバーの成長及び課題の達成を目的とすること，③グループダイナミクス及びプログラム活動を媒介として活用すること，④ワーカーによる意図的な専門的介入があること(8)」とされている。

つまりグループワークの目的は，共通する課題（例えば，高い子育て不安があるなど）がある人に対して，グループワーカーがその問題解決のために任意の参加を呼びかけ，一定の条件下（時間，場所や回数など）でグループを形成し，参加者の集団力動（グループダイナミックス）を活用しながら，個々人の問題解決能力を高めていくことにある。通常，実践においては複数の目標が掲げられていることが多く，例えば「子育て支援」という目標とともに「子育て技術の習得」や「クライエントの人間的な成長」などが同時に目的とされる。またその手法は，グループワーカーが参加者との間で支援関係を結ぶとともに，話し合いでは参加者自身が支援者側にもなれば，また相談者側にもなるという「複数の支援関係」を形成しながら展開していくものであり，この点ではケースワークとはかなり異なる。

目的がうまく達成できるための基本的な原則として，①個別化の原則，②受容・共感の原則，③参加・協力の原則，④プログラム計画の原則，⑤制限の原則，⑥自己活用と自己覚知の原則，などがある。

(2) 社会的養護におけるグループワーク

課題を抱えている人の中には，相談機関に出向くことに抵抗感を持っている人が少なくない。また援助者との2者関係では強い緊張や不安感が伴い相談の席上で「自分の駄目な点を指摘されるのではないか」という恐れから相談に消極的になってしまう人もいる。このような人に対して，同じ悩みを持つ人同士が集まり，井戸端会議的な雰囲気の中で話し合い，気づきを促していくグルー

プワークの手法は，参加への抵抗や不安感を低減させ，また有効性が高く見込めるため，多くの支援機関で採用されている。

ここで扱われる問題は多種多様で，また相談内容の程度も子育ての悩みなどの比較的軽度なケースから虐待の深刻なものまでさまざまである。その他，施設に入所している子どもへの自立訓練の一環として，グループワークの手法が使用されることもある。ただ，グループワークではケースワークとは異なり，参加者の選定には細心の注意が必要である。それは，一人の参加者の態度や行動次第でその成果が大きく左右されるからである。

(3) 事 例

A子の母親は参加意欲も高く，またCさんの「是非メンバーに」という推薦もあり，15回セッションのペアレントトレーニングに参加することになる。参加者は同じ悩みを持つ5人の母親で，それぞれがわが子を施設に入所させており，早く引き取りたいという希望を持っている人たちである。

1) 初日のプログラムから

最初に自己紹介が行われる。参加者は一様に緊張した面持ちで，とても話し合いどころではない雰囲気だったので，グループワーカーのYさんは簡単なゲームをして，少し全員の肩の力を抜くことにした（このようなプログラムを「アイスブレイク」や「波長合わせ」という）。全員の気持ちが和らいだところで，簡単に会の進め方やルールの再確認が行われた後，グループ討議に移った。

初回ということでテーマは話しやすいものが選ばれ，この日は子育て不安とは直接関係がないような得意料理の話から始まった。参加者のYさんが「料理が下手なのであまり作らない。料理本を買ってやってみたがうまくできなかった」と口火を切り，その後，他の参加者も次々と発言し，A子の母親の番になる。A子の母親は「18歳でパートに出たので，ほとんど料理を作ったことがない。でも，子どもが大きくなった時に，これがわが家の味と言ってくれるものを作りたい」などと率直に語った。その後，自分にとっての思い出の料理とは何かなどに話題が移り，次第に誰もが何を話してもいい，何でも聴いて

もらえるという雰囲気になっていった。

　2）　討議のまとめ

　その日の討議のまとめで，Yさんは「今日の話で皆さん方もお分かりのように，料理は準備や作り方次第で出来がかなり違ってきます。子育ても同じことで，子どもの個性や発育状況などの違いもありますが，親の対応一つでお子さんを大きく成長もさせることができます。難しく考える必要はありませんが，少し注意して関わり方のポイントを抑えて接していくだけで，子どもも大人も楽になることがたくさんあります」「残る14回のセッションでは，それらのポイントについて，具体的に一つひとつ事例を上げながら皆さん方と一緒に考えていきましょう」と結んだ。A子の母親は，「何か難しいことになるのでは」と少し不安だったが，これくらいなら続けていけそうだと思いながら帰途についた。

4　コミュニティワークの導入

（1）コミュニティワークとは

　コミュニティワーク（地域援助技術）とは，イギリスでコミュニティオーガニゼーションの理論を発展させたもので，「地域援助技術」とほぼ同じ意味で使用されている（わが国の教育カリキュラムでは地域社会開発等の流れを伝えられているため，より包括的な概念であるコミュニティワークの用語が使用されている）。

　コミュニティワークとは，「一定の地域社会で生じる地域住民の生活問題を地域社会自らが主体的・組織的・計画的に解決していけるよう，コミュニティワーカーが側面的援助を行なう過程及び方法・技術を指す[9]」と記されている。例えば，ひとり親家庭で経済問題や養育問題など多問題を抱える家族への支援では，子どもを保育所（または施設）に預けて働く方法が選択されがちであった。しかし，保育所に預けることが可能となっても，夜間や早朝勤務があれば，この隙間を埋めることができない。保育所の利用時間の延長などで対応する方法もあるが，利用しやすい形になっているかと問われると，現状では必ずしも

そうはなっていない。地域でその隙間を埋める社会資源があれば，保護者の生活のありようも大きく変わる。

　従って，コミュニティワーカーの役割は，本来は特定の人や家族の問題（例えば，緊急一時保育）であっても，地域で誰でも起こりえる生活問題として捉え，そのニーズを明確にして住民に働きかけ，住民が主体となって解決できるように支援していくことにある。従来の地域共同体では，地域で起こる問題は主に上下関係的な中で解決が図られてきたのに対して，コミュニティワークでは，コミュニティワーカーと住民が対等な立場でネットワークを形成して，住民の自主性を尊重して解決が図られた。その支援原則としては，①住民主体の原則，②問題解決・緩和の原則，③自己決定の原則，④地域特性の原則，などがある。

（2）社会的養護とコミュニティワーク

　児童養護施設などの児童福祉施設は，現代においても良くないイメージが完全に払拭されているわけではないが，地道な施設側の地域活動により次第にその存在が認められるようになり，最近では，施設が持つ機能の提供や子育ての専門性を活かした活動に地域からも大きな期待が寄せられるようになってきている。具体的には，施設の機能の提供としてはショートステイやトワイライトステイ事業などが，また専門性の提供としては施設に付設されている児童家庭支援センター等による子育てに悩んでいる親への夜間も含めた相談事業などがある。その他，地域の「要保護児童対策地域協議会」や「児童虐待防止ネットワーク」へ参加し，地域の保育所や保健センター等の関係機関と連携しながら児童虐待防止活動を行うことも重要な役割の一つとなっている。

　ここでは，A子の母親が子どもを引き取り，コミュニティワーカーとともに地域活動に参加していく様子を述べる。

（3）事　例

　A子が3歳になるのを機会に母親は引き取ることにした。当初は生活保護を受給していたが，保育所入所が決定したので仕事に出るようになった。基本

的な勤務時間は朝9時から夕方5時までだが，日によっては残業が入ることがある。予め時間変更が分かっている時は祖母に頼めるが，急な変更時では祖母も働いており，無理なことが多い。母親には正規雇用にしてほしいという希望があり，そのために残業を頼まれると簡単に「嫌です」とは言えない。

　ある日，Cさんの乳児院へA子の近況報告を兼ねて相談に行ったところ，「その通りですね，制度としてはいろいろありますが，その人にはうまく合わないものが多く，使い勝手が悪いものが少なくないわね」と言って，母親の気持ちをよく理解してくれた。そこで，Cさんは地域で子育て支援をしている民間団体に呼びかけ，同じような悩みを抱えている親が実際どれくらいいるのかアンケート調査（地域ニーズの把握）を行うことにした。その結果，母親と同様の悩みを抱えている親は，ひとり親かどうかにかかわらずかなり多いことが分かった。そこで，次にそうした親たちに呼びかけ，話し合う場を設けた。

　「昼間に親子が安心し，集える居場所がほしい」「子どもが病気になった時でも，預かってもらえる場所がほしい」や「急に1～2時間遅くなった時などに，気安く頼める人がほしい」などのさまざまな意見がその場で出された。このような意見をコミュニティワーカーやCさんたちが取りまとめ，A子の母親たちと一緒になって地域の行政機関に訴えるとともに，自分たちでもできることについて話し合った（地域特性の原則，住民主体の原則）。

　その結果，地域の会館を活用した子育て広場やファミリーサポートセンターの創設や乳児院の機能を一部活用して病後児保育の設立に向けた計画づくりが始まった（問題解決・緩和の原則）。

　現状では，社会資源が十分でないものや，またあってもそれを利用する側にとっては使い勝手の悪いものが少なくない。個人の力ではこうした問題を解決していくことはできないが，地域住民が一体となって活動していくことで，新たなサービスを創設できることやその活動を通じて参加者同士が強い連帯感を持てることなど，コミュニティワークには多くのメリットがある。近年では，ノーマライゼーションの理念の下で，地域住民がコミュニティワーカーと協働

して「地域福祉計画」の策定に関わることが当然視されている。それゆえ，コミュニティワーカーの力量がさらに問われる時代にもなっているといえる。

注
(1) メリー・E・リッチモンド／小松源助訳『ソーシャル・ケースワークとは何か』中央法規出版，1991年，57頁。
(2) 社会福祉協議会『社会福祉援助技術論1』中央法規出版，2007年，162頁。
(3) H. パールマン／松本武子訳『ソーシャル・ケースワーク——問題解決の過程』全国社会福祉協議会，1966年，4頁。
(4) 北島英治『ソーシャルワーク論』ミネルヴァ書房，2008年，169頁。
(5) 大阪府産婦人科医会，『未受診の飛び込み出産等実態調査報告書』2011年3月。
(6) 厚生労働省『社会的養護の課題と将来像——児童養護施設等の社会的養護の課題に関する検討委員会・社会保障審議会児童部会社会的養護専門委員会とりまとめ（案）』2011年。
(7) G. コノプカ／前田ケイ訳『ソーシャル・グループワーク』全国社会福祉協議会，1987年，27頁。
(8) 山縣文治・柏女霊峰編『社会福祉用語辞典』ミネルヴァ書房，2000年，105頁。
(9) 同前書，106頁。

参考文献
仲村優一『ケースワーク』誠信書房，1980年。
F. P. バイステイック／尾崎新・福田俊子・福田和幸訳『ケースワークの原則——援助関係を形成する技法（新訳・改訂版）』誠心書房，1996年。
久保紘章・副田あけみ編著『ソーシャルワークの実践モデル——心理社会的アプローチからナラティブまで』川島書店，2005年。

| 第7章 | 社会的養護の実際 |

1　子どもの日常生活

　子どもたちの日常生活は起床・食事・入浴・睡眠・学校生活・友人との交流など，さまざまな要素で構成されている（表7-1参照）。子どもたちは日々の生活の中でさまざまな経験を積み重ねることにより，基本的な生活習慣や生活能力を獲得していき，これが自立する力，自立心へと繋がる。この他にも自他に対する肯定的意識や人間関係，道徳心などを身に付けていく。

　また，年齢を重ねるにつれ幼稚園や学校など活動範囲が広がっていく。遊びや趣味・グループで行うスポーツへの参加，地域の子ども会への参加，1年を通して行われる年中行事の参加，キャンプ，学校でのクラブや学校行事，アルバイトなどの活動を通して，活動内容や対人関係を広げていく。

　施設では，幅広い年齢の児童が日常生活を送っている。そこでは，年長者が年少者の面倒を見たり，教えたりという関係が成り立っている。この役割が年長者の責任感を培い，将来家庭をつくり親になるための大切な経験となっている。この集団生活を活かし，子どもたち自身でもお互いを育て合っているのである。この育ち合いが正しく機能するように職員は正しい見本となる行動をとる必要がある。時には見守り，時には正しい方向に導いたりしながら関わっていくのである。

(1) 共に笑い・共に泣き・共に悩み・共に生きる…

　施設職員は子どもたちとともに日常生活を送る。日々の関わりの中で職員と子どもの信頼関係や愛着関係が構築されていく。子どもとともに大笑いし，共

第7章 社会的養護の実際

表7-1 1日の生活（日課参考）

時 間	日 課	業務・内容	指導項目・留意点	勤務時間 A B C B-A
6：00	朝食準備	配 膳		7 7
7：00	起床・洗面	児童に声かけ・寝具片づけ・部屋換気・洗面指導	遅れないように意識させる 視 診	
	朝 食	洗濯物片付け	声を出して挨拶ができるように促す	
	部屋掃除 登校準備	食事指導 歯磨き・用便 自室を中心に清掃する	朝食をしっかり摂らせる	
8：00	登 校	名札・衣服・持ち物確認	時間を意識した行動をさせる 玄関で見送る	
9：00	職員朝礼	家事：洗濯物取り込み,繕い物,室内整理,事務等	忘れ物がなく，遅刻しないよう送り出す	
12：00	昼 食 かたづけ 職員引継ぎ	食事指導 重要事項・連絡事項確認	児童の状態を把握する	9 1：30
13：30	（学校準備） 自由時間 職員引継ぎ	時間割，準備物確認 連絡事項の確認	自分で取り組む姿勢を養う 忘れ物のないように	2
15：00	おやつ		自由時間―集団行動のルールを知る	
	小学生下校	連絡帳,プリント類チェック	挨拶ができるように	
	（宿題）		学習しやすいように環境づくりに注意する	
	プレイセラピー クラブ活動 中高生下校		（遊び・運動）体力向上 外出―行き先,帰宅時間を確認	3 3 3
	アルバイト（高校生）		訓練費―計画性を持たせる 買い物訓練指導	
	小学生入浴 夕食準備	入浴指導 配 膳	保健衛生指導	
18：00	夕 食	食事指導	栄養のバランス（好き嫌いをなくす）	
	中高生入浴 カウンセリング 自由時間	TV・団欒・おやつ	テーブルマナー 語らいの場（学校の話など），団らん	
20：30	中高生学習 小学生低学年就寝準備	学習ボランティア		
21：00	小学生就寝	室内片づけ 就寝準備 歯磨き・トイレ 添い寝（話・本読みetc）	就寝への声かけ 歯磨き指導 心を落ち着かす 安心して眠れるように導く	9 9：30
23：00	中高生就寝	中高生学習指導 団らん 就寝へと促す	基礎学力をつける 自分の時間を大切にさせる 広く興味を持たせ社会性を養う	
		戸締り点検・日誌作成	安全点検	宿直

出所：小田兼三・石井勲編著『養護内容の理論と実際』ミネルヴァ書房, 2008年, 89頁。

に悩み，共に泣き，共に毎日を生きている。施設職員は，子どもの最善の利益を尊重し，人権を擁護しながら関わっていく。保護者に甘えることや頼ることができない子どもたちにとって職員はとても大きな存在である。担当職員に対して特別な愛着を示したり，特定の職員にのみ感情をぶつけてくる子どもも多い。職員は子どもからの信頼に答え，その信頼関係の構築に常に努力できなければならない。何度も真正面からぶつかり，同じ空間で同じ時間を共に過ごし，常に子どもの心に寄り添える人間でなければならない。

「受容」「傾聴」の姿勢に努めることが大切である。そして，子どもを集団の中の一人としてではなく，一人の人間として個別にとらえ個別に関わっていくことも重要となる。子どもは，職員との一対一の関わりをとても喜ぶ。集団での関わりはもちろんのこと，この一対一の関わりの積み重ねが子どもと職員の人間関係を深めていく。

(2) 事 例

小学生のA子は両親が離婚し，父親に引き取られ生活していた。しかし父親はある日，A子を一人家に置いて行方不明となる。養育者の行方不明によりZ施設に入所となる。A子は以前にも同じ理由でZ施設への入所経験があった。そのため，施設生活にはすぐに慣れたが，学校へ行くことを極端に嫌がった。理由は，A子を知る学校の友人に一度家庭引取りとなったにもかかわらず，再び施設入所となったことを笑われるのではないかという不安や，友達ができなかったら…という不安があった。登校初日，A子は断固として自室を出ようとせず，「行きたくない」と涙を流した。担当保育士が寄り添い話を聞き，アドバイスをするも気持ちは変わらなかった。不安に駆られ涙を流すA子を前に担当保育士も共に涙を流し，A子の不安が少しでも和らぐようにとA子を抱きしめ続けた。

その後，児童指導員より話を受け，学校には登校しようとするものの足取りが重い。そこで，担当保育士が勇気の出るおまじないだとA子を抱きしめ「絶対に大丈夫」とささやくと，A子に笑顔が戻った。この一件があり，A子

の担当保育士に対する関わり方が変わった。ほとんど甘えを見せなかったA子が、頻繁に担当保育士に抱きついてきたり、自分の傍にいるように求めてきた。また、不安になる度に担当保育士に「(おまじないを) やって」と言ってきた。

(3) 生活日課

　発達段階に応じた適切な食事と睡眠、そして安定した生活リズムを身に付けることは、心身の発達の基本となる。

　3食の食事や起床時間、勉強時間、自由時間、入浴時間、就寝時間と細かく日課が定められている。この日課は、平日、休日によって少々異なる箇所がある。どの児童養護施設も同じ日課を定めているわけではなく、施設形態、施設の立地環境、入所児童の年齢及び課題、各施設の理念・信念・考えなどによって違ってくる。共通することは、安定した生活リズムを送ってきた経験の少ない子どもに、安定した生活リズムを経験させ、適切な心身の成長を促すという目的を持っている点である。

2　衣・食・住

　衣食住は、人が生活する上で最低限必要なものである。しかし、児童福祉施設で生活する子どもの中には、保護者の経済的理由や虐待などの理由により、この3つのすべてが不十分な環境の下での生活を強いられてきた経験をもつ子どもや、一部が不十分な環境で生活してきた子どもなどがいる。さまざまな背景をもつ子どもたちに安全に安心して生活でき、子どもたちが衛生的な環境の中、健康的に心身を成長させられる環境を提供することが重要である。

(1) 服　装

　洋服や靴、髪型は自分を表現する一つの手段である。さらに、子どもの感情や思いを表す方法でもある。子どもたちは、幼い頃から身に付ける服装や髪型をとても気にしている。気に入っている洋服や靴を毎回のように身に付けたが

ったり，毎回のように同じ髪型をしたがったりする。また，身体が成長し着られなくなった洋服や靴をなかなか捨てられずに，いつまでも大切に持っていることもある。とくに，保護者から買い与えてもらった衣類に関しては，どんなにサイズが小さかろうが，汚れていようとも捨てずに大事にしまっていることがある。時にそれらを取り出し，思い出を語ることもある。それをきっかけに，普段は口にしない保護者の話をすることもある。

また，職員とともに洋服を選んだり，髪を編んでもらったりすることを通してコミュニケーションをとることもできる。

年齢が高くなれば，ファッションは自分を表現する方法としての役割が強くなる。子どもたち一人ひとりの個性が顕著に現れてくる。

(2) 食　事

施設での食事では，栄養士による栄養管理，保育士や児童指導員による食事指導が行われる。また，集団での食事には徹底した衛生管理が求められる。衛生管理上の多くの規制や食事を効率よく作る必要性，さらには施設形態などから家庭的な食事を目指すうえでの制約が多い。出来上がった状態で料理が運ばれてくる形態，ほとんどの調理工程を済ませ，最終段階の調理のみを子どもの目の前で施設職員が行う形態，すべての調理を子どもの見ていない所で施設職員が行う形態，買い物から子どもとともに行い，子どもとともに調理をする形態など，施設により形態はさまざまである。

心身の発達をもたらす食生活について，栄養管理上のバランスを考えた献立や家庭的な雰囲気づくり，行事に合わせた特別メニュー，温かい食事は温かいうちに食べられるようにするなど，職員のチームワークによりそれぞれの施設で工夫がされている。

1）健全な心身を育てる食事

食事については，栄養士が栄養を考慮した献立を立て，それを基に調理職員が作ることが一般的である。

3食の整った食事が子どもの身体をつくる。また，好き嫌いなく食べるよう

に指導も行われる。そのためにも、職員が好き嫌いをすることは避ける必要がある。どんなメニューも好き嫌いすることなく、「ありがたい」という気持ちを持ちながら食事をする姿を手本として見せていくことが大切である。

　また、誕生日やさまざまな場面でのお祝い料理などで、自分が大切にされているという実感を味わったり、キャンプでは仲間と作り食べた充実感を味わったりする。さらに、レストランなどでの外食経験は社会体験の良い機会となる。

　子どもたちの多くは、料理やお菓子づくりに関心を持っており、自立に向けての調理実習やバレンタインデーのチョコづくり・お菓子づくりを通し、調理の大変さや楽しさを学んでいく。

2）季節を感じる行事食

　集団生活の中では、手間のかかる料理や、金銭的に負担の多い料理はなかなか作ることはできない。それでも、入学式、こどもの日、クリスマス、元旦などの行事に合わせて季節を感じることのできる行事食が作られる。入学式などのお祝いには赤飯が、子どもの日にはちらし寿司が、クリスマスにはチキンなどが、元旦にはおせち料理が作られる。子どもたちは食事から季節を感じ、この行事にはこの料理がふさわしいのだと学び、楽しい思い出を作っていく。

(3)「住まい」としての生活空間

　児童福祉施設の設備及び運営に関する基準によって、子どもの居室について一人当たりの面積や定員などの施設・設備の基準が定められているが、施設の形態やその建物の構造・生活単位は施設の運営や施設の価値観・養護の考え方などによってさまざまである。

　施設全体が一つの「家」として成り立ち、大人数の子どもが生活する形態の大舎制、大舎制と小舎制の中間にあたる中舎制、施設の敷地内に数軒の一戸建ての住宅またはマンション式の住宅があり、一つの生活単位を8人前後とし、それぞれのホームで独立した生活をする小舎制、地域の中の一般住宅を使って生活するグループホーム（2000［平成12］年度に、地域小規模児童養護施設の制度が創設された）などがある。

虐待などの入所理由により個別的なケアが必要な子どもの増加に伴い，生活単位の小規模化が課題となっている。だが，実際は全国の児童養護施設の約7割が大舎制で，中舎制，小舎制はそれぞれ1割強である（社会福祉施設等調査）。

3　健康と安全

　児童養護施設に入所となる子どもの中には，心身の健康と安全が保障されずに育ってきた経緯をもつ子どもがいる。子どもが健康に成長し，安全な生活が送れるよう努めていく必要がある。
　児童福祉施設の設備及び運営に関する基準第12条2項でも「入所時の健康診断，少なくとも1年に2回の定期健康診断及び臨時の健康診断を，学校保健安全法〔中略〕に規定する健康診断に準じて行わなければならない」と定められている。子どもたちの養育には，病気や健康に対する日々の注意深い観察や配慮が必要となる。季節に合わせた衣類の調整，夜具の調整，定期的な健康診断，子どもの顔色や体調の把握，日ごろの様子との違いなどに気を配っていく必要がある。

（1）心の健康と安全のための愛着形成
　子どもが自らの力を発揮して健全に育つうえで欠かすことのできない原理が愛着である。多くの場合，施設で生活する子どもが成長発達においてさまざまな困難を抱えているのは，親との関係において安全と安心が得られなかった養育体験に原因があるとされている。施設に入所する子どもは家庭での生活において安全を脅かされ，不安な生活を余儀なくされてきた可能性が高い。
　親との間に愛着が形成されていても，施設入所に当たり親子分離がなされ愛着対象者を失ってしまうこともある。そのような子どもにとっても施設内の人間関係の安定は大切であり，安心できる大人の存在が欠かせない。この大人との人間関係の安定が，愛着形成に繋がり，心の安全と安心を子どもにもたらすのである。

第7章 社会的養護の実際

　安定した愛着のもたらす機能としては，自己調節の能力を発達させ衝動や情動を効果的に調節する，自己価値の感覚をつくりあげる，道徳的な枠組みを確立する，などが挙げられる。「子どもが選択的に慰めと安心を求める人（親）を「一次的愛着者」（ビバリー・ジェームズ）とした時，親元から離れ施設で暮らす子どもたちを養育する施設職員は，子どもの家族の状況や関係性の質によってさまざまな役割を担うこととなる。

　施設職員は，子どもが一次的愛着者を失った時や，関係の修復が不可能な時には，新たな一次的愛着者となる。また，一次的・補助的な愛着者として，里親や親戚への橋渡しの役割を担う。さらに，一次的愛着者との関係修復が可能な時は，補助的な愛着者となり，親子のほどよい愛着が築けるように支援する」のである。

　家庭において適切な愛着関係が形成されにくかった子ども達と愛着関係を再構成していくためには，子どもの存在そのもの（ありのままの姿）を認め，子どもが表出する感情や行動を，たとえそれが不適切なものであっても受け止めることから始めなければならない。子どもとの信頼関係や愛着関係を築くことは容易なことではない。子どもとのこれらの関係づくりのプロセスにおいて，施設職員には「待つ」ことが求められる。焦らず，諦めず，じっと根気強く子どもと向き合い，その子自身を受け入れ，少しずつ愛着関係を，そして信頼関係を築いていくことが重要である。

（2）事　例

　Ｘ男は愛着障害が見られるという理由により情緒障害児短期治療施設に入所していた。大人に対し必要以上の独占欲をもっていたＸ男であったが，施設での生活の中でＸ男なりの成長が見られるとし，児童養護施設に措置変更となった。

　入所当初のＸ男は男性職員との関わりは少なく，女性職員や同年代の女子児童との関わりが多かった。また，一人ボーっと窓の外を眺め寂しそうにしている姿が目立った。時間が経つにつれ生活にも慣れ少しずつさまざまな人との

関係を築いていった。しかし，自分の非を認められず人のせいにしたり，人をおちょくり注意されることが多かった。

　入所し数年が経った年，新人保育士がX男の担当となった。X男のためし行為への欲求は強く，些細な事でも担当保育士に必要以上に突っかかってきた。一度説明しX男が納得したことであっても，同じことが起きるたび何度も何度も担当保育士を責めてきた。その度に話をし，時にはケンカもした。担当保育士はX男と正面から向き合い，愛情を注ぎ関わり続けた。X男との個別の時間を取ったり，X男が一人でできる事であっても，あえて一緒に行ったりもした。そんな関係の中でX男の態度が少しずつ変わっていった。表情も明るくなり，よく喋るようにもなった。学校でもクラスのムードメーカー的存在となった。思春期のX男は担当保育士にだけ反抗的な態度も取るようになった。他の職員には見せない感情や態度を担当保育士にはぶつけてきたのである。甘えも不器用ながら表現するようになった。自分の非も認められるようになり，人をおちょくり注意されることも一気に減った。

（3）災害訓練

　安全教育については，児童福祉施設の設備及び運営に関する基準において少なくとも毎月1回は避難と消火に関する訓練を行わなければならないと規定されている（第6条）。毎月（少なくとも）1回の訓練が何度も繰り返されることにより，子どもたちは身をもって避難や消火の手順を学ぶことができ，また関係機関との連携の取り方を職員が再確認する機会ともなる。2011（平成23）年の東日本大震災を受け，非常時の炊き出し訓練を行う施設も出てきている。

　施設には多くの子どもが生活している。多くの尊い命を守るためにも災害訓練は必要不可欠なものである。

4　行　事

　入学式や遠足，林間学習や宿泊学習，卒業旅行に卒業式といった学校行事の

ほかに施設内での独自の行事を一年を通して設定している所は多い。行事を通してさまざまな経験をし、健全な成長をもたらすこと、日々の生活に変化をもたせ子どもに刺激を与え、日常生活への意欲をもたせること、人生において支えとなる楽しい経験や苦しい経験、努力した経験の思い出ができることを期待して行事を実施しているのである。前述したように施設独自の行事も多数あり、加えて行政機関が実施する行事もある。行政機関が実施する行事は、施設内だけでなく、他施設にも友人をつくり人間関係を広げていくきっかけにもなる。また、招待行事もあり、多くの人々の好意によって施設の行事は支えられている。

(1) 行事内容と対象

　節分、ひな祭り、七夕、元旦など日本伝統の年中行事や誕生日、入学式、卒業式といった子どもたちを祝う行事、ハイキングやキャンプ、動物園や博物館の見学、映画鑑賞やスポーツ観戦、テーマパーク、地域のお祭りなど、行事の内容は多数ある。
　その参加規模も少人数のグループで参加するものもあれば、施設全体で参加するものもある。また、特定の学年対象のものや、希望者のみの参加となる行事もある。行事の規模自体も小さいものから大きいものまでさまざまである。中には、施設の子どもたちだけでなく地域の人々とともに行うものもあり、多種多様である。

(2) 行事の目的

　施設伝統の行事や招待行事などは基本的には職員主体で企画していく。しかし、常に職員のみが考え企画するわけではない。子どもたちの希望に合わせて行事を計画し実施していくのである。行事内容やその趣旨に合わせて企画の段階から子どもをメンバーに入れて、職員とともに話し合いながら準備を進めていく。そうすることで、子どもたちの行事に対する関心や興味を増幅させ、主体的な参加態度が生まれるよう促していき、充実した行事の実施へと繋げてい

く。そうすれば子どもの責任感を育てることにもつながり，成功した時の達成感が自信へと繋がる。行事において子どもの楽しい思い出づくりも大事な目的だが，責任感や達成感などを実感してもらうことも目的の一つである。

とくにキャンプなどの自然の中での活動では，普段経験のできないことを経験できたり，大自然の中で思いっきり遊び，自然の豊かさを感じることができる。川遊び，山登り，キャンプファイヤ，天体観測など自然の中での活動は，子どもに新たな発見を与えたり，心のリフレッシュにも繋がる。

子どもの頃の楽しい思い出は，その後の人生を支える力となる。また，行事を通してできあがった人間関係も人生を支えてくれる。

5　施設における人間関係

（1）集団生活の中で

集団生活であるがゆえに，人間関係に苦しみ悩む子どもは多い。もちろん共に生活を送る子どもたち皆が仲良く，問題なく生活していけることが望ましい。年齢，入所以前の生活環境，養育歴，価値観などあらゆる点に違いがあり，合う合わないが出てきてしまう。子どもたちは，自分の心地よい生活を手にするため相手に合わせていったり，関わる子どもを選んで生活する。だが，やはり共に施設で毎日を過ごすので，いざという時は協力し，相手に優しくできる子どもが多い。また，相手と関わり，その価値観に触れ，考えや気持ちを聞くことを重ねる中で，お互いを尊重する関係が築き上げられていく。

（2）子どもと職員

施設では，通常，担当制をとっており，特定の職員が特定の子どもを責任をもって見ているが，職員が関わるのは担当の子どもだけでもなければ，子どもが関わる大人が担当職員だけという訳でもない。職員はすべての子どもと関わり，子どももすべての職員と関わる。そのため，子どもは全職員の中から自分が最も信頼でき，甘えられる特別な存在を見つけていく。子どもには特別な大

人を自由に選ぶ権利があるが，職員は決して子どもを選んではならない。職員は担当児童を中心として，すべての子どもとの望ましい人間関係を築けるよう努めなければならない。

6 性教育

　施設での性教育は大切である。子どもたちは成長し，その過程で性に関わる身体的・生理的変化は必ず現れてくる。これらの変化に対して適切な対応をとれるよう準備しておくこと，子どもの変化や性の悩みを受け止め，子どもが性に対する疑問を打ち明けやすいと思える関係づくりが大切である。このような基盤があってこそ，子どもの発達段階や年齢に応じて，性に対する正しい知識や関心をもてるよう援助していくことが可能となる。

　子どもたちは施設に入所する前の家庭生活において親や大人の性に関わる場面を目にしたり性的な被害を受けるケースもある。性的被害は表面化しにくく，発覚しないこともある。性被害のある子どもの心の傷は深く，心理的ケアを必要とする場合も多い。子どもの傷を受けとめ，子どもの声に敏感である必要がある。また，社会的養護における性教育の最大のポイントは，退所後以降も視野に入れた，施設職員による過去の支援に基づく経験知，経験則を伝えていく努力を継続することである。

7 進学・就職

(1) 増加する大学等への進学希望

　全国の高校進学率が97.6％（2005〔平成17〕年現在）に達するなか，児童養護施設における進学率も87.7％（「平成17年度児童養護施設入所児童の進路に関する調査報告書」）と全国に比べると低いものの多くの子どもが高校に進学している。というのも，進学を選択しない児童は，施設を出なければならない決まりになっているためである。家庭引き取りや親からの援助が期待できる子どもは少な

く，進学をしない子どもは就職し，15歳でたった一人で社会で生活していくことになる。現実的に15歳時点での生活能力や経済能力は低く，自立は困難をきたすことが多くある。そのため，子どもの希望をもとに（連絡が取れる保護者がいれば）保護者も交えて最終決定をするが，基本的には進学を進める。

就職指導については，子どもの希望を聞きながら就職先を決定していく。学校に来る求人をもとに就職活動をしたり，施設と関わりのある企業に就職の協力をお願いしたりすることもある。

高校卒業後の進路については，就職をする子どもが多いが，大学・短期大学・専門学校などに進学を希望する子どもも増えてきている。高校卒業後に進学を選択する子どもは，高校時代にアルバイトで貯めた自分の貯金や新聞奨学生や各種奨学金を利用しながら授業料を支払っていく。基本的には子どもたちは高校卒業後，施設を退所することになっている。だが，大学等への進学希望が増える状況に合わせて1996（平成8）年には，厚生省児童家庭局家庭福祉課長通知「措置解除後，大学等に進学する児童への配慮について」（平成8年1月29日児家第1号）により，家庭引き取りが難しい場合で大学や専門学校などに進学する子どもを，入所中の子どものQOL（生活の質）の低下を招かないよう配慮することを前提として，引き続き児童養護施設から通学させることを認めている。

(2) 中学校卒業後の進路指導

子どもの進路指導については，子ども自身の希望を中心に児童自立支援計画の中で家庭再構成の目標・予測をどの時期においているかや家族の意見を含め検討していく。家族関係や安定した施設の生活から得られる子どもの安心感，自尊心が自分の進路について考える心の基盤となる。生活の中で関わる大人の中に，自分もこうなりたい…という具体的なモデルを見つけていくことが多い。

保護者の協力が得られるケースについては保護者と連絡を取りながら，施設が学校と連携して進めていく。就職に関しては，子ども自身が希望する職種とともに生活条件やアフターケアなど就職先と施設の関係を考慮し選択すること

が大切である。子どもを取り巻く状況を踏まえながら，基本的には進学を前提に進路指導がされていく。

しかし，低学力のため進学先がなく進路選択ができないケースや，自己評価が低く投げやりな態度がいつまでも続く子どもや，現実感のない子どもなど，進路決定に苦しむケースは少なくない。進学をしても中退してしまう子どももいる。

いずれにしても，進路決定を行わなければならない時に子どもがさまざまな選択肢の中から希望に応じて進路を決定していけるように，基礎学力の習得を支援していくことが重要となる。進路指導には事前の計画的な学習指導が必要不可欠となる。

(3) 学習指導

学習指導は，子どもが施設に入所した時点からその子どもの状態に合わせた学習計画を立てるべきである。そうすれば，いざ卒業となった時に子どもたちが多くの選択肢の中から希望の進路先を選べる可能性が高まるのである。

入所する子どもの中には，学力の低い子どもや，学習習慣ができていない子ども，不登校の子どもなどがいる。そのため，まず必要なのが学習習慣の獲得である。

この学習指導は基本的には施設職員が行うが，限界がある。そのため学習ボランティアや地域の学生ボランティアを活用する施設も多い。それに加えて，家庭教師を呼んだり塾に通わせる施設もあり，子どもたちの学力向上に力を入れている所も多い。また，塾の費用は地方自治体からの補助金で負担される。

(4) 自立支援

施設における自立支援は，自立支援計画書に基づき行われる。内容は基本的生活習慣の自立から社会的自立への支援までさまざまである。就職を選択する場合，社会的な自立支援が行われる。子どもが生活して行くうえで必要な知識，例えば交通機関の使用方法，行政機関の利用方法，病院での受診方法，金銭管

理，料理など多くの知識を身に付けさせていくことが重要である。

8　アフターケア

　施設を退所すれば子どもとの関わりは終わり…という訳ではない。退所後は仕事や生活が安定するまで，その過程で起こるさまざまな問題に子どもが立ち向かい解決していけるよう支援し見守っていくことが必要である。場合によっては，保証人や保護者としての対応が求められている。
　家庭引き取りとなったケースについても，親子関係の調整や家庭生活が安定するまで必要に応じたアフターケアが行われる。自立したケースにおいても家庭引き取りとなったケースにおいても，児童相談所との連携は欠かせない。
　家庭引き取りにならず，施設から社会へ自立していった人たちにとって，施設が実家的な存在になる事が多い。お盆やお正月，施設の恒例行事などの際に施設を訪問（帰省）したり，結婚・出産の報告などをしたりと，施設（特に施設長や勤続年数の長い職員）は，人間関係や情緒的な関係の中でもアフターケアの役割を果たしている。

注
(1)　T. M. リヴィー・M. オーランズ／藤岡孝志・ATH 研究会訳『愛着障害と修復的愛着療法』ミネルヴァ書房，2005年。
(2)　藤澤陽子・菱田理「児童養護施設での愛着とそだち」『そだちの科学　特集　愛着ときずな』2006年，63-64頁。
(3)　伊達悦子・辰己隆『保育士をめざす人の養護原理』みらい，2005年。

第8章　社会的養護を担う専門職

1　専門職が守るべき規範・基準

　急速な社会変化に伴い子どもを取り巻く環境は，複雑かつ多様化している。児童福祉施設においても同様で，子どもやその家族の抱える問題もさまざまである。このような背景から，個々の抱える問題に対して，専門的技術をもった職員によって，よりきめ細やかな支援の充実が求められている。
　専門性を支える3つの柱として「価値（倫理）」「知識」「技術」が挙げられる。「価値」については，ブトゥリム（Z. Butrym）は，ソーシャルワークの3つの基本的価値前提として，①人間尊重，②人間の社会性，③人間の変化の可能性，を挙げている。
　専門職とは社会から信頼に基づいて託された職務を行う職員のことをいう。専門職としてのあるべき姿，常に心得ておかなければならない信念などは各種団体が定めた「倫理綱領」によって行動規範・行動基準として示されている（巻末資料参照）。

2　保育士

　保育士は，児童福祉施設のほとんどの施設に配置され，毎日の食事，入浴，就寝，衣服等，子どもの身のまわりの生活全般を援助し，子ども一人ひとりの健やかな成長のために重要な役割を担っている。
　保育士は，児童福祉法第18条の4に「保育士の名称を用いて，専門的知識及び技能をもつて，児童の保育及び児童の保護者に対する保育に関する指導を行

うことを業とする者をいう」と定義され，名称独占の国家資格として法定化されている。その職務については法第18条の21に「保育士の信用を傷つけるような行為をしてはならない」(信用失墜行為の禁止)，法第18条の22「保育士は，正当な理由がなく，その業務に関して知り得た人の秘密を漏らしてはならない。保育士でなくなつた後においても，同様とする」(秘密保持義務)などと定められており，違反者は資格取り消し等の罰則が科せられている。

保育士資格の法定化を機に，全国保育士会では，2003 (平成15) 年に「全国保育士会倫理綱領」を採択し，保育士としてのさらなる質の向上を目指している (巻末資料参照)。

保育士となるためには，①厚生労働大臣が指定する保育士を養成する学校やその他の施設を卒業した者，②都道府県が実施する保育士試験に合格した者，のいずれかに該当する者と規定されている。

3　児童指導員

児童指導員は，児童養護施設をはじめ多くの児童福祉施設に配置され，保育士と連携して，日常生活全般において子どもの援助を行う。施設の種類により業務は異なっているが，主な業務内容は，児童を直接指導し，日常生活の援助や学習指導である。また，さまざまなニーズを持った児童に対し，個別支援計画を作成をし，児童本人のみならず保護者の援助や家族関係の調整，改善を行う。さらに学校などとも連絡をとって進学，就職の相談に応じる就労指導 (自立支援) なども行っている。施設運営においても中心的な役割を担い，施設管理や行事の企画を行い，また，児童相談所をはじめとする関係機関との連絡調整等，施設サービス全般も担っている。

児童指導員は，児童福祉施設の設備及び運営に関する基準第43条により，①地方厚生局長等の指定する児童福祉施設の職員を養成する学校その他の養成施設を卒業した者，②学校教育法の規定による大学の学部で，社会福祉学，心理学，教育学若しくは社会学を専修する学科又はこれらに相当する課程を修めて

卒業した者，③3年以上児童福祉事業に従事した者であって，都道府県知事が適当と認めたものなどの資格要件のうちいずれかに該当する者とされ，さらに2011（平成23）年の改定により社会福祉士の資格を有する者，精神保健福祉士の資格を有する者の2項目が新たに追加された。

4　児童自立支援専門員

　児童自立支援専門員は，児童自立支援施設に配置され，児童の自立支援を行う者である。児童自立支援専門員は，児童福祉施設の設備及び運営に関する基準第84条に「児童自立支援施設における生活指導及び職業指導は，すべて児童がその適性及び能力に応じて，自立した社会人として健全な社会生活を営んでいくことができるよう支援することを目的として行わなければならない」と規定されており，児童生活支援員とともに児童の生活すべてにかかわり，家庭的な雰囲気の中で，日常生活習慣の確立，対人関係のとり方などを指導し，生活指導，学習指導，職業指導を行う。また個別の児童自立計画を作成し，保護者や家族関係の調整を行い，社会生活におけるあらゆる力を身に付けるための支援を行っている。

　児童自立支援専門員は，①医師であって，精神保健に関して学識経験を有する者，②地方厚生局長等の指定する児童自立支援専門員を養成する学校その他の養成施設を卒業した者，③学校教育法の規定による大学の学部で，社会福祉学，心理学，教育学若しくは社会学を専修する学科若しくはこれらに相当する課程を修めて卒業した者など，または1年以上児童自立支援事業に従事した者などの資格要件のいずれかに該当するものとされている。また，2011（平成23）年の改定により，社会福祉士となる資格を有する者が社会福祉士の資格を有する者へ改められ，さらに大学で社会福祉学を専修する学科又はこれに相当する課程を修めて卒業した者という要件が追加された。

5　児童生活支援員

　児童自立支援施設に配置され，前述したように児童自立支援専門員とともに児童の生活支援を行う。児童生活支援員の資格要件は，児童福祉施設の設備及び運営に関する基準第83条により，①保育士の資格を有する者，②社会福祉士の資格を有する者，③3年以上児童自立支援事業に従事した者，のいずれかに該当する者と規定されている。

6　母子支援員

　母子支援員は，2011（平成23）年児童福祉法の一部改正により，母子指導員から母子支援員に名称が改められた。母子生活支援施設に配置され，母子の生活指導と支援を行う。母子生活支援施設における生活指導とは，個々の母子の家庭生活および稼動の状況に応じ，就労，家庭生活及び児童の養育に関する相談及び助言を行う等の支援により，その自立の促進を目的とし，かつその生活を尊重して行わなければならないとされており，母子をとりまく社会変化に伴い個々の多様な背景に配慮したきめ細やかな支援が求められている。

　母子支援員は，児童福祉施設の設備及び運営に関する基準第28条により次のいずれかに該当するものでなければならないとされている。①地方厚生局長等の指定する児童福祉施設の職員を養成する学校などを卒業した者，②保育士の資格を有する者，③社会福祉士の資格を有する者，④学校教育法の規定による高等学校若しくは中等教育学校を卒業した者，学校教育法の規定により大学への入学を認められた者若しくは通常の課程による12年の学校教育を修了した者（通常の課程以外の課程によりこれに相当する学校教育を修了した者を含む。）又は文部科学大臣がこれと同等以上の資格を有すると認定した者であって，2年以上児童福祉事業に従事した者などである。また，2011（平成23）年の改正により，精神保健福祉士の資格を有する者が資格要件に追加された。

7　少年を指導する職員

　少年を指導する職員は，母子生活支援施設に配置される職員として，児童福祉施設の設備及び運営に関する基準第27条に規定されている。資格内容や業務内容等に明確な規定はなく，事務職との兼務が認められており，母子支援員とともに支援を行うことが多い。

8　児童の遊びを指導する者

　児童厚生施設（児童館）に配置され，児童の遊びを指導する者をいう。子どもの健全育成のために，遊びを通して，自主性，社会性，創造性を高め，また子どもの健康増進や情緒の安定を図ることを目的としている。
　児童の遊びを指導する者の資格は児童福祉施設の設備及び運営に関する基準第38条により，次のいずれかに該当するものでなければならない。①地方厚生局長等の指定する児童福祉施設の職員を養成する学校その他の養成施設を卒業した者，②保育士の資格を有する者，③社会福祉士の資格を有する者，④学校教育法の規定による高等学校若しくは中等教育学校を卒業した者，同法の規定により大学への入学を認められた者若しくは通常の課程による12年の学校教育を修了した者（通常の課程以外の課程によりこれに相当する学校教育を修了した者を含む。），又は文部科学大臣がこれと同等以上の資格を有すると認定した者であって，2年以上児童福祉事業に従事した者，⑤学校教育法の規定により，幼稚園，小学校，中学校，高等学校又は中等教育学校の教諭となる資格を有する者，などである。2011（平成23）年の改正により，学校教育法で規定される大学で社会福祉学などを専修する学科又はこれに相当する過程を修めて卒業した者で都道府県知事などが適当と認めた者なども資格要件に追加された。

9　家庭支援専門相談員

　家庭支援専門相談員はファミリーソーシャルワーカーとも呼ばれ，1999（平成11）年より非常勤職員として定員20名以上の乳児院に配置され，2002（平成14）年にはすべての乳児院，2004（平成16）年には児童養護施設，情緒障害児短期治療施設，児童自立支援施設に拡充され，家庭環境上の理由により入所する児童の増加に伴い，児童の家庭復帰への体制を強化するために，児童の早期家庭復帰等の支援を専門に担当する職員として配置されるようになった。
　主な業務内容は以下の通りである。[1]

① 早期家庭復帰のための業務として保護者等への面接，家庭訪問による養育相談・指導，家庭復帰の相談・支援
② 退所後の児童に対する生活相談等，里親委託促進のための業務
③ 養育里親における養子縁組促進のための業務
④ 地域の子育て家庭に対する育児不安解消のための相談・支援等
⑤ 要保護児童の状況把握や情報交換を行うための協議会への参画
⑥ 施設職員への助言・指導，ケース会議への出席
⑦ 児童相談所等の関係機関との連絡調整等

　家庭支援専門相談員の資格要件は，児童福祉施設の設備及び運営に関する基準において施設ごとに規定されており，社会福祉士若しくは精神保健福祉士の資格を有する者などと規定されている。

10　心理療法担当職員

　近年，児童福祉施設への入所率は増加傾向にあり，入所している子どものうち虐待を受けている子どもの割合は，「平成19年社会的養護施設に関する実態

調査」(厚生労働省) によれば,児童養護施設で59.2%,児童自立支援施設では63.5%と約6割を占めている。心理療法担当職員は,虐待等の心的外傷のために心理療法を必要とする児童に対し,遊戯療法やカウンセリング等の心理療法を実施し,子どもの精神的な安定を図り,心的外傷が改善に向かうよう支援を行う。1999 (平成11) 年度より非常勤での児童養護施設への配置が始まり,その後,乳児院,母子生活支援施設,児童自立支援施設へと配置され,2011 (平成23) 年に児童福祉施設における配置が法的に義務化された。

　心理療法担当職員の資格要件は,児童福祉施設の設備及び運営に関する基準で施設ごとに規定されており,学校教育法の規定による大学の学部で,心理学を専修する学科若しくはこれに相当する課程を修めて卒業した者,同法の規定による大学の学部で心理学に関する科目の単位を優秀な成績で修得したことにより大学院への入学を認められた者などで個人及び集団心理療法の技術を有し,かつ,心理療法に関する1年以上の経験を有するものでなければならないなどと規定されている。

11　被虐待児個別対応職員

　被虐待児については,過度な甘え,過敏反応,他児への暴力,不眠傾向などが見られ,他児への影響が大きく集団生活に不適応な状態をきたす場合があり,集団の中ではできない個人的な受け止めの場を用意し,職員と児童との1対1の関係の中で安全感と安心感を確保し,その児童と職員との信頼感を形成していくことが重要である。(2)その対策として,豊富な知識と経験を有する主任児童指導員または同等の職員1人が被虐待児個別対応職員として被虐待児のケアを行っている。

　2001 (平成13) 年から非常勤職員として児童養護施設に配置され,2004 (平成16) 年にはすべての児童養護施設への配置が始まり,現在は常勤職員としての配置が予算化されている。

12 その他の専門職員

　児童福祉施設には，前述した職員のほかにも，子どもの援助にかかわる専門職員として，嘱託医，看護師，栄養士，調理師がいる。

　嘱託医は，主に小児科と内科の医師がなるが，精神神経科の医師も配置されることがある。また，子どもの健康管理に欠かせない存在として定期的な健康診査を実施する。乳児院では，新生児疾患や伝染病など緊急の対応を要する場合があるため，嘱託医との密接な連携が必要である。

　看護師は，乳児院には専任職員として配置されており，乳幼児の健康管理のために医師の指示に従って病気治療の役割を担っている。

　栄養士は，すべての児童福祉施設に専任職員として配置されており，子どもの食生活の中心的な存在である。献立の作成，栄養計算，食材の選定と業者への発注等が主な役割だが，他に保育士や児童指導員とともに食事指導も行う。

　調理師は，栄養士が作成した献立にしたがって調理を行うが，子どもの食生活を理解した調理技術が要求される。例えば，子どもが好むカレーライスやオムレツでは食材処理の仕方や味付け加減が重要となる。食事は，子どもにとって一番の楽しみであり成長の糧であるから，すべての職員が関心を持って対応しなければならない。

注
(1) 『新保育士養成講座』編纂委員会編『社会的養護』（新保育士養成講座第5巻）全国社会福祉協議会，102-103頁。
(2) 全国児童福祉主管課長会議資料 平成13年3月13日 厚生労働省雇用均等・児童家庭局。

第9章　社会的養護における運営管理

1　児童福祉施設における運営管理

(1) 運営管理の意義

　運営管理という言葉は，運営あるいは経営という考え方と，管理という考え方が結びついて，一つにまとめられた内容をもつものであると考えられる。
　運営（administration）とは，事業活動を進めていくことであり，いわばその事業の方針を決めることである。
　管理（management）とは，その決めた方針の下に，その事業を能率的・合理的に行うように企画し，展開していくことである。
　児童福祉施設の運営管理とは，その施設の目的・機能に応じて，いかなる役割を果たすことができるかを組織的に計画するとともに，それが実行されるために行われる施設のあらゆる動きの管理を意味する。
　社会福祉法第1条の目的規定で，社会福祉のすべての分野にわたって福祉サービスの利用者の利益の保護が推進されなければならないという旨を明確にしている。そして，福祉サービスの提供者である施設の運営管理者に，そのための努力を求めている。この目的規定に謳われている福祉サービスは，さらに個人の尊厳を保持し，良質，適切なものでなければならないという福祉サービスの基本的理念（第3条）につながり，このような児童福祉施設の運営管理においても入所児童の最善の利益を保障することも，社会福祉法で述べられている。[1]
　さらに，児童憲章，児童の権利に関する条約，児童福祉法の理念である児童の人権を守ることが基本になければならない。このことは，施設の運営管理の基本方針が，児童の成長にとって人格の発達に必要な環境を保持すること，児

童にとって公平な正義が貫かれていること，また，地域社会に開かれた施設としての機能が明らかにされ，施設の社会化の方向が示されているものでなければならないことを意味している。

（2）運営管理の要点

　戦前の福祉施設運営は，設置・経営者個人の経験や情熱でもって行われてきた。しかし，戦後のそれは大きく改革された。児童福祉法制定以来，施設は，国および社会の責任と承認の下に，地域社会におけるさまざまな児童のニーズに対応させるように，意図的・計画的に組織化されるようになった。そして，いま，児童福祉法が改正されて，児童福祉施設の枠組みも改革され，新たな施設運営が展開されようとしている。

　施設養護の展開にしても，以前のように，ただ衣食住を満たすだけでなく，あらゆる児童養護問題に対応するための援助が展開されている。そのために専門的な職員の配置と専門分化された業務内容と勤務体制といった近代的人事管理と建物・設備面での近代化によって，運営管理が専門的かつ合理的に展開されるように要請されるようになった。

　現在の施設運営は措置費とか支援費という形で，国および地方公共団体からの公的財源に依存しており，その財務管理をいかに適正に執行することができるかが運営の要点となっている。国および地方公共団体が措置費を支給するという措置費制度は，現在も乳児院や児童養護施設のような入所型の児童福祉施設では継続されている。しかし，ほとんどの社会福祉事業では利用制度に切り替えられた。社会福祉関係法の社会福祉事業をその特性に応じて契約方式などに移行したもので，大別すれば，①介護保険方式，②行政との契約方式，③支援費支給方式，④事業費補助方式，に分けることができる。①は老人福祉法による在宅サービス，特別養護老人ホームなど，②は児童福祉法における保育所，母子生活支援施設など，③は身体障害者福祉法や知的障害者福祉法，障害者総合支援法における更生施設，居宅生活支援事業など，④は身体障害者福祉ホームや精神障害者社会復帰施設などが，各々の代表例である。[(2)]

(3) 運営管理の過程

施設の運営管理は，4段階の過程に分けることができる。

① 第1段階——運営方針の決定

施設のもっている目的に応じて，何を，いかになすべきかを決定することであり，方針を決定する際の配慮として，関係者の意見が一致して他の何よりも優先されなければならない点が挙げられる。

② 第2段階——運営計画の立案

方針に即して計画が立てられることであり，管理者は現場の職員の意見も参考にして，事業計画，援助計画を作成するが，地域社会の福祉機関や社会資源を活用して，施設の目的が達成できるようにすることが重要である。

③ 第3段階——計画の実施と展開

計画が実施されるには，職員の組織化が必要である。施設には，多くの職種の職員が配置されて，それぞれの立場で専門的技術が発揮され，事業の実施にあたるのである。施設長や主任は，適確な援助や訓練などを指導するスーパーバイザーの役割を果たす必要がある。

④ 第4段階——実施結果の評価および第1・2段階へのフィードバック

施設がその目的を達成するためになされた援助の実践活動に対して，反省・評価することである。その反省・評価の内容は，内部職員からと，外部の専門機関から正しく行われる必要があり，同時に，第1・第2段階の方針・計画の立案にフィードバックさせる必要がある。

この4段階に分けて，理事者，施設管理者，一般職員の三者がそれぞれの職能権限に応じて参加するのであるが，運営管理の過程をより効果的に行うためには，責任の分担を考えるべきである。

すなわち，方針の決定は理事者，人事と建物・設備と財務については管理者，事業の個々の部分については実施にあたる職員が，それぞれ直接に責任をとるようにすることである。最終的には，三者による協議で結びつけることが必要である。

(4) 施設長の役割

　児童福祉施設の施設長の役割は，第1には，明文化された法人・施設の運営理念を正しく理解して，その運営理念に基づいた基本方針を明らかにして施設の使命と役割を達成することである。運営理念には，社会福祉法に謳われている利用者個人の尊重や地域福祉の推進，子どもの権利擁護の推進が盛り込まれていること，さらに社会的養護の内容や質の向上に向けた取り組みが明記されているかを確認することである。法人・施設の運営理念や基本方針を全職員はもとより児童や保護者にも周知徹底しなければならない。

　第2には，児童の人格形成に関わる支援内容を把握することである。児童個人の遺伝的な要因を基礎としているが，児童が生活している社会的，文化的，教育的な環境の要因によって形成される。食事や運動によって心身は丈夫になり，学習時間の設定により知的面の向上を獲得する。さらに読書，音楽，絵画などを整備することで文化的環境を保つことができる。

　第3には，職員に関する問題である。職員の採用，確保，研修などを計画的かつ徹底的に実行することが求められている。専門的な知識と技術を有して，その技能を発揮できる者，児童と情緒的に共感関係を保つことができる者を確保して育てなければならない。

　第4には，施設の管理責任者として，建物や設備などの物的資源の管理と勤務時間や休日などの労務管理である。また民主的な職員会議を企画，実施して職員の意見を尊重した援助計画を実行することである。これらの役割を達成するためには，施設長としての資質や専門性が問われている。

2　児童福祉施設の設備及び運営に関する基準

(1) 児童福祉施設の設備及び運営に関する基準の概念

　この省令の根底には，憲法第25条の生存権保障の理念と，児童福祉法に規定された児童福祉の理念を国の責任において具体的・内容的に保障しようとしたものである。この基準の意義は，児童の生存権，福祉権を実現するための設備

と運営の基準を示すものであって、「文化人として」の児童の生活を保障するための基準である。その責任は、児童福祉法第2条によって国及び地方公共団体にあるとされ、厚生労働大臣は、都道府県を通じて、この基準そのものの向上改善を図りながら、施設の設備と運営が常に向上するように指導監督しなければならない。

　現行の基準について、近年改正が行われているが、それでも、なお、社会情勢の変化とともに、どの点が不合理・不適切なのかを検討する必要がある。基準の改正については、社会保障審議会に参加している社会福祉の研究者や一部の施設管理者などによる協議によって検討されている。しかし、一般職員も実践上の問題点を指摘して、現実の社会的・経済的条件に一致したものにしていくことが、施設運営の向上にもつながり、国民の社会福祉増進につながるのである。

(2) 職員問題

　職員は、施設児童の様々な養護ニーズに対応するために「素養があり、かつ、適切な訓練をうけた職員」（第2条）を配置することが義務づけられている。また、第7条では「児童福祉施設に入所している者の保護に従事する職員は、健全な心身を有し、児童福祉事業に熱意のある者であつて、児童福祉事業の理論及び実際について訓練を受けた者でなければならない」と定められている。

　施設職員の資格要件については、第42・43条等に規定されているが、近年の施設職員の専門化と福祉労働という観点から、職員の資格、定数配置については、つねにより適切な基準に改正していくよう努めるべきである。

3　施設組織と運営管理

(1) 法人のあり方

　社会福祉法人とは、社会福祉事業を公明かつ適正に行い、社会福祉の増進を図ることを目的として、社会福祉法の定めるところにより設立された法人であ

る。民間社会福祉事業の自主性および特性を活かすとともに、その公共性を高めるために設けられた制度でもある。

　法人組織である施設には、定款に基づいて理事機構（理事会）をもたなければならない。理事会は、施設運営の責任者であり、「方針決定」の機関であるから、どのような人を理事に選任するかが法人の要である。社会に開かれた施設を目指すために、地域社会の代表者、研究者など幅広い階層の人々の参加が必要である。理事会の内容は、予算・決算の承認だけでなく、その施設が地域社会の福祉増進に役立っているかどうか、具体的に事業内容を評価する討議が重ねられ、回数も適切に開催されるべきである。

（2）資産・設備の管理

　土地・建物などの資産の保存・保守については、法の定める登録・登記、定款に記載して透明化することが当然であり、つねに法令上の点検をしなければならない。建物・設備は、児童の生活援助、防災、生活環境の維持の上からみても、常に保守・点検を行い、不備な点については計画的な改善対策を立てて、施設の生活環境の向上に努めるべきである。

（3）職員組織

　施設運営は、良き人材の確保とその組織構成によって決まるが、小規模施設と大規模施設では機構が違う。小規模施設の場合は、施設長以下直線的に全員が結ばれる組織がよい。大規模施設では、施設長と各パートの主任が重要事項を協議して、それぞれの下部組織に的確に伝え業務を遂行する形態の方が良いと考えられる。

　いずれの場合にせよ、全職員の施設運営に対する参加意識と業務の権限委譲がなされることによって、民主的な運営が展開される。組織は、ただ形が整っていれば良いというものではなく、個々の職員が仕事の責任と分担をよく把握して、施設の事業内容が円滑に進められるためにあるものであり、施設の目的のために計画から実践そして評価・反省にいたる過程に全職員が関わることが

できるあり方が望ましい。

(4) 職員会

　職員会は，施設の運営管理で重要な役割を果たすものであり，施設の管理上の重要なポイントとして決定づけられる。職員会は，業務内容，事業の実施に関する確認，伝達，報告を柱にして行われるが，事業の計画や総括の検討を加えると会議内容が充実する。職員会は，施設の規模によって異なり，また職員数や協議内容によって分け，かつ全職員が出席できる時間帯を選ぶべきである。

　職員会の進め方で大切なことは，各職員に対して意見を述べる機会が与えられて，自分の仕事・役割に責任がもてるようにすることである。施設長など管理者の一方的な訓話や伝達だけでは意味がなくなるし，職員の仕事に対する意欲や充実感をもたせることができなくなる。

(5) 人事・労務管理

1) 新任職員の採用

　社会福祉系の大学，短大，専門学校の増加によって，施設側としては，求人しやすくなっている。しかし，社会福祉施設に就職することを一般企業と同じようにとらえられている面もあり，社会福祉を自分の生きる道として情熱をもって働く者が少なくなったともいえる。

　新任職員の採用には，履歴書，成績書による書類選考と作文，面接などの試験を実施する方法が多いが，施設で宿泊体験実習をしてもらうと人選に役立つ。

　児童養護施設では，知識や技術も大切であるが，入所児童との対人関係をつくることが求められるため，性格的に温厚で，明るい人が好ましいので，そのような人物を採用できる方法をとるべきである。また，都道府県社会福祉協議会が設置している福祉人材センターが実施する福祉関係就職相談会において求人情報を得ることができる。

2) 職員研修

　職員が仕事に対する意欲を高めるためには，職員研修会に参加させて，新し

い知識や技術を習得させる必要がある。新任職員には，施設独自の研修・訓練会を設けて，その施設の方針や事業の流れ，内容を正確に把握させることが必要である。3年目以上の職員に対しては，管轄役所や社会福祉協議会などが主催する研修会に参加させて，専門家の講義を受講してもらったり，他の施設職員と交流を通じて，児童の援助方法に関する情報交換会に参加してもらうのが望ましい。

　幹部職員や施設長に対しては，厚生労働省や全国社会福祉協議会の研修部会などが行う研修セミナーに参加させて，より高い専門的な学習を積む必要がある。近年，都道府県，指定都市，地域ブロック別の研修会や任意団体が開催する職員研修会が多くなっているため，研修会の内容や進め方をきちんと認識して参加しないと時間と経費が無駄になる恐れもある。研修は，自分の職務内容と関連するものを，職員自身が選択して，積極的に参加することが効果的であり，施設の運営面，入所児童への援助の向上につながるのである。

3） 労務管理

　職員の勤務内容は，施設の種別や規模によってそれぞれ異なっている。児童養護施設のような入所施設では，児童の全生活にわたって援助するため，施設内の職員寮に住み込んで交替勤務をする形態がある。最近は，職員のプライバシー保障と労働条件の確保のために，通勤制交替勤務の形態が多くなった。労働条件の改善・整備は，職員の健康管理と勤続年数の長期化，専門職員の確保という観点からみると労務管理上，重要なことである。

　入所施設は，児童が生活する場であり，起床から就寝にいたるまでの日課が設定されている。保育士や児童指導員の仕事は，日課に合わせて児童の生活を援助する役割があるので，勤務は早出，遅出，宿直，日勤，夜勤といった変則的な勤務時間をとらざるを得ない。また，日曜日や祝日など学校が休みの時に，レクリエーション行事などを実施するため，日曜日に勤務する場合もある。したがって，職員勤務表の作成が，労務管理と児童の生活援助とのバランスの上で重要なキーポイントになる。

　労働基準法を守るためには，1日8時間，週40時間，週休制の原則，有給休

暇の取得率の引き上げに向けて新たな交替勤務体制を組まなくてはならない。しかし，職員の配置定数が改善されて，職員が増員されないと難しいことであり，児童への援助に悪影響を及ぼす可能性もある。保育士や児童指導員が，子どもたちと触れ合う時間が少なくなれば，対人関係の機能が減少していくのである。児童の援助と職員の待遇のバランスをどのように構築するかが，施設の運営管理の大きなカギとなる。

4） 財務管理

施設会計は，複式簿記が採用されて以降，会計処理の内容はより整理されるようになった。会計責任者としての施設長は，会計処理の知識をもち，財源の確保とその効果的な使用法について，適確な判断が求められている。とくに措置費の分析と適正な処理が重要で，事務費（主として職員の人件費）を正しく処理することが施設運営上の基盤となる。

会計処理は，書記の仕事であるが，経理内容を明らかにして，適正な処理を行わないといけない。事業費（主として入所児童の生活費）については，予算案の作成と執行において，各職員の参加が必要である。児童の生活に直接関係のある食費，被服費，学用品代，行事費などの支出については，各職員と協議して執行されるべきである。施設会計の予算・決算は，理事・監事，職員はもとより，施設の協力・関係者へも公開して，公明適正化を図るとともに，施設運営の公共性を守るべきである。

施設の運営において，会計処理の帳簿と児童の援助に関する諸記録への記入は，迅速にして正確にするべきである。とくに援助日誌，指導日誌，生活経過記録は，児童の成長・発達にとって欠かすことができない記録である。児童相談所へ送致されるケース台帳，児童援助計画書と施設の担当職員が書いたケース記録は，大切に保存するとともに，その秘密性からみて保管には細心の注意を払うべきである。

5） 防火・非常災害管理

施設では，防火管理者を選任して自主的にチームを作り，防火・避難訓練を実施しなければならない。また，消防・非常災害訓練計画書を作成し，管轄の

表9-1 自己点検表

	項　　目	法令	内　　　　容
1	法人理事会	義　務	開催の内容，記録，回数，理事の任免，理事の構成
2	法人監事の責任	〃	運営の点検，財政状況の確認（意見を述べているかどうか）
3	資産状況	〃	保存，保守の適正，記帳の確実性
4	管理規定 （職員会議）	一　部 義　務	運営の基本，編成，定員，職員，会議，職務任務分担等 会議の種類，目的，出席者の責任，記録
5	人事管理 （就業規則） （健康管理） （職員の研修） （給与規則）	 義　務 〃 義　務	職員の資格と配置，採用手続，任免，給与規則，就業規則，健康管理研修 作成の内容，労働時間，休日休暇，有休消化率，夜間体制 健康診断，生理休暇，女子の深夜勤 研修参加の状況，研修内容の復命 支給内容，基準諸手当，退職金，職員宿舎
6	設備状況 （防災規程）	〃 〃	最低基準による点検，防災による点検，設備内容の適正 防災訓練の実施，消防署届の点検，防災，火気等責任者の任免と点検
7	援助状況 （日常生活） （児童の健康管理） （指導体制）	 義　務	援助方針の確立（計画の策定過程と周知，結果の総括） 食事，入浴，理髪，日常の被服，外出外泊，行事，レクリエーション 定期健康診断，病歴記録，身長，体重測定 部屋割，業務体制，引継ぎと指導体制，育成記録，日誌
8	経理状況 （予算執行）	義　務	経理規程，経理執行の実際と執行状況のチェック 策定の基準と職員の分担，執行の実際と職員の責任
9	地域社会状況		地域との関係，ボランティアのかかわり，施設設備職員内容のかかわり

出所：全国社会福祉協議会養護施設協議会編『養護施設ハンドブック』1990年，287頁。

消防署に提出して，定期的な訓練を行う義務がある。訓練には，通報，消火，救助，避難などがあるが，児童の安全対策からみて，避難訓練に重点がおかれている。訓練は，毎月定期的に実施し，避難方法は分かりやすいように工夫し，参加した児童に避難経路を熟知させるべきである。

近年，社会福祉施設は，そのほとんどが鉄筋コンクリート造りの耐火・耐震構造の建築物になっているため，火災に対する危険性や恐怖感が少なくなった。また，非常火災報知装置や避難設備が完備しており，消火器も一般家庭のものだけでなく特別な大型消火器や消火設備も開発されているため，安全性も以前に比べて確保されている。また，消火器の取り扱い方は，実地訓練を行って慣れておく必要がある。

6)　施設運営管理の自己診断

　施設の運営にあたっては，法令で定められている規定があるので，それが適正に運用されているかなど，自主的に点検をするポイントを決めて，自己診断，自己評価をするべきである（表9-1参照）。

4　施設運営におけるアセスメント——第三者評価

　社会的養護に関する施設は，子どもが施設を選べない措置制度で運営され，また，施設長による親権代行等の規定もあるほか，近年，被虐待児等が増加し，施設運営の質の向上がより求められている。この点をふまえ，2013（平成25）年度より第三者評価の実施が義務化されることになり，全国共通の第三者評価基準が，全国社会福祉協議会福祉サービス第三者評価事業として作成された。

　評価基準は施設別に設定され，児童養護施設は98項目，乳児院は80項目，情緒障害児短期治療施設は96項目，児童自立支援施設は96項目，母子生活支援施設は85項目の基準がある。

　また，全国社会福祉協議会で評価調査員の研修が実施されたり，都道府県が独自に第三者評価基準を作成するなど，福祉サービスの質の向上への取り組みが行われている。

注
(1)　岡本民夫ほか編著『社会福祉原論』（minerva 社会福祉基本図書7）ミネルヴァ書房，1990年，134頁。
(2)　同前書，132頁。

| 第10章 | 居住型児童福祉施設の種別と機能 |

1　家庭環境に問題のある児童のための施設

（1）助産施設

1）沿革と現状

　助産施設は，1891（明治24）年に京都同志社病院に無料妊産婦収容施設ができたことを嚆矢とする。明治期には，子どもを出産することが奨励されており，低所得者層の妊産婦は病院で保護されていた。戦後，児童福祉法が制定されて，都道府県，市及び福祉事務所を設置する町村は，その所管区域内における妊産婦が，保健上必要があるにもかかわらず経済的理由により，入院助産を受けることができない場合，助産施設において助産を行わなければならない，という条例ができた。昭和20〜30年代の出産ブームの頃には利用者が多かったが，1974（昭和49）年の1,046カ所，8,298人定員（厚生労働省資料）をピークに減少して，近年は利用者が少なくなってきている。

2）目　的

　児童福祉法第36条では，「助産施設は，保健上必要があるにもかかわらず，経済的理由により，入院助産を受けることができない妊産婦を入所させて，助産を受けさせること」を目的として規定している。

3）施設の機能

①　対　象

　助産施設の対象となる妊産婦とは，保健上入院分娩が必要であるにもかかわらず，経済的理由によって入院助産を受けることができない者である。保健上の必要性とは異常分娩のおそれがある場合だけでなく，住居の都合で居宅分娩

が不適当な場合なども含まれる。経済的理由とは，一般の産婦人科病院，診療所または助産所に入院するための費用を自己負担することができない場合である。

② 支援内容

助産施設には，第1種助産施設と第2種助産施設がある。第1種助産施設は，医療法の病院（20床以上で医師が管理する）であり，第2種助産施設は医療法の授産所（19床以下で助産師が管理する）である。

助産の実施については，都道府県知事，市長および福祉事務所を設置する町村長は，それぞれの設置する福祉事務所の所管区域内における妊産婦が経済的理由により入院助産を受けることができない場合において，妊産婦からの申し込みがあったとき助産施設において行うことになっている。2001（平成13）年度から措置施設から利用施設に改められた。

4）課　題

① 保健と福祉の連携

妊産婦に対する一貫した保健指導は，母子保健法によって保健所で行われている。児童福祉法による助産施設は，出産が中心となっている。この両法の機能を結びつけて，社会福祉的な支援を必要とする妊産婦に対する適切な働きかけをするべきである。

② 妊産婦・子育ての支援

未婚の母，婚外子の出産，若年出産など，出産に対する知識の欠如，準備不足などから助産施設が利用されることも多いので，法律の規定内容にとどまらず，出産に伴う妊産婦の経済的，精神的な支援をするべきである。また，児童相談所等と連携し，現在進められている少子化対策としての子育て支援という視点に基づいた支援をいかに展開していくかも今後の課題の一つである。

(2) 乳児院

1）沿革と現状

明治時代は孤児院において乳児も他の要養護児童とともに混合収容されてい

た。大正時代の後半（1920年頃）になってから東京や大阪に産院に付設という形で乳児院が開設されたが数は少なく、また開設と廃止が繰り返された。戦後、児童福祉法の制定により、発達上、特に医学的配慮のもと乳児を養育する児童福祉施設として乳児院が設置されるようになった。

2）目 的

児童福祉法第37条では、「乳児（保健上、安定した生活環境の確保その他の理由により特に必要のある場合には、幼児を含む。）を入院させて、これを養育し、あわせて退院した者について相談その他の援助を行うこと」を目的として規定している。

3）施設の機能

① 対象児童

乳児院には、保護者が養育に不適切な場合、また環境上養育に不適切な乳児が児童相談所からの措置により入院する。2010（平成22）年3月末現在、全国の施設数は124カ所、定員3,794人、現員2,968人、職員総数3,861人である（「福祉行政報告」）。

入所理由を多いものから挙げると、①父母の病気入院や精神障害29.0％、②父母による虐待13.6％、③破綻等の経済的理由9.1％、④父母による放任怠惰8.1％、⑤父母の養育拒否7.4％、それ以外として父母の拘禁6.4％、父母の不和・離婚4.4％、父母の就労3.7％、遺棄（置き去り）1.6％となっている。

職員配置基準は、看護師・児童指導員・保育士の数は、1歳児は1.6：1、2歳児は2：1、3歳児以上は4：1である。また家庭支援専門相談員を配置して、入所児童をとりまく家族の背景を理解して支援して、児童の早期家庭復帰を目指すのも役割の一つで、他に心理療法担当職員を配置して、虐待を受けた児童に対して親子を含めた心理療法を行っている。

② 養育内容

乳児院では、乳児が入所した日から、医師が適当と認めた期間、観察室で心身の状況を観察しなければならないとされ、慎重な受け入れ態勢が求められている。乳児院における養育は、乳幼児の心身及び社会性の健全な発達を促進し、

その人格の形成に資するものでなければならない。養育の内容は，乳幼児の年齢および発達の段階に応じて必要な授乳，食事，排泄，沐浴，入浴，外気浴，睡眠，遊び及び運動のほか，健康状態の把握，健康診断及び必要に応じて行う感染症等の予防処置を含むものとする。

　乳児期において重要なことは，生理的欲求と安全の欲求であるが，同時に愛着形成が大切である。愛着形成は，幼児期，学童期にいたるまでの心身の発達に多大な影響を与えるものである。また，愛着形成は，乳児が泣いたり笑ったりしたときに養育者との対応によって行われるものであり，一般的には，父母など保護者との関係によるものである。しかし，乳児院では，親に代わって看護師や保育士等の職員が養育者となって愛着関係を形成しなければならない。したがって，職員が正しい児童観をもって安全・安心な保育を心がけなければならない。そして，日々の成長に全面的にかかわっている存在であることを自覚して振り返りをすることが必要である。

4）課　題
①　乳児院の役割
　乳児院は，言葉で意思表示できず一人では生活できない乳幼児の生命を守り養育する施設である。また，これに加えて，被虐待児，病弱児，障害児等への対応ができる専門的養育機能，保護者支援とアフターケア機能，児童相談所から一時保護委託を受ける機能，子育て支援機能などの機能をもつべきである。

②　乳児院の専門的養育機能の充実
　乳児院では，被虐待児，病弱児，障害児など医療・療育の必要な子どもが増加しており，リハビリテーションなどの医療・療育と連携した専門養育機能の充実が必要である。また，かかわりの難しい子どもが増えており，虐待などで心が傷ついた乳幼児の治療的機能の充実も必要である。

③　養育単位の小規模化
　乳児院は，定員30人以下が66％を占めるなど小規模施設が多い。養育単位の小規模化（ユニット化）により，落ち着いた雰囲気のなかでの安定した生活リズムによって，養育担当者との深い継続的な愛着関係が形成され，また，乳児

初期からの非言語的コミュニケーションにより，情緒，社会性，言語をはじめ全面的な発達を支援できるようになるので，今後さらなる小規模化を推し進める必要がある。

④　乳児院の地域支援機能の充実

かかわりが難しい保護者を含む支援を必要とする家族が増えており，アフターケアを含む親子再統合支援機能の充実が必要である。このため，心理療法担当職員を全施設に配置していくことが必要である。

また，里親支援機能の充実が必要であり，そのためには，里親支援の担当職員を施設に設けていくことが求められる。

(3) 児童養護施設
1) 沿革と現状

わが国の児童養護施設の歴史は古く，仏教思想の影響を受けた慈善事業が起源とされている。聖徳太子が593年に四天王寺建立にあたり四箇院（悲田院，敬田院，施薬院，療病院）を設置し，その中の悲田院は孤児，捨て子を受け入れたのである。これが今日の児童養護施設の原型とされている。

室町時代にはキリスト教徒の手による慈善事業も見られ，江戸時代には天災や飢餓などで捨て子が増加したため，幕府は1690年に棄児禁止令，1767年に間引き禁止令を出した。さらに，五人組制度等により捨て子の養育など相互扶助が行われるようになった。

明治時代になると，1874（明治7）年に「恤救規則」が施行され，民間人，とくにキリスト教徒や仏教関係者など，主に宗教関係者の手によって，児童と大人（成人）を切り離して収容する欧米の新しい形態の施設が誕生した。

1947（昭和22）年，児童福祉法の制定により孤児院を乳児院と養護施設に，1997（平成9）年の児童福祉法改正により養護施設を児童養護施設に名称が改められた。1998（平成10）年には，ケアの充実を図るために自立支援計画が盛り込まれた。さらに，近年の深刻な社会問題である児童虐待に対応するため2000（平成12）年には「児童虐待の防止等に関する法律」（児童虐待防止法）が公布・

施行され，2004（平成16）年には，児童虐待等の問題に適切に対応できるよう児童相談に関する体制の充実，児童福祉施設のあり方の見直し等を行い，児童福祉法の改正が行われた。2011（平成23）年4月現在，全国に587ある児童養護施設は，さまざまな状況の中で各施設独自の実践活動を行っている（『社会福祉施設等調査』）。

2） 目 的

児童福祉法第41条では「保護者のない児童（乳児を除く。ただし，安定した生活環境の確保その他の理由により特に必要のある場合には，乳児を含む。以下この条において同じ。），虐待されている児童その他環境上養護を要する児童を入所させて，これを養護し，あわせて退所した者に対する相談その他の自立のための援助を行う」ことを目的として規定している。

3） 施設の機能

① 対 象

児童福祉法では，児童を，乳児（満1歳に満たない者），幼児（満1歳から小学校就学の始期に達するまでの者），少年（小学校就学の始期から満18歳に達するまでの者）としている。児童養護施設では，原則として満1歳以上満18歳未満の子どもを養護するが，必要に応じて満20歳まで延長できるとされている。しかし，乳児院があるので，実際は1歳児が児童養護施設に入所することは比較的少なく，おおむね2歳前後からの入所が多くなっている。

また，入所理由もさまざまで，経済的理由やひとり親家庭による養育の困難，そして近年では虐待が入所理由の大部分を占める施設も増えてきている。最近では，アスペルガー症候群，発達・発育に遅れのあるLD（学習障害），ADHD（広汎性発達障害）の児童の入所も増えてきている。そのため，入所理由に対する知識，各児童の抱える課題に対する正しい知識など，児童養護施設の職員には，さまざまな知識及び人間性が求められる。

② 施設形態

児童養護施設の形態としては主として「大舎制」「中舎制」「小舎制」の3種類があり，近年では，グループホーム，地域小規模児童養護施設など，施設の

一部を小規模化する取り組みもみられる。しかし全国の児童養護施設の約7割が大舎制で，中舎制，小舎制はそれぞれ1割強である。大舎制では子どもに家庭的な経験をさせることは困難であるため，施設の小規模化を実現すべきである。2009（平成21）年の改正児童福祉法で小規模住居型児童養育事業（ファミリーホーム）が規定され，全国各地で実践されている（第12章参照）。

③　学習指導

幼児は幼稚園に通い，義務教育の児童はその地域の学校に通う。児童の学力は入所前の生活の不安定さから，義務教育等を受けられなかったケースも多く，発育・発達に遅れがみられる児童もいる。また，学習習慣が身に付いておらず，学習への意欲が低い児童も多い。しかし，進学をしなければ社会的自立（就職）をしなければならない。だが，中学卒業（15歳）での社会的自立は困難であるため高校進学の重要性は高くなる。また，社会的自立のための広い視野を獲得するという理由からも高校進学を望めるだけの基礎学力の向上は必要である。しかし，直接援助職員の個人の力だけでの対応には限界があり，学習ボランティアの導入を行う施設も増えてきている。

幼児期の学習，低学年での学習習慣の獲得はその後の基礎学力の基盤となる。しかし，入所時期が多様であることもあり，高年齢での基礎学力獲得，学習習慣の獲得にはいかに児童にやる気を出させ，誉め伸ばしてあげられるかが，低年齢児以上に重要となる。

④　自立支援――社会的自立

施設の退所後にも視野を向け，児童が社会で生きていけるよう自立支援を行っていくことが必要である。ソーシャルスキルはもちろん，交通機関の使用方法，行政機関への知識等を児童に習得させて，また，社会の一員として地域で共に生活できるよう人間性の獲得のための援助も重要となる。

施設の役割は児童を退所させれば終わりではなく，退所後のアフターケアとしての支援もまた重要となる。

4）　事例――親子関係の調整

B子は母子家庭で育ち，母親が窃盗で逮捕されたことにより幼児期に児童養

護施設に入所。B子には軽度の発達障害があり、歳の離れた姉が1人いる。姉も同施設に入所している。姉の他にB子には母方の祖母、叔父がおり定期的な面会や外泊が行われている。B子は幼い頃に母親と別れているため一緒に暮らした記憶もほとんどなく、「母親」像もイメージしにくい。幼児期より施設の保育士を母親のように慕っていた。しかし、母親と全く会っていないというわけではなく、外泊時に時々刑務所に母親に会いには行っていた。しかし、B子にとって、その女性が自分の「お母さん」というイメージは少なかった。

B子にとっての母親像が未完成のまま母親は出所する。母親はB子たちとの公の場での面会を希望し、B子の気持ちを聞いた上で、児童相談所にてケースワーカー（CW）及び施設職員立会いの下で面会が行われた。母親からB子たちに寂しい思いをさせたことへの謝罪があり、親子の交流が始まった。

面会後のB子たちの様子や面会をしての気持ちなどを施設職員が聞き、子ども家庭センター（児童相談所）に連絡をし、施設と児童相談所が連携し親子関係の調整が行われている。そのためか、「母親」というイメージが乏しかったB子に少しずつ「母親」像が形成されるようになった。母親との面会を楽しみにしたり、「お母さんがな…」という話題もよく出るようになった。

5）課　題

事例の前に挙げた4点が重点課題である。しかし、ナショナルミニマムとしてとらえるならば、児童福祉施設に関する基準のさらなる改正が望まれる。特に、一人の子どもを大人が支え・育み・生活に寄り添っていくマンパワー（資質・スキル向上、スタッフの確保、配置基準の改定）が大切であり、運営費（措置費）確保の努力とアップが重要な課題である。

(4) 自立援助ホーム

1）沿革と現状

「自立援助ホーム」とは、さまざまな理由により家庭での生活ができなくなった、基本的に15歳から20歳までの児童を援助する施設である。そこでは、①基本的生活習慣の習得のためのケア、②社会的不適応の克服のためのケア、③

就労意識の習得のためのケア，つまり「青少年の社会的自立のためのケア」が行われ，彼らのための「最後の砦」としての「家」となっている。

自立援助ホームの始まりは，1953（昭和28）年に設立された神奈川県立「霞台青年寮」である。公立施設として始められた自立援助の事業であったが，残念ながら「霞台青年寮」は1979（昭和54）年に閉鎖されてしまうことになった。その後，自立援助活動は専ら民間主導で展開されてきた。公的な支援が再び行われるのは，東京都が1974（昭和49）年に自立援助ホームが行っていた「相談事業」に対するアフターケア補助事業補助金の助成からである。

その後，「自立援助ホームを全国に」というスローガンのもとに，1991（平成3）年に東京都社会福祉協議会児童部会に「自立援助ホーム制度委員会」が設置され，1993（平成5）年には「全国自立援助ホーム連絡協議会」が結成された。そして，2011（平成23）年4月現在，全国で76カ所の施設が運営されている（「社会福祉施設等調査」）。

2） 施設の機能

① 対　象

自立援助ホームが対象とする児童は，当初，児童養護施設出身者が多くを占めていた。現在の利用児童の実態からみれば，児童養護施設出身者，家庭裁判所から補導委託された児童，少年院を退所した児童，福祉事務所から相談を受けた児童，家庭から直接入所した児童など，その対象が拡大している。

② 援助内容

自立援助ホームにおける援助は，入所中に生活を共にしていくなかで行う援助と，退所して生活の拠点を自立援助ホームから移して，自活させながら援助を継続する援助，いわゆる「相談活動」からなる。生活の場を移しながら，青少年の自立の環境を整え，そのプロセスのなかで青少年の自立を待つ点にその特徴がある。

自立援助ホームの入所期間は，6カ月から2年を目標としているところが多い。自立援助ホームの定員は6～10名程度である。ホームの利用者は基本的に就労することが原則であり，生活費（食事代相当分程度）を利用料として支払う。

職員が行う援助は「住居の提供」「食事の提供」「就職活動などの相談」が主だが，職員が最も重要視することは，利用者と職員との信頼関係の形成である。

　自立援助ホームの特徴は，退所後の関わりにある。基本的に入所も退所も，本人と自立援助ホームとの「契約」によっている。退所の時期について，利用者と職員が話し合い，合意が得られるとアパートなどの住居を設定して引っ越していく。決して「基本的生活習慣」や「金銭管理」など日常生活技術が獲得できることが退所の目安ではない。そこで重要になってくるのが，退所した利用児童に対する「相談事業」である。相談事業とは，自立援助ホームを出た利用者にその後も関わっていくことである。ホームにいる時と同様に，退所した後もその利用者の状況に合わせて，自立支援をしていく。

　3）　課　題

　子ども・子育てビジョンで，2014年度までに160カ所を整備する目標であるが，地方自治体の補助金だけに頼るのでなく，施設協議会などの自主財源での設置も必要である。児童養護施設などに在籍していた施設や社会的養護当事者グループ（卒園者の自主団体）との連携協力による支援効果も重要である。とくに当事者団体が企画する自立的なプログラムには利用者自身の切実な悩みや困難を取り払う可能性が高いので，自主性を尊重しながら陰から支えるべきである。また，繰り返すが20歳以降のアフターケアとしての相談支援が重要である。ホーム近隣のアパートなどの借家での自活を促し，付かず離れずの関係を保つことで援助を継続するのある。

（5）母子生活支援施設

　1）　沿革と現状

　わが国の母子保護事業は，1922（大正11）年に東京の二葉保育園に開設された「母の家」が始まりといわれている。昭和初期の経済恐慌とその後の極度の不況に伴う社会情勢のなかにあって，とくに貧困な母子家庭を救済するため1937（昭和12）年に母子保護法が制定され，その後の母子保護対策の中心となった。この法律に基づき，13歳以下の子女を養育する施設として母子寮の規定

が設けられた。現在の児童福祉法が制定される際に,母子寮は児童福祉施設として母の自立を助長し,児童の養育を行う施設として再出発し,1997(平成9)年の児童福祉法の改正で母子生活支援施設に改正された。

都道府県等が設置する福祉事務所の所管区域内において,配偶者のない女子などがその監護すべき児童の福祉に欠ける場合,その保護者から申し込みがあった場合,その保護者と児童を母子生活支援施設で保護することとなっている。元々は措置施設であったが,2001(平成13)年度から利用者が自分で施設を選択できる利用方式に改められた。

2) 目 的

児童福祉法第38条では「配偶者のない女子又はこれに準ずる事情にある女子及びその者の監護すべき児童を入所させて,これらの者を保護するとともに,これらの者の自立の促進のためにその生活を支援し,あわせて退所した者について相談その他の援助を行う」ことを目的として規定している。

3) 施設の機能

① 対 象

母子生活支援施設は配偶者のない母親と子どもを入所させて保護し,母親とともに児童の福祉をはかる施設であって,母子家庭の自立に向けてその生活を支援するよう機能強化を図ったものである。母子生活支援施設に入所した児童は,保護者からの申し出があった場合には,満20歳に達するまで引き続き入所が認められる。死別や離婚等による配偶者のない女子とその子どもが入所対象であるが,同棲していて子どもが生まれた場合など,同様の状態にある者も対象とする。

厚生労働省が5年ごとに実施している「児童養護施設入所児童等調査」(2008〔平成20〕年2月1日)によると,母子生活支援施設に入所している世帯数は4,056世帯で,児童「1人」の世帯は55.4%,「児童2人」は31.2%,児童「3人以上」は10.4%となっている。

母子生活支援施設への入所理由は,「配偶者からの暴力」が40.8%で最も多く,次いで「経済的理由による」24.6%,「住宅事情による」15.3%となって

いる。また夫などからの家庭内暴力を受けた母子が増加していると思われる。入所児童の状況は，就学前児童が42.1％，小学生37.5％，中学生12.2％，高校生その他が5.6％となっており，幼児又は小学生をもつ者が8割を占めている。

② 支援内容

設備としては，母子室，集会・学習室，調理場，浴室，便所を設けることが義務づけられている。母子室は，1世帯につき1室以上で，その面積は30m²以上であること。乳児または幼児を入所させる母子生活支援施設には，付近にある保育所または児童厚生施設が利用できないなど，保育所に準ずる設備を設けることになっている。

母子生活支援施設には，母子指導員，嘱託医，少年を指導する職員，調理員またはこれに代わる職員を置かなければならない。母子に対する日常生活を中心にした生活指導が行われているが，各家庭のプライバシーが確保されるようになってきたため，入所者に対する規則も緩やかになってきた。四季に合わせた母子合同キャンプやハイキング，スポーツ大会なども行われている。小・中学生に対する学習指導は，高校進学等を目指して積極的に実施されている。また，母親に対する就労支援としては，臨時・パート職でなく常用雇用の職場への就職を指導をしている。

最近，夫からの暴力で避難してきた母子に対して，別れた夫が夜間に訪れて強引に連れ戻そうとする事態がよく起きるため，夜間警備員を委託契約で配置することも可能になっている。また，2001（平成13）年4月から夫などからの暴力及び虐待等によりトラウマ（心的外傷）を受けた母子に対して，その治療としてカウンセリングや心理療法を行うことで，母子の心の傷を癒し母子の自立支援をするための心理療法担当職員を置くことができるようになった。

4）課　題

① DVの増加

近年，DV被害者が入所者の54％を占め，虐待を受けた児童が入所児童の41％を占めている。「母子が一緒に生活しつつ，共に支援を受けることができる唯一の児童福祉施設」という特性を活かし，保護と自立支援の機能の充実が求

められている。

② 入所者支援の充実

母親に対する支援としては，関係機関と連携して，生活支援，子育て支援，就労支援が挙げられる。また，DV被害を受けた母親に対する心のケアや自己肯定感の回復のための支援も行われているが，まだ不備な点が多いのも事実である。

子どもに対する支援としては，虐待を受けた子どもへの心のケア，学習の遅れがある子どもに対する積極的な学習指導の実施，安心，安全な場所を提供して大人との信頼関係の回復を図ることなどが挙げられるが，問題の要因の複雑化のため，今まで以上に職員には専門性が求められているのが現状である。

③ アフターケア・地域支援

退所した母子家庭や，地域生活をしている母子家庭に対し，ショーステイを勧めたり，相談支援活動をすることが重要である。

④ 広域利用の確保

DV被害者は，加害者の夫から逃れるために遠隔地の施設を利用する場合が多い。広域利用に積極的な自治体とそうでない自治体があることから，円滑な広域利用が行えるよう推進することが求められている。

⑤ 児童相談所との連携

母子生活支援施設は，利用者による判断が可能なため措置制度ではないが，支援等の観点から行政へ申し込む仕組みをとっている。母子福祉施策や生活保護などは，福祉事務所の専門的ケースワークと連携する必要があるため，都道府県の福祉事務所のほか，市や福祉事務所設置町村が主体となって実施している。しかし，母子支援を通じた児童虐待防止という観点から，児童相談所との連携が重要であることを認識するべきである。

（6）児童家庭支援センター

1）目　的

児童福祉法第44条の2では，地域の児童の福祉に関する各般の問題につき，

児童，母子家庭その他の家庭，地域住民その他からの相談のうち，専門的な知識及び技術を必要とするものに応じ，必要な助言を行うとともに市町村の求めに応じ，技術的助言その他必要な援助を行い，あわせて児童相談所，児童福祉施設等との連絡調整その他厚生労働省の定める援助を総合的に行うことなどを目的として規定している。

　1997（平成9）年の児童福祉法の改正により創設された。乳児院，児童養護施設，母子生活支援施設，児童自立支援施設，情緒障害児短期治療施設などの児童福祉施設に附置できるようになった。児童家庭支援センターの職員は，運営管理責任者のほか，相談・支援を担当する職員（常勤1人，非常勤1人）と心理療法等を担当する職員（非常勤1人）である。職員は，その職務を遂行するにあたっては，個人の身上に関する秘密を守らなければならない。

　2）　施設の機能
　①　対　象
　支援対象は，児童本人，その家族，地域住民等である。
　②　運営・設備
　児童家庭支援センターには，相談室を設けなければならない。この他にプレイルーム，事務室，その他必要な設備を設けなければならないが，附置された児童福祉施設の入所者の援助及び当該施設の運営上支障がない場合には，その施設と設備の一部を共有できる。児童家庭支援センターの設置及び運営の主体は，地方公共団体並びに社団法人，財団法人及び社会福祉法人である。

　また，児童養護施設等の児童福祉施設の相談指導の知見や，夜間・緊急時の対応，一時保護などにあたっての施設機能の活用を図る観点から，前述したように，乳児院，母子生活支援施設，児童養護施設，情緒障害児短期治療施設，児童自立支援施設に附置されることになっている。2010（平成20）年3月末現在，全国に78カ所設置されている（「社会福祉施設等調査」）。
　③　事業内容
　児童家庭支援センターで行われる事業は，以下の3つである。
　1つ目は，地域・家庭からの相談に応じる事業で，地域に児童の福祉に関す

るあらゆる問題を，児童，家庭，母子家庭その他からの相談に応じ，必要な助言を行う。

2つ目は，都道府県（児童相談所）からの受託による指導で，児童相談所において，施設入所までは要しないが要保護性があり，継続的な指導措置が必要であるとされた児童及びその家族について，指導措置を受託して指導を行う。

そして，3つ目は関係機関等との連携・連絡調整で，児童や家庭に対する支援を迅速かつ的確に行うため，児童相談所，福祉事務所，児童福祉施設，民生委員，児童委員，母子相談員，母子福祉団体，公共職業安定所，婦人相談所，保健所，市町村保健センター，学校等との連絡調整を行う。

④　施設の利用

児童家庭支援センターでは，児童相談所では対応しきれない地域に根差したよりきめ細かい相談支援を行う。常に児童相談所や児童福祉施設と連絡をとり，問題を抱えた子どもと保護者に対して相談を受けるのである。

事業の留意点は，地域住民が利用しやすい時間帯に対応することであり，日曜・祝祭日や夜間の相談も受けるべきである。支援を進める場合は，子どもと保護者の気持ちや世間体を考慮して行うべきである。児童家庭支援センターが作成した支援計画を基にして相談支援を展開するのであるが，その実施内容は詳しく記録するべきである。児童相談所から指導委託を受けた場合には，正当な理由がない限り拒んではならない。

家庭訪問による支援をする場合は，定期的にその内容を児童相談所に報告するとともに，必要に応じて相談所の指示や助言を求めるべきである。日曜・祭日や夜間の緊急な相談に対応するために，あらかじめ関係機関との連絡体制を協議して確保することが必要である。

附置される乳児院や児童養護施設などは，緊急時において当該施設で実施する在宅福祉事業などの利用および児童相談所からの一時保護委託が可能となるよう体制を整えるべきである。相談を受けた場合には，家庭訪問や施設での援助をはじめ，必要に応じて福祉事務所や保健所，学校，病院，警察署など関係機関との調整を図り，柔軟かつ迅速に支援活動を展開しなければならない。

3) 課　題
① 児童家庭支援センターの整備推進

　子ども・子育てビジョンでは，2014年までに120カ所を整備する目標である。児童家庭支援センターは，施設と地域をつなぐ機関として，将来は乳児院や児童養護施設などに必置していくべきである。施設と離れた利用しやすい単独設置も可能となる法令改正が望まれている。

② 市町村との連携および役割分担

　児童家庭支援センターは，虐待相談が急増する中で，児童相談所の補完的役割の拠点として制度化された。その後，市町村が虐待対応の第一次的な相談窓口となり，要保護児童対策地域協議会も設けられ，市町村の役割も大きくなり，地域子育て支援拠点事業などにおける子育て相談の実施など市町村事業も充実している。このため，一般的な子育て相談に近い部分は，市町村やさまざまな子育て拠点事業に委ねつつ，専門性の高い部分を受け持つ役割を高めていくことが必要となってきた。

　具体的には，施設入所には至らない前段階で，家庭に対する専門性の高い支援が必要な場合や施設退所後の家族再統合への支援や見守りをその施設に代わって行う等，今まで以上に役割分担を明確にすべきである。

③ 里親支援機関としての役割

　各地域で，里親支援において児童家庭支援センターが受け持つ役割に関する協議が進められている。今後，ますます里親支援機関の中心を担うための方策が求められると考えられる。

2　障害児入所施設

(1) 主に知的障害児を対象とした福祉型障害児入所施設
　　　──旧・知的障害児施設

1) 沿革と現状

　日本における主に知的障害児を対象とした福祉型障害児入所施設のはじまり

は，1891（明治24）年の石井亮一による滝乃川学園である。1946（昭和21）年には，糸賀一雄が近江学園を設立した。1947（昭和22）年に児童福祉法が制定され，それまで民間篤志家による支援のみであったものが，法的根拠をもった施設となり，今日に至っている。1958（昭和33）年には重度の知的障害児や障害が重複している児童等を専門に保護するため，国立秩父学園が設置されている。

2009（平成21）年の調査では，全国で239施設，8,827人の利用児童がいる。[1]

児童福祉法制定以来，措置という入所形態を維持していた知的障害児施設であったが，2005（平成17）年に障害者自立支援法（現・障害者総合支援法）が制定され，段階的に利用契約へと移行していった。利用契約制度が導入され，障害児の保護者は，都道府県（児童相談所）に支給申請を行い，支給決定を受けた後，利用する施設と契約を結ぶ方式となった。

ただし，虐待事例等，利用契約制度では対応が難しいケースもあるため，児童相談所による措置も一部残っている。

また，2012（平成24）年からは，児童福祉法の改正により，知的障害児施設，盲ろうあ児施設，肢体不自由児施設，重症心身障害児施設として障害種別に分かれていた障害児の入所サービスは，障害の重複化等を踏まえ，複数の障害に対応できるよう障害児入所支援に一元化された。

2）目　的

主に知的障害児を入所させる福祉型障害児入所施設は児童福祉法42条1項で，「保護，日常生活の指導及び独立自活に必要な知識技能の付与」の支援を行うことを目的とする施設とされている。

3）施設の機能

① 対　象

施設利用の対象となるのは，重度の知的障害児，または社会的・経済的な事情のため，家庭で養育できない知的障害児である。障害児としての発達課題を本人が抱えつつ，家庭にも何らかの課題（問題）があるケースが増えている。とくに近年の利用ケースでは，本人の抱える発達課題よりも，家庭の課題の方が大きいケースが多くなっている。

利用申請後，児童相談所が，障害の種類や程度の把握のために調査を行った上で，支給の要否・量等が決定される。療育手帳の有無は問わず，児童相談所，医師等により療育の必要性が認められた児童も対象とされる。

② 知的障害の概念

知的障害の概念については，文部科学省の「就学指導の手引き」のなかで「発達期に起こり，知的機能の発達に明らかな遅れがあり，適応行動の困難性を伴う状態」と定義されている。発達期に起こるとされているのは，加齢による知的機能の低下や事故等によって成人期以降に起こる知的機能の低下と区別するためである。適応行動の困難性を伴う状態とは，適応行動がその年齢で一般的に要求される状態まで成熟していない状態をいう。

知的機能は，一般的に知能検査で測定された知能指数（IQ＝Intelligence Quotient）の値で表される。100を標準とするこの検査の数値が75以下の児童について児童相談所では，その程度に合わせて療育手帳を交付している。また，知的機能と適応行動の両方に遅れが見られるときに，知的障害があるとされる。

③ 支　援

入所に至る個々のニーズに応えるために，個別支援計画を作成し，それに沿った支援が行われる。家庭に替わって，発達期の児童を養育する場であることがこの施設の基本方針である。家庭から離れて，暮らさざるを得なくなった児童の気持ちに寄り添うことは何よりも優先されるべきである。その上で個々の障害に配慮した支援が必要とされる。

・生活支援――家庭的な環境で情緒の安定をはかりつつ，発達年齢に配慮した日常生活の支援（歯磨き・洗面・着脱衣・入浴・食事・排泄など）を行う。
・学習指導――小中学校については，特別支援学校や地域の特別支援学級に通学する。高等部に進学する場合は，特別支援学校の高等部である。最近は，従来の公立高校の一部で，知的障害をもつ生徒を受け入れる学校もできつつある。

・医療ケア——指定医療機関（精神神経科，内科，小児科等）と十分連絡をとり，児童の疾病や不慮の事故に対応している。

　また，精神科医に来所してもらい利用児童の支援や理解に関する相談を行っている施設も多い。上記以外にもほとんどの施設で，短期入所事業，日中一時支援事業を行っている。

　また，18歳を超えた利用者がいる施設も多く，そのような施設では，成人向けの日中活動支援を行っている。軽作業や創作活動など，利用者の障害に合った作業を行いつつ，日中の生活の充実を図っている。成人への対応としては，グループホームをバックアップしている施設も多い。

4）　事例——自立支援としての取り組み

　K施設では，将来の自立に向けて，「自分でできることは自分でする」ということが設立当初からの指導方針（支援目標）とされていた。日常生活の布団の上げ下ろしからはじまり，食事や入浴などあらゆる場面で，自分でできることを増やすことに取り組んでいた。しかし，障害が軽度の児童が増えてくると，従来の基本的生活習慣の獲得だけでは不十分と思われる部分が増えてきた。

　そこで職員は，軽度の児童を中心に話し合いを持ち，園内での喫茶店の開催計画を提案した。自分たちで提供するメニューや，必要な材料を考え，計画をまとめるという取り組みを子どもたちを中心に進めていった。施設内の他の児童や職員をお客さんとして迎え，喫茶店を運営するのである。2カ月に1回のペースで開店し，喫茶店が軌道に乗った時点で，新たな展開として「性について」や「一人暮らしに必要なこと」などをテーマとした勉強会を開くようになっていった。

　喫茶店の取り組みの中では，準備段階から自分たちで考え準備する。そしてそれを当日実際に，自分たちで役割分担して喫茶店を運営する。反省会で，次回への新たな提案をする，という経験をし，役割を果たす，協力するということを身に付けていった。そして何より，自分たちの考えたことが実現するという喜びを味わっていた。

表10-1　知的障害児施設の利用者の年齢構成

乳幼児（0～6歳）	学齢期・青年期（7～17歳）	加齢児（18歳以上）
3.2%（311名）	56.8%（5,568名）	40.1%（3,929名）

出所：「社会福祉施設等調査報告」(平成18年10月2日現在)。

そのような喜びがあった後での勉強会であったので，子どもたちの態度も，より積極的になっていった。

　この施設では，重度から軽度までさまざまな障害程度の児童が一緒に生活している。その中で，「自立」とは何なのかを職員は，しっかり理解しておく必要がある。障害児にとって，「自立」とは一人ひとり違うものである。障害が重度の子どもにとっては，排泄の自立や，自分で着脱衣ができるようになる事も「自立」に向けた成長である。しかし，そのような子どもが多い中で一緒に生活する障害が軽度の子どもたちへの支援は，時間的にも内容的にも対応が難しいことが多かった。一人ひとりの子どもにとっての「自立」とは何なのか，「自立」に向けた支援とは何なのかを職員は真剣に考えなければならない。

5）課題

　この施設の役割は，知的障害児への直接支援である。しかし，最近は，虐待による入所も増加しており，家族に対する障害理解（受容）を促すような働きかけも必要になってきている。

　また，古くからある問題であるが，児童福祉施設でありながら，18歳を超えた入所者が多いことも課題である（表10-1参照）。

　4割の成人者の進路は，これまでは成人施設への入所であった。そのための入所待機として，児童福祉施設を継続利用しているというケースがほとんどである。しかし，これからは施設入所のみの進路選択ではなく，できる限りの自立生活や，地域生活が求められている。児童のため施設であっても，これら成人者の進路として，グループホーム等の運営が求められている。

　また，地域における総合的な福祉の推進拠点として，短期入所やデイサービス事業の機能の充実が求められている。

(2) 主に自閉症児を対象とした障害児入所施設――旧・自閉症児施設

1) 沿革と現状

自閉症児に対する療育の充実を図るため，1969（昭和44）年に厚生省（現・厚生労働省）は，自閉症児療育事業を発足させ，東京，三重，大阪の3カ所の精神科病院内に自閉症児施設を設置し，必要な医療，心理指導，生活指導が行われた。その後，1980（昭和55）年に「自閉症を主症状とする児童を入所させる知的障害児施設」として「自閉症児施設」が児童福祉施設最低基準（現・児童福祉施設の設備及び運営に関する基準）に位置づけられた。主に自閉症児を対象とした福祉型障害児入所施設は，全国でも7カ所（旧・第1種自閉症児施設が4カ所，旧・第2種自閉症児施設が3カ所）と少なく，ほとんどの自閉症児は知的障害児のための入所・通園施設を利用している（「社会福祉施設等調査」）。

2012（平成24）年4月に施行された児童福祉法の一部改正等により，「障害児入所支援」として一元化され，第1種自閉症児施設は医療型障害児入所施設に，第2種自閉症児施設は福祉型障害児入所施設へ移行された。

2) 目 的

主に自閉症児を対象とした障害児入所施設は，児童福祉法の障害児入所支援の一種として位置づけられており，主に自閉症児を入所させ保護するとともに，日常生活の指導や独立自活に必要な知識技能を身に付けさせるために必要な訓練などを行う施設である。この他，医療型では必要な治療を行うなど医療ケアを提供する。

3) 施設の機能

① 主に自閉症児を対象とした医療型障害児入所施設

自閉症を主たる症状とする児童であって，病院に収容することを要する者を入所させる施設である。

対象児童は，原則として次の各項のいずれかに該当する者である。①パニック症状が頻発し，常に医療ケアが必要な者，②症状が不安定で，症状に応じて薬剤の処方内容の変更が必要な者，③常に医学的処方を必要とするてんかん等の合併症がある者，④医学的診断が未確定であるか，自閉症児としての療育方

針を決定する必要のある者，⑤その他上記①②③に準じる者，である。

② 主に自閉症児を対象とした福祉型障害児入所施設

自閉症を主たる症状とする児童であって，病院に収容することを要しない者を入所させる施設で，対象となる児童は，医療型障害児入所施設の対象以外の自閉症児である。

③ 療育の概要

医療ケアを必要とする児童に対しては，薬物治療や精神療法などの治療指導を行う。対人関係能力や社会性などのソーシャルスキルを身に付けることに重点を置き，ABA（応用行動分析）やTEACCHプログラムあるいは，SST（社会生活技能訓練）や言語コミュニケーションなどを取り入れ，個々の児童にあったプログラムを設定し，個別または集団での療育を展開していく。

入所児童に対する主な活動としては，日常の生活指導や学習指導などについて，目的に応じて個別あるいは集団での指導等が行われている。また，児童や家族への相談支援も大切な取り組みである。

食事，排泄，睡眠といった生活の基本的なリズムが乱れて入所してくることが多く，まずは基本的生活習慣の確立が重点課題となる。日課として一日の生活の流れの中で具体的な指導を行うなど，生活リズムの基本的な組み立てが心がけられる。生活指導として，食事・排泄・洗面・入浴・着脱衣等の身辺処理技能の獲得や，食後の食器洗い，清掃，洗濯など個々の能力に合った役割や仕事を与えることで社会的行動を身に付けていくなど，身辺自立を図るための支援も重要である。自閉症児は，環境への意味づけや抽象的なことを理解するのが苦手であり，このような生活場面の一つひとつの目標を定め，空間や場所，時間や手順などを構造化し，よりスムーズな生活ができるように取り組むことにより，情緒の安定も図られる。

集団活動での療育では，心身を健康に発達させることを目標とし，リズム活動，リトミック，体操，散歩などを通して生活経験を積み上げ，社会性・感情コントロール・認知能力といった心の機能，あるいは筋力・身のこなし・器用さといった身体の機能を育み，児童自身の「生きる力」の育成を図る。また，

夏祭り，クリスマス会などの季節の行事や地域のイベントへの参加など，社会経験の幅を広げ，適応場面を拡大していくことも大切であろう。

学齢児童は，院内学級への通学をはじめとして，地域の特別支援学校等への通学など個々の児童にあった方法により教育を受ける。また，障害特性により学校と施設という環境の変化が過剰な刺激となり行動障害に結びつくといったことから，学校と連携し，訪問教育を実施しているケースもある。学校と綿密に連携し，一人ひとりに応じた支援を展開しながら，理解を深めていくことが必要である。

4) 事 例

M君（13歳）は知的障害をともなう自閉症で，11歳の時にA自閉症児施設（当時）に入所した。

入所当初は物の位置や場所の確認をしたり，同じ状況ややり方にこだわりがあり，睡眠の乱れも激しく，昼夜逆転することもしばしばみられた。また，床に額をうちつける，頬をかきむしるなどの自傷行為がみられ，興奮しパニックに陥ると，窓を割る，テレビやエアコンの破壊などのもの壊しも激しくみられた。また，調子が悪くなると，床に額をうちつけはじめ，それを制止すると，パニックになり，破衣行為や奇声をあげてガラスをたたき割るといった行動が起こった。原因としては不明なことが多いが，他の利用者の過干渉の結果，興奮状態になるものと思われる。

まずは施設に慣れて安定した生活を送れるようにして，生活場面への本人の自発性を促すことを目標として支援を実施することとなった。施設での規則正しい生活に基づいたスケジュール表を作り，それに沿って活動し，食事の量や時間，排泄や入浴の時間を一定の範囲で収まるようにし，就寝・起床の時間も一定とすることを継続的に実施した。学校とも連携し，一貫した支援が行えるように協力してもらった。

ある日，他の利用者にちょっかいをだされ，激しく興奮して急に走り出し，窓ガラスをたたき割るということがあった。職員が場所を変えることを促し，気分の転換を図るとともに，苛立っている気持ちを傾聴する。また，窓ガラス

を割ることが何故いけないのかということと，興奮した時には場所を移動し，気分転換を図るといった具体的な対処方法を説明し，M君にはそれができる能力があることをよく話して聞かせた。

　また，居室内の配置など，本人がリラックスできる環境づくりを本人と話し合いながら進めていった。それ以降も，興奮状態になることはあったが，もの壊しの程度などは軽いものになっており，本人なりによくなろうと意識できていることを認め，褒めていった。

　現在は，小グループのSSTに参加し，主に対人関係における課題を設定して対処方法についての練習をしている。今も自傷行為や興奮状態，生活面での不安定さは見られるものの，入所当初に比べれば時間や頻度は減少し，パニック状態になることはほとんどみられなくなった。

　5）課　題

　2004（平成16）年に「発達障害者支援法」が制定され，発達障害の法的位置づけがなされた。また，児童福祉法の一部改正により，障害児の範囲に新たに発達障害を含む精神障害が含まれることになった。知的障害を伴わない自閉症等の発達障害のある児童への支援も今後の大きな課題となっている。発達障害者支援センターの整備も徐々に進められ，自閉症児施設はより困難度の高い児童への対応など，高度な医療・療育機関としての役割分担・機能を担うとともに，これまでに蓄積してきた自立や社会参加，そして行動障害への支援の仕方等のノウハウを広く提供することで，高度な専門的支援による地域へのバックアップ機関としての役割を果たし，関連事業所等と連携・協力していくことが期待されている。

（3）主に盲ろうあ児を対象とした福祉型障害児入所施設
　　　──旧・盲ろうあ児施設

　1）沿革と現状

　1949（昭和24）年の児童福祉法の改正により，従来，盲ろうあ児のための施設であった盲ろう学校寄宿舎が児童福祉施設として運営されることになり，盲

ろう学校に付設されている寄宿舎とは異なるものであるとされ，盲ろう学校に通学しない児童（学齢期以前の児童，義務教育を免除された児童等）も対象とすることとなった。また，盲ろうあ児施設（当時）は，それまで虚弱児や肢体不自由児とともに「療育施設」として規定されていたが，同年，盲ろうあ児に対し保護，指導を行う施設として位置づけられた。

なお，2012（平成24）年4月に施行された児童福祉法の一部改正等により，「障害児入所支援」として一元化され，福祉型障害児入所施設へ移行された。

2）目　的

この施設は，盲児（強度の弱視児を含む。）又はろうあ児（強度の難聴児を含む。）を入所させて保護するとともに，日常的な指導や独立自活に必要な知識技能の付与について支援することを目的としている。

「主として盲ろうあ児を対象とする」とあるが，障害が異質である視覚障害児と聴覚障害児とを同一施設に入所させるのではなく，それぞれに独立した施設で専門特化した形で支援していることが多い。

3）施設の機能

①　対　象

基本的には，視覚あるいは聴覚障害（言語障害をともなう）に対して，医学的な治療を必要としない程度にその障害が固定し，家庭においては適切な監護が困難な児童を対象とする。障害の程度は，表10－2の通りである。

主として盲児を対象とした福祉型障害児入所施設（以下，盲児施設）は，目の見えない児童や強度の弱視がある児童を入所させ保護するとともに，将来独立自活に必要な指導や訓練を行う施設である。盲・弱視の教育的分類基準では矯正視力が0.02未満の場合を「盲」といい，矯正視力0.02以上0.3未満を「弱視」という。

主としてろうあ児を対象とした福祉型障害児入所施設（以下，ろうあ児施設）は，耳の聞こえない児童や強度難聴の児童を保護し，将来社会で独立自活に必要な指導・訓練を行う施設である。聴力の程度についてはdB（デシベル）という単位で表し，その数値が大きいほど聴覚障害が重く，障害の程度が重い「ろ

表10-2　身体障害者障害程度等級表

級別	視覚障害	聴覚障害
1級	両眼の視力（万国式試視力表によって測ったものをいい，屈折異常のある者については，きょう正視力について測ったものをいう。以下同じ。）の和が0.01以下のもの	
2級	1．両眼の視力の和が0.02以上0.04以下のもの 2．両眼の視野がそれぞれ10度以内でかつ両眼による視野について視能率による損失率が95％以上のもの	両耳の聴力レベルがそれぞれ100デシベル以上のもの（両耳全ろう）
3級	1．両眼の視力の和が0.05以上0.08以下のもの 2．両眼の視野がそれぞれ10度以内でかつ両眼による視野について視能率による損失率が90％以上のもの	両耳の聴力レベルが90デシベル以上のもの（耳介に接しなければ大声語を理解し得ないもの）
4級	1．両眼の視力の和が0.09以上0.12以下のもの 2．両眼の視野がそれぞれ10度以内のもの	1．両耳の聴力レベルが80デシベル以上のもの（耳介に接しなければ話声語を理解し得ないもの） 2．両耳による普通話声の最良の語音明瞭度が50％以下のもの
5級	1．両眼の視力の和が0.13以上0.2以下のもの 2．両眼による視野の2分の1以上が欠けているもの	
6級	1．眼の視力が0.02以下，他眼の視力が0.6以上のもので，両眼の視力の和が0.2を超えるもの	1．両耳の聴力レベルが70デシベル以上のもの（40cm以上の距離で発声された会話語を理解し得ないもの） 2．1側耳の聴力レベルが90デシベル以上，他側耳の聴力レベルが50デシベル以上のもの

出所：身体障害者福祉法施行規則　別表第5号（第5条関連）抜粋。

う」と，それよりも軽い「難聴」とに大きく分けられる。しかし，dBの数値だけで決まるものではなく，補聴器の適合具合によってどの程度の話し言葉が理解できるかなどの要因に左右される。

② 療育の概要

年齢や障害の程度，心身の発達状況などに応じた個別支援計画や目標が立案され，家庭的な生活を送ることができるようにすることを基本に，特に幼児期における基本的生活習慣や社会適応能力の獲得，遊びや運動あるいは自治会や

クラブ活動等の集団活動での協調，自立に向けて主体性を養い，社会生活を営んでいくための力を育成するための生活指導が行われる。また，各種行事や地域社会との交流など社会経験の機会を増やし，公共のマナーや社会性を学んでいくことも，豊かな情操を養い，将来の自立生活や望ましい人間関係の形成のためには重要なことである。生後，大切な時期に親との別離など，愛情に恵まれないで育っている児童が多く，情緒の安定を図り，安心して生活できる環境を提供することも忘れてはならない。

その他，視覚・聴覚障害児にとって，安全についての指導は大切で，交通事故の防止，非常災害に備えての訓練もおろそかにはできない。

学齢児童は，盲学校，ろう学校等の特別支援学校をはじめとする学校に通って教育を受けている。施設では学習指導を行うとともに，関係学校と緊密に連携し，個々の児童の全人的な成長を目指した支援を行っていく。

盲児施設では，発達状況に応じて感覚訓練，運動，歩行訓練といった取り組みを行う。例えば，①物を触ったりする経験など，触覚や聴覚，嗅覚などを刺激する知覚活動により，言葉の概念やイメージを具体化させる，②環境認知が不十分なために生じる自発的な移動や運動の少なさを解消し，歩行に必要な足腰の筋力を強くする，③遊びなど積極的に体を使って外界に働きかけるような経験をする，④歩行することの恐怖感を取り除き意欲を高める，⑤音に向かって1人または介助者とともに真直ぐに歩いたり，正しい方法での伝い歩きをする，⑥白杖を使用しての歩行訓練や公共交通機関を利用しての単独歩行訓練などである。

視覚障害児の場合，視覚からの情報が得られないため，適切な日常生活習慣や生活動作を学ぶ機会が制限される。生活リズムの確立，食事のマナー，排泄時の諸動作，衣服の着脱やたたみ方，整理整頓や衛生管理など具体的かつ継続的な指導が求められる。

ろうあ児施設では，聴能訓練や言語機能訓練，コミュニケーションに関する指導に重点がおかれる。残存聴力を活用し，障害の程度に応じた補聴器などによる聴力の補償を行い，日常生活や，遊びの中でいろいろな音の刺激に対する

第10章　居住型児童福祉施設の種別と機能

反応をよく観察して聞こえの状態を把握する，音を聞こうとする態度を身に付けさせる，必要な時期に読話の指導を行う，日常生活に密着した具体的な事柄について，懇切丁寧に十分話しかける，といった支援を行う。また，日常生活での他者とのコミュニケーションを円滑に図ることができるよう，手話・指文字等をはじめ，読話・筆談など障害の状態や発達段階等を考慮して，適切な対話の方法を指導し，多くのコミュニケーション手段の選択肢を広げていくことも重要である。

　退所後に自立した生活ができるように，日常の生活指導において社会性や協調性を育成するとともに，自活訓練や地域生活移行に向けての支援など生活能力の向上を図る支援を行うことも肝要である。また，学校や地域の関係機関と連携して児童の就業能力を高めるための訓練を行うとともに，既成概念にとらわれない多方面にわたる職場開拓などの就労支援を行うことも大切である。

4）事　例

　A君（5歳）は視覚障害（全盲）で知的障害を重複している。母親のネグレクトにより，児童相談所が介入し，1年前にJ盲児施設（当時）に入所した。

　入所間もない頃は，職員や他の児童への声掛けにもあまり反応を示さず，他者への関心がほとんど見られなかった。また，これまでの生活リズムの乱れから，昼夜逆転の傾向があり，盲学校の幼稚部から帰ってくると，横になって寝てしまうこともしばしばあった。目押しによる目のくぼみもわずかだが見られ，入所後も目を強く押す行為がみられる。施設の生活では，一人で何かをつぶやきながら，身体を前後に揺らして坐っていることが多く，積極的に歩いたり，移動することはほとんど見られなかった。

　担当となった職員はまずA君の生活リズムを整えていくことを目標とし，施設の基本的な生活リズムを基に，学校から帰ってきた後の施設内での積極的な活動を導入しつつ，就寝や起床などの生活場面の時間が一定となるように取り組んだ。あわせて，歩行を促すために，他の児童とぶつかったりしないように安全な空間を設定し，壁や手すりに沿って伝い歩きをしていくことから始めた。継続的に取り組んでいくことで，施設の環境や物の配置などをある程度把

握できるようになった。

　その他，A君の話を聞いたり，積極的に言葉かけを行い，また，他の児童とのおいかけっこ等の遊びを通して人とのかかわりを増やし，人とのコミュニケーションや集団活動の楽しさを学ぶ機会も多くした。

　音楽に耳を傾けていることが多く，よく歌を口ずさんでいる。そこで，音楽を聴きながらリズムに合わせて体を動かす活動を試みることとした。A君が正確に動きをイメージできるように，手を取りながら具体的な言葉かけによって動きを伝えた。はじめはぎこちなかったものの，とても喜んで踊っている。

　こういった活動を繰り返すことで，A君が徐々にではあるが自発的に歩行や他の児童との遊びや運動に取り組む姿勢が見られはじめ，生活リズムも整ってきている。目押しや身体をゆするブラインディズムも少なくなった。

5）課　題

　少子化や学校の寄宿舎を使う児童が増えたこと，医療の発達による早期発見・早期治療などにより，この施設の入所児童は施設数とともにきわめて少なくなっている。また，知的障害をともなう重複障害による重度化や，視覚・聴覚障害をともなわない知的障害児や肢体不自由児等の受け入れ，虐待など家庭養護に欠ける理由で入所する児童も増えてきている。そのため，支援内容も複雑となり，支援者にはより高い専門性が求められている。

　さまざまなケースに対応するためにより幅広い視点から発達や支援を考え，将来の自立生活を図るためにも一人ひとりの個性に応じたソーシャルスキルを育む支援が求められる。そのためにも専門職員の適正な配置が必要である。

　児童福祉法の改正にともない，3障害への対応が求められるようになり，障害の特性に応じた専門的な支援機能を維持しつつ，他の障害児等の受け入れを積極的に行い施設の継続的な運営を図る必要がある。

(4) 主に肢体不自由のある児童を対象とした障害児入所施設
——旧・肢体不自由児施設

1) 沿革と現状

　1942（昭和17）年に現在の肢体不自由児施設の基礎となる整肢療護園が高木憲次によって創設された。児童福祉法が制定された1947（昭和22）年当初の肢体不自由児施設（当時）は，療育施設と呼ばれ，虚弱児施設と一本化されていたが，1950（昭和25）年に分化され，独立した児童福祉施設として制度化された。1963（昭和38）年「通園児童療育部門」によって通所形態が導入され，さらに「重度病棟」「母子入園部門」が設けられて肢体不自由児に対する療育事業の強化が図られた。

　2012（平成24）年4月に施行された児童福祉法の一部改正等により，「障害児入所支援」として一元化され，「肢体不自由児療護施設」は福祉型障害児入所施設に，「肢体不自由児施設」は医療型障害児入所施設へ移行された。

2) 目　的

　主に肢体不自由児を入所させる医療型障害児入所施設は，主として肢体不自由のある児童を入所させ治療するとともに，日常生活の指導及び独立自活に必要な知識技能を与えることを目的とする施設である。

　肢体不自由児とは，上肢，下肢または体幹の機能障害のある児童のことである。上肢は肩から手指までの部分をいい，下肢は股関節から足にいたる部分をいい，体幹とは脊椎を中軸とした上半身，頸部をいう。この施設はこれらの部位に機能障害がある児童に対して治療を行うとともに，生活面における保育や教育を行う児童福祉法に規定された施設であると同時に医療法上の病院である。また，整形外科的治療や理学療法，作業療法による機能訓練，日常生活に関する指導等，児童の健全育成を図ることを目的とした施設でもある。

　特に重度の児童に対する福祉対策として制度化された「重度病棟」や，入所の措置がとられた児童のうち，おおむね2歳から6歳の肢体不自由児を母親とともに約3カ月間入所させ，機能訓練等の発達支援を行うとともに，母親にも療育に必要な知識・技術を習得させようとする「母子入園部門」が併設されて

いる施設もある。
3) 施設の機能
① 対　象

この施設は，肢体不自由であって，医学的な治療を必要としている満18歳未満の児童が対象である。なお，主に肢体不自由児を入所させる福祉型障害児入所施設（旧・肢体不自由児療護施設）は，病院に入院する必要のない程度の肢体不自由ではあるが，種々の理由により家庭で生活できない肢体不自由児を対象として入所させ保護・養育するとともに，独立自活に必要な知識技能を身に付けるために必要な支援の提供を行う施設である。

肢体不自由児施設（当時）が創設された当初は，ポリオや骨関節炎等が起因の主流であり，それらに対する療育が中心であったが，予防ワクチンの普及によるポリオの激減や結核性の骨関節炎の克服等，医学・医療技術の進歩，早期対策の普及によって，肢体不自由の起因疾患は減少してきている。その中で，脳性麻痺が52.1％（「平成21年全国肢体不自由児施設実態調査」）と大きな比率を占めており，脳性麻痺の療育が施設の大きな課題となっている。

② 療育の概要

対象児童の過半数が脳性麻痺（cerebral palsy；CP）による肢体不自由児で永続的な運動障害や随伴症状があり，そのため全身の機能障害，視力，聴力，言語，あるいは知的面での障害などをあわせもっている。それに加え，治療や長期入院のために制限の多い環境に育つなど，発達的に多くの問題を抱える。

肢体不自由児施設では医学的なケアに最も重点がおかれている。医師・療法士（理学療法・作業療法・言語療法など）・看護師・保育士・児童指導員など多職種によるチームアプローチを行い，児童の症状に応じた，整形外科手術・補装具療法・検査・リハビリテーション・栄養管理など身体機能の向上・回復を図るとともに，規則正しい集団生活をすることにより社会性と自立性を養い，日常生活動作の習得・向上のための指導・訓練を行う。また，肢体不自由の程度や内容，発達段階や年齢，施設生活における精神的負担などの心理的特性にも配慮しながら，個別あるいは集団での遊びや生活経験などによる指導を通じて

児童の豊かな人格の形成を図ることも大切である。

日常生活指導では，規則正しい生活を通して食事・排泄・衣服の着脱等の基本的生活習慣を身に付けるための指導を行う。また，感覚遊びや音楽，スヌーズレン，製作，運動などの設定保育や自由遊びなどの集団活動をとおして，参加する喜びを経験させ，社会性の習得を図る。そのほか，行事や園外保育などを取り入れて経験の幅を広げることで，自立心と協調性，豊かな情操を培うなど，家庭的で明るい日常生活が送れるように支援が展開される。

学齢児童は特別支援学校で教育を受け，通学の難しい児童に対しては，派遣された教師によって教育が行われる。

母子入園では，障害や病気に対しての正しい知識や発達への理解を深めることを目的とした勉強会の実施や，保護者間の親睦と情報交換，及び母親のリフレッシュを目的とした母子分離などを行う。母親に対する療育支援も不可欠な領域である。

4) 課　題

医療ケアや児童の個別的な養護内容の充実，多様化する障害児への療育など，専門職員の適正な配置が必要である。

肢体不自由児は早期療育が求められており，他の児童福祉施設に比べ幼児や学齢期の子どもの入所割合が多い。医療ケアと生活指導を合わせて受けることができる環境は，障害児を持つ家族支援の面でもその役割は大きく，乳幼児期での母子分離の難しさによる母子入園部門や母子通園による療育の場の充実はますます重要になっていくであろう。また，地域の障害児医療の核として，地域で暮らす障害児・者に対する専門医療と福祉の連携が期待されている。

（5）主に重症心身障害児を対象とした医療型障害児入所施設
　　　——旧・重症心身障害児施設

1) 沿革と現状

重症心身障害児に対する関心が高まってきたのは，1957（昭和32）年頃からである。その後，島田療育園に重症心身障害児療育の研究が委託され，その結

果,1966(昭和42)年の児童福祉法の改正により児童福祉施設として制度化された。なお,この施設は児童福祉施設であると同時に,医療法上の病院でもあるという,世界に類を見ない日本独自の施設形態である。なお,「重症心身障害」という言葉は行政・福祉関係者の中で使われており,医学用語ではない。

2012(平成24)年4月に施行される児童福祉法の一部改正等により,「障害児入所支援」として一元化され,医療型障害児入所施設へ移行された。

2) 目 的

この施設は,重度の知的障害及び重度の肢体不自由が重複している児童を入所させて保護するとともに,治療や日常生活の指導をすることを目的とする施設である。

3) 施設の機能

① 対 象

対象となる児童は,最重度または重度の知的障害と身体障害者障害程度等級表(表10-3)に示されている1〜2級の重度の肢体不自由が重複している児童で,療育期間が長期にわたるため18歳を過ぎても継続して入所でき,とくに年齢制限はなく,乳幼児から高齢者まで利用している。

重度重複障害者は,知的障害が重く,かつ重度の肢体不自由があるために自立歩行は難しく,移動,食事,排泄,入浴など日常生活のほとんどに介護を必要とし,医療や看護の手厚いケアが必要な人もいる。

② 療育の概要

重症心身障害児には,重度の知的障害に加えて,てんかん発作や脳性麻痺その他の精神障害を併有していたり,人工呼吸器を装着している児童もいれば,寝たきりの児童もいる。一方では,生活習慣を身に付け,ある程度は活発な表現活動ができる児童もいる。医療や看護による健康管理や治療などが基盤となるが,一人ひとりの症状や発達の段階,生活背景などを十分に考慮し,養護することが肝要である。

日常生活指導は,食事,排泄,洗面,更衣などの身辺自立生活指導に重点がおかれ,設定保育では,絵画,製作,音楽,各種の遊びなどの表現活動により

表10-3 身体障害者障害程度等級表（肢体不自由）

級別		1級	2級
上肢		1．両上肢の機能を全廃したもの 2．両上肢を手関節以上で欠くもの	1．両上肢の機能の著しい障害 2．両上肢のすべての指を欠くもの 3．一上肢を上腕の2分の1以上で欠くもの 4．一上肢の機能を全廃したもの
下肢		1．両下肢の機能を全廃したもの 2．両下肢を大腿の2分の1以上で欠くもの	1．両下肢の機能の著しい障害 2．両下肢を下腿の2分の1以上で欠くもの
体幹		体幹の機能障害により坐っていることができないもの	1．体幹の機能障害により座位または起立位を保つことが困難なもの 2．体幹の機能障害により立ち上がることが困難なもの
乳幼児期以前の非進行性の脳病変による運動機能障害	上肢機能	不随意運動・失調等により上肢を使用する日常生活動作がほとんど不可能なもの	不随意運動・失調等により上肢を使用する日常生活動作が極度に制限されるもの
	移動機能	不随意運動・失調等により歩行が不可能なもの	不随意運動・失調等により歩行が極度に制限されるもの

出所：表10-2と同じ。

　情緒面にはたらきかけ，情緒の安定や生活を豊かにすることを図る。季節のイベントや園外活動による地域交流やグループ活動によって集団参加の態度，社会性を育成する。また，健康管理では，疾病・発作の予防及び疾病の早期発見，健康保持に努め，日常生活面での児童の観察，細かい注意が大切である。
　このように医療ケア，生活面・情緒面での支援など，温かい心情と細やかな配慮に基づく包括的な療育の展開により，豊かな人間性の育成，より潤いのある生活の提供と，一人ひとりの自己実現を目指していくのである。
　学齢児への学校教育は，特別支援学校への通学や，訪問学級の設置により施設内教室において訪問教育が行われる。

4）事 例

　C君（14歳）は脳性麻痺による重度の四肢麻痺と，重度知的障害がある。身体障害者手帳第1種2級，療育手帳A判定である。現在，重症心身障害児施設であるX療育センターへ入所している。両下肢は真っ直ぐ硬直してい

とから，寝たきりの生活となっており，両上肢も可動域は狭い。低体重・低身長でもある。

　ことばによるコミュニケーションはできないが，職員の話しかけには表情などでの反応が見られる時もあった。最近，嚥下機能の低下がみられ，喉がゴロゴロとなったり，むせることが多くなってきており，食事にはペースト状のとろみをつけるなどC君の状況に合わせた対応をしている。

　機能訓練では，医師の指導に基づいて理学療法士による嚥下訓練や，両上肢の可動域の維持・向上のためのリハビリを実施している。また，更衣や活動の時にもできるだけ腕を動かすようにして機能が低下しないようにしている。

　一日の活動としては，食事や洗面，入浴等の基本的な生活習慣のほかに，リハビリテーションや活動を行っている。活動では，音楽やトランポリン，スヌーズレンなど感覚に働きかけるものを中心に実施している。C君の場合，自分から声を出したり，意思を表すなどの要求の表出ができないため，決して自発的な活動とは言えないが，これらの活動に参加し，職員や他児とのかかわりを通して，表情や声で楽しめていることを表現してくれている。

5）課　題

　社会的ニーズは高く，施設数・入所利用者ともに増加している一方，高度な専門的ケアを継続的に提供するための専門職員の確保や職員配置などの課題もある。長期入所やそれにともなう児童の体重増加，医療の進歩にともない呼吸管理や食事機能，消化器症状などの理由により高度で濃密な医療ケアを必要とする「超重症児」と呼ばれる児童の療育なども課題となっている。

　2012（平成24）年の児童福祉法の改正と障害者自立支援法（現・障害者総合支援法）の見直しにより，重症心身障害児施設の18歳以上の入所者についても，他の障害者と同様に障害福祉サービスにより対応するとされているが，重症心身障害者への適切な支援を提供できる「障害福祉サービス」が少ない（現行では療養介護）ことと，重症心身障害児者に対しては，継続的に一貫した支援が必要とされることが多いことから，医療型障害児入所施設と療養介護を一体的に実施できるようにするとされているのが現状である。しかし，療養介護では

療育を含む発達支援について十分な対応ができていないなどの課題もあり，支援の継続性・一貫性を確保し，重症心身障害児者の特性に対応するためにも，専門職員の適正な配置が望まれる。

また，今後は地域や在宅の重症心身障害児者に対する通園事業やショートステイなど受け入れの拡大など，地域療育の拠点としての機能を整備していくことが課題となっている。

3　情緒・行動面に問題のある児童のための施設

(1) 情緒障害児短期治療施設
1) 沿革と現状

情緒障害児短期治療施設の歴史は比較的新しく，1960（昭和36）年の児童福祉審議会の答申に基づき制度化され，翌1961（昭和37）年に，全国で最初の情緒障害児短期治療施設が岡山（県立津島児童学院）に誕生した。

当時，わが国は高度経済成長へとまっしぐらに向かっている途上にあり，その一方，「子どもの自殺率は空前のピークにあり，また戦後非行は第2次ピークに向かって登りつめるまさに不安の時代にあった[(2)]」と表現されるような，さまざまな子どもの問題が表出してきた時代でもあった。そのため，入所対象は12歳未満の子どもであって，かつ不登校などの非社会的問題，チックなどの神経的習癖の問題や家出や万引きなどの反社会的な問題行動を有する子どもとされた。その後，不登校児の増加もあって，入所の中心は次第に不登校児へ，それも思春期の精神的な課題をともなう高齢児（中学生・高校生）へと移行していった。しかし，当初は対象年令が12歳未満であったことから，在籍児数はさほど増加することもなく，施設数も全国で10数カ所程度に長い間とどまっていた（先駆的に高齢児を受け入れる施設もあったが，この時点では法的には認められていなかった）。

1990年代になると児童虐待問題が社会で注目されるようになり，被虐待児のこころのケアに関心が寄せられるようになる。治療実績があり，心理治療を担当する職員（セラピスト）が多く配置されている情緒障害児短期治療施設の役

割が再認識されるようになる。このような背景もあって，1997（平成9）年の児童福祉法改正では年齢制限が改正され，入所年齢が児童養護施設と同じように18歳までに延長される。さらに，厚生労働省による母子保健の国民運動計画「健やか親子21」で2001（平成13）年からの10年間の児童虐待対策の一つとして，情緒障害児短期治療施設の役割が強調され，都道府県ごとに最低1施設設置することが目標として掲げられた。2011（平成23）年4月現在，全国に情緒障害児短期治療施設は37施設であり，定員は1,709人，在所児童数は1,175人である（「社会福祉施設等調査」）。

2）目的

児童福祉法第43条の2では「軽度の情緒障害を有する児童を，短期間，入所させ，または保護者の下から通わせて，その情緒障害を治し，あわせて退所した者について相談その他の援助を行う」ことを目的として規定している。

3）施設の機能

① 対象

対象児となっている「軽度情緒障害児」とはどのような子どもを指すのであろうか。条文からは具体的な子ども像が浮かび上がってこないため，2011（平成23）年に発行された『心理治療と治療教育』を見ると多動性障害，行為障害，情緒障害，社会的機能障害などのさまざまな課題のある子どもが多く入所していることが分かる。また，2010（平成21）年の「厚生労働省児童家庭局調査」では被虐待児が全国平均で75％を占めている。

また，知的障害児（軽度・中度を合わせ）が12.8％，広汎性発達障害児が26.3％，さらに児童精神科に通院している子どもは約40％を占め，重複した障害のある子どもが多く入所していることが伺われる。

入所児の年齢別では，就学前が0.6％であるのに対して，小学生が42.5％，中学生が43.0％，高校生が13.4％となっており，中学生以上の子どもが半数以上となっている。

最近では，入所児の実態や従来から情緒障害という名称が具体的にどのような状態を意味するのか一般的に分かりにくいこともあって，法的名称以外に

「児童心理療育施設」などの名称を使用する施設もあり，また名称変更の要望も出されている。

② 援助機能と職員

情緒障害児短期治療施設では，「総合環境療法」と言われる独自の治療システムが採られている。総合環境療法とは，課題がある子どもに対して児童精神科医やセラピストによる精神的・心理的治療を中核としながらも，入所児の生活場面全体を治療の場と考え，児童指導員や保育士も協働して子どもの治療的ケアにあたっていく方法である。教育においても分校や分教室，本校通学など多様な学校システムを採用しながら，治療・生活と一体感を持たせた教育が行われている。

心理療法では親へのカウセリングとともに，子どもの心のケアとして心理療法（プレイセラピーなど）が行われている。とくに被虐待児が多く入所していることもあって家族再統合を目指して約8割の施設で，家族療法が取り入れられている。また，入所機能だけでなく通所機能を合わせて持っている施設が大半である。

こうした治療・支援を行うために，情緒障害児施設では主に子どもの生活指導を担当する児童指導員や保育士やセラピストを中心に医師，看護師，栄養士，調理師や事務職員など多職種の職員が配置されている。

4）事 例

① 問題の経緯

A男は5歳の時，両親が離婚し，母親に引き取られた。母親は間もなく別の男性（養父）と再婚。当初は養父もA男を可愛がっていたが，A男がやや多動気味で，言うことを聞かないことや生活習慣が全く付いていないことで次第に養父の叱責が増える。A男は叱られると「ごめんなさい」と謝るものの，すぐに同じようなことをするので養父の怒りが鎮まらず，次第に叩く，蹴るなどの暴力が増え，両者の関係は悪化の一途をたどる。母親は再婚後，出産した乳児（A男の妹）の世話に追われ，その苛立ちもあって，養父と同じように大きな声でA男を叱責する。その罵声が隣近所にも聞こえ，それを聞いた民生

児童委員が児童相談所へ通報し，介入が始まる。

② 児童相談所の介入，同意入所

当初，両親は虐待を否認し，A男が悪いので「しつけだ」と主張する。しかし，A男が怯えた表情であることや，最近では夜遅くまで徘徊し，万引きなどの問題行動も出始めていることなどもあって，渋々ながらも情緒障害児短期治療施設への入所に同意する。

③ 児童指導員等とセラピストによるケースカンファレンス

入所当初は，他児へのちょっかいが多く，またすぐに拗ねるので，児童指導員や保育士は他の児童との調整に奔走する。週に1回あるプレイセラピーには喜んで行くが，コロコロと遊びが変わる。時にはセラピストに決闘ごっこと称して激しく叩いたり，蹴ったりする。1～2カ月に1度，A男の行動等について保育士，児童指導員，セラピストによりケースカンファレンス（事例検討会）がもたれ，支援が検討される。

④ 親へのカウセリングと家族面接

当初は毎週1回，面会や家族療法のために施設に来てもらう予定であったが，A男の妹の世話や養父の仕事などもあり，月に1～2回となる。

養父は自分も厳しく養育された経験から躾とはそういうものだと思っていたとのことであった。しかし，A男には軽度の知的な発達の遅れが見られ，親の離婚や生活の意味などが，実際にはあまりよく理解できていないことを親担当のセラピストから聴き，態度を少し和らげる。また，母親は妹を保育所に入れることができ，気分的に余裕も生まれたのか家に連れて帰ることはしないが，面会時にはできるだけ長くA男と一緒に過ごすようになる。

A男の問題行動は容易に改善することはなかったが，職員の注意に対して怯えることも少なくなり，自然に受け止めることができるようになる。

⑤ 児童相談所も含めたカンファレンス

入所後，8カ月が経過し正月が近づく。母親に外泊の件で相談すると「自信がない。面会ならいいが，長く家にいるとA男の行動が目につき，苛立つ」と訴える。一方，他児が「正月には，家へ帰る」と言っているのを聞きつけ，

A男の苛立った態度が顕著になる。担当の生活指導員が気を使いA男を外に連れ出すなどの特別な時間を作るが、その場だけでA男の態度は変わらない。

親担当のセラピストは両親に来てもらい、どうしたらいいのか、またA男の生活場面での様子などを交えて話し合う。母親は「年末は忙しく十分見ることができない」と拒否的であったが、養父は「手は出さないようにするが、大きな声で叱るかも知れない、それでもかまわないのなら1～2日ぐらいなら何とか…」と話す。そこで、A男を同席させ、両親の気持ちを伝えると、最初はモジモジと落ち着きなく妹の手を触ったりしていたが、うまくいけば正月に外泊ができそうということで、表情が一変し、明るくなる。外泊時に虐待が再発のおそれもあるので、児童相談所のケースワーカーも加わり、ケースカンファレンスを開く。また、通告してくれた民生児童委員にもこの家庭の見守りを児童相談所より依頼してもらう。

⑥　外泊に向けた調整と訓練

親担当セラピストは、両親に対してもし腹が立った時、どのように怒りを治めるかなどのロールプレイを行う。また、どうしてもダメなら無理しないでいつでも施設に戻してもいいという条件で外泊に挑戦してもらうことになる。児童担当セラピストはA男に対して、父母より厳しく叱られた時にどのように行動すべきか等について同じようにロールプレイを行う。外泊訓練の前に、親子で外出するなどの訓練が行われたことは言うまでもない。

⑦　外　泊

正月の外泊では、1日目は緊張していたせいもあり、あまり大きな問題を起こすこともなく過ごせた。しかし、2日目になると母親が妹の世話や食事の準備など忙しくしている時に限って、A男が寄ってきて甘えるので、次第に母親のストレスが高まり、つい大きな声が出そうになる。養父が機転を利かしてテレビゲームなどに誘い、何とか2日間の外泊を無事に終えることができた。A男は正月のお年玉で買ったおもちゃを持って、「楽しかった」と施設に戻ってくる。

まだまだA男が家族と一緒に生活できるようになるまでには紆余曲折があ

りそうだが，両親もA男もこの外泊訓練で家庭復帰へのステップが一段上がったようである。

5) 課題

情緒障害児短期施設の課題については，2011（平成23）年度全国児童相談所長会で配布された資料「社会的養護の課題と将来象（概要）」で次の6点が挙げられている。

・情緒障害児短期治療施設の設置推進（各都道府県最低1カ所）
・専門的機能の充実（関わりの難しい子の支援技術の向上）
・一時的措置変更による短期入所機能の活用
・通所機能の活用（地域や児童養護施設で入所している子どもの通所によるケア機能）
・外来機能の設置（児童精神科の診療所の併設など）
・名称の見直し問題

情緒障害児短期治療施設は，現代において虐待等で心的外傷を負っている子どもの治療とその家族への支援を中心とする専門的機関であるが，社会的な認知度は高くなく，いかにその専門性を地域にアピールし，機能していくかが課題となっている。

(2) 児童自立支援施設

1) 沿革と現状

児童自立支援施設の歴史は古く，1887（明治17）年に大阪の祈祷師である池上雪枝が私設の感化院を大阪に開設したことに始まる。その後，高橋真卿が東京感化院を設立，続くように千葉，岡山や京都等で感化院が設立された。1899（明治32）年には留岡幸助が東京に家庭学校を開設する。翌1900（明治33）年には感化法が公布され，全国的に設立（1907〔明治40〕年当時の施設数は16カ所）されていった。

その後，法改正に伴い感化院は少年教護院，教護院に名称が変更され，1997（平成9）年には児童福祉法改正により，現行の「児童自立支援施設」に名称が変更される。同時に従来の非行児を入所対象とした施設から，虐待などから家庭や学校等の環境で不適応を起こした子ども（いわゆる2次的障害により環境に不適応状態にある子ども）にまで対象枠が拡大され，通所も可能となる。

2011（平成23）年8月現在，全国に58カ所（うち国立が2カ所，社会福祉法人が2カ所，他は都道府県，政令指定都市で設置）の施設がある（「社会福祉施設等調査」）。施設の設置経緯から一部の民間施設（北海道家庭学校と横浜家庭学園）が認められているが，現行法では都道府県（政令指定都市を含む）に設置が義務づけられているため，ほとんどは公設公営施設である。

2）目　的

児童福祉法第44条では「不良行為をなし，又はなすおそれのある児童及び家庭環境その他の環境上の理由により生活指導等を要する児童を入所させ，又は保護者の下から通わせて，個々の児童の状況に応じて必要な指導を行い，その自立を支援し，あわせて退所した者について相談その他の援助を行う」ことを目的として規定している。

3）施設の機能

1997年の児童福祉法の改正の結果，どのような子どもが入所するようになったのか，厚生労働省が2008（平成20）年に行った調査報告[3]からみてみる。

入所児の心身の状況（情緒・行動上の問題）では，複数回答ではあるが「反社会的行動傾向」「集団不適応」「養育者との関係（不良）」が5割を超えており，その他「注意欠陥・多動傾向」「施設内における他児からのいじめ」「知的障害」や「言語能力の発達遅延・障害」の順となっている。

このような問題行動の特徴から，幼少期より何らかの理由で保護者からの豊かな愛着関係が築かれず，こころの不満や不全感などから周囲の環境との間で不調和を起こしている子ども像が浮かび上がる。そのことは被虐待体験がある子どもが全国平均で63.5％入所していることからもみて取れる。また，最近では知的障害だけでなく，ADHDやアスペルガー症候群などの広汎性発達障害

表10-4　A学園の生活日課

午　　前		午　　後	
7：00	起床・洗面・清掃	1：40	作業・再登校
7：30	朝　　食	4：00	クラブ・余暇
8：30	登　　校	6：00	夕食・入浴
8：50	朝礼・体操		自習・日記
9：00	学　　習		余　　暇
12：20	下　　校	9：30	ミーテイング
12：45	昼　　食		就　　寝

出所：「大阪市立阿武山学園のしおり」より。

を特徴とする児童も増加している（ADHD等の発達障害児は合計で約20％[4]）。

　入所児は児童相談所の措置決定に基づいて大半は入所してくるが，児童自立支援施設ではこうした入所経路以外に，家庭裁判所の「児童自立支援施設送致」の決定を受け，児童相談所を経由して，入所してくる子どもも少なくない（児童自立支援施設送致による平均の入所割合は17.4％であるが，30％を超える施設もある[5]）。また，児童養護施設や情緒障害児短期治療施設などで乱暴等の問題行動を頻発させなどの集団不適応で措置変更されて，入所してくる子どもも約20％いる[6]。このような受け入れ児童の特徴から児童自立支援施設は「児童福祉施設体系の最後の砦」といわれている。では，児童自立支援施設の支援はどのように展開されているのかみてみる。

① 「枠のある生活」と「育ち直し」

　児童自立支援施設の支援で児童養護施設等と大きく異なる特徴の一つが，開放施設ではあるものの生活空間上で一定の行動制限（「枠のある生活」といわれている）があることである。これは，課題のある子どもを社会から隔離して問題行動を封じ込めるものではなく，問題行動が家族や地域の仲間関係がうまく持てずに起こり，悪循環し，さらに悪化しているため，現状の対人関係の悪循環を一旦断ち切り，再構成していくために考えられたシステムである。

　施設の基本的な日課は表10-4のような内容で行われる。学習は施設内にある学校や学級で行われている。最近では，施設から地域の高校等に進学したり，

自立訓練のために中学卒業後職場に通勤したりする子どもも増えてきており，このような子どもに対しては児童養護施設と同様の生活環境が提供される。

またこの施設の基本的な考えは，子どもの心身の発達を幼児期の愛着形成時期まで遡って体感するという「育ち直し」にある。このため，できるだけ少人数の子どもを特定の大人が関わり養育するシステム（養育的治療ともいわれる）が大切にされている。そして子どもの全人格に働きかけるという考えから，生活指導，教育指導，余暇活動指導や作業指導などのすべてのプログラムは，子どもを担当する児童自立支援専門員や児童生活支援員との密接な関係のもとで一貫した形で行われてきた。しかし，近年では学校教育が多くの施設で導入されるようになり，教育部門については学校教員の手で行われることが多くなってきている（2007〔平成23〕年4月1日現在　学校教育が導入されている施設数は34施設である〔全国児童自立支援施設運営実態調査〕）。

生活はできるだけ家庭的雰囲気の中で行うことが基本とされており，敷地内に小舎（10人程度の子どもが生活）をいくつか建て，運営されているところが多い。小舎での運営は，児童自立支援専門員と児童生活支援員が夫婦職員として住み込み，子どもたちと生活を共にする形態（「小舎夫婦制」という）が過去には多く採られてきたが，勤務時間の問題や夫婦職員確保が困難なことなどから，最近では職員が交替で勤務する「交替制」をとる施設が多くなっている（2011〔平成23〕年3月現在：小舎夫婦制は全58施設中18施設となっている）[7]。

②　生活支援上の問題への対応と考え方

子どもは家庭や地域でさまざまな問題を起こし入所してくるため施設内でもいじめや乱暴，時には無断外出（施設から逃げ出すこと）をすることも少なくない。この施設をよく知らない人の中には，こうした場合，かなり厳しい指導（体罰を伴うような）が行われていると誤解されている人も少なくないと思われるが，体罰は禁止されており，全国のどの施設であってもこうした方法が採られることはない[8]。

問題行動に対しては叱責や注意ではなく，なぜそのような問題行動をとったのかと子どもの内面に迫る対話が中心である。また，虐待等で大きく心の傷を

負っている子どもは，職員や他児への乱暴やパニックなどを起し，集団生活を混乱に陥れることが少なくないため，クールダウンするような空間（部屋）を設けて対応している施設もある。

最近では虐待された子どもや発達障害児の入所割合が高くなっていることから，心理療法担当職員（セラピスト）が配置されるようになってきている（従来は措置費の加算対象であったが，2012〔平成24〕年度より児童福祉施設設備及び運営に関する基準の見直しにより配置が一定の条件で義務づけられる）。その他，地域や保護者への連絡・調整は寮舎担当の児童自立支援専門員（とくに夫婦制では）が中心となって行われてきたが，今後は担当の児童自立支援専門員とともに家庭支援専門相談員との連携の下で行われることが考えられる。

③　自立支援

施設名称に「自立支援」が入ったということは施設内でのケアだけでなく，退所後の生活も見据えた自立支援計画を立て，支援を展開していくことが求められたことに他ならない。そのため，施設退所し，家庭や地域に戻った場合に困るさまざまな問題を想定してソーシャルスキル訓練や，施設内にワンルームタイプの部屋を設けて自活訓練をさせるなどのさまざまな取り組みが施設で行われている。

④　クラブ活動

児童自立支援施設に入所してくる子どもは，幼少期より虐待を受けて心が傷ついているだけでなく，その傷からくる無力感や自尊感情の欠如など，社会ではマイナスと見なされるような性格・行動特徴を多く有している。そのため子どもへの支援は，第一義的には職員との温かな人間関係による癒しと信頼感の回復〈育ち直し〉を図ることであるが，同時に何か一つの目標を達成することは自己肯定感を高めるため，さまざまなプログラムが準備されている。とりわけクラブ活動は，達成感が得られるだけでなく，仲間との協調性や責任感を養う上でも効果的プログラムと考えられ，多くの施設で採用されている。クラブ活動の種類は入所児数が少ないこともあって余り多くはない。運動系としては野球，水泳，バレーボールやマラソンが，また文化系では音楽活動や生け花な

どが比較的多いが，施設の地域性を活かして陶芸など，その施設独自のクラブ活動も行われている。

　⑤　作業指導

　1872（明治5）年に欧米視察の一員としてフランスのメットレイ農業感化院を視察した名村検事長は，「人は地を化し，地は人を化す」という感化思想を下に支援が行われていることを知り，帰国後に報告した。この感化思想は感化院の理念として掲げられ，実践されてきた。また，額に汗をして共に働く喜び，作物が生産されていく喜びを感じることで，生命や自然の大切さを学ぶことができるという点でも，農作業はこの施設の重要なプログラムの一つとして現代まで継承されているところが多い。その他，作業指導としては園芸や施設内の環境整備などがある。ただ，最近では学習指導やクラブ活動に多くの時間が取られることが増え，昔ほど多くの時間が費やされることもなく，またその作業内容も軽くなっている。

　⑥　児童相談所等の関係機関との連携

　児童自立支援施設は各都道府県に1〜2カ所しかなく，入所するということは，子どもが生活していた地域から遠く離れた場所で暮らすという意味でもある。施設の目的は，長くそこで適応することではなく，家族とまた地域に戻り，共に生活していくことにある。このため子どもが生活していた地域や家族との連携は必要不可欠な作業となっており，保護者だけでなく，地域との会議が積極的に行われている。具体的な会議としては，児童相談所や警察等との関係機関連絡会議，地域で開催される子育て関係機関会議（要保護児童対策地域協議会や補導協助員連絡会議等）などがあるが，入所児の原籍校（児童が地域で入所前に通学していた学校も含む）の教員や児童相談所ケースワーカーとの協議は，施設退所後の生活もあり頻繁に行われている。

　4）　事　例

　A（中学2年男子）は，継父の暴力等で家庭が面白くなく家出を繰り返す。家出中に何度か補導されるが，問題行動は改まることもなく，逆に仲間と組んで万引きや窃盗などを繰り返した。継父と母はAを放置しているような状態で，

警察や中学校の指導に対しても非協力的なだけでなく，時には「中学校の指導が悪いからだ」と逆ギレしてくってかかることもあった。ある日，Aは友人と盗んだバイクを乗り回しているところを警察に補導され，児童相談所に身柄付通告される。両親は児童相談所から連絡を受けるが，相談所に出向くこともなく，「好きにしろ」と言って関わりを拒否。児童相談所の根気強い働きかけで，何とか施設入所の同意が得られ，Aは児童自立支援施設に入所する。

　親への反発もあり，また「自分だけが何故施設へ入らないといけないのか」という気持ちから，Aは施設でも荒れた態度で，職員の指導にも反抗的であった。時には何人かの仲間と一緒に施設を抜け出したりもした。その都度，担当の職員（児童自立支援専門員）はAのいそうなところを捜し，施設へ連れ戻す。Aは悪びれた態度も無く，「よけいなことをするな」や「ムカつくわ」と毒づく。そんなAに対して，職員は大声で叱責することもなく，「心配していたぞ」「ちゃんとご飯を食べていたのか」などと静かに話しかけるだけであった。そんなことをいいことに，同じことを繰り返す。ある日の夕食後，いつものように同室者と「地域の仲間とひったくりをした」などの悪さ自慢をしていたところ，横でその話を聞いていた先輩のZが「先生がAはきっと淋しいのや。本当は誰かに迎えに来て欲しいんや」「そのことに気づかないうちは，Aの無断外泊癖は治らないわ」や「お前，そんな先生の気持ち分かっているのか」と言ってAをなじった。

　またAが無断外泊（施設から逃げ出すこと）をする度に，職員が「大きな悪さをしなければいいのにな（非行内容が悪質だとAの年齢では少年院に送致されることから）」と皆に話し，心配していた話もZから聞いた。Aはその場では「Zのやつ，いいかっこをしやがって」とZの話に耳を塞いだが，それでもZの言葉が何故か心に引っかかった。「俺のことを心配している」とZが言ったけれど，あれは本当だろうか。そんなことはないと思いつつも，職員が無断外泊をしても厳しく叱らなかったことや，どんなに遅い時間に連れ戻されても職員の奥さん（児童生活支援員）が食事の用意をして，「早く食べ」と言ってくれたことなど，自分でも意外と思ったことがこの施設には度々あり，そうしたこと

が次々と頭に浮かんできた。勿論，そんなことがあった程度でAの行動が急に変わったわけではないが，それでも職員から何か注意されても，以前なら早く解放されたいがために謝っていたが，最近では素直に謝れるようになってきた。

施設の生活は必ずしもAが地域で好き勝手していた時よりも楽ではないが，寮舎には同じように頑張っている仲間がいること，苦手な学習も少人数で学習レベルに合わせて教えてくれることや，辛いと思っていた野菜づくりなどもそれほど苦にならなくなったことから，Aの気持ちも少しずつ変化してきた。また，職員が何度も家に電話をかけてくれたこともあって，母親や継父との関係も良くなりつつあり秋の運動会には来てくれるということで，Aは少し楽しみにしている自分に気が付くようになった。

5) 課　題

児童自立支援施設は全国に58カ所設置されているが，その受け入れ定員数（4,005人）と在籍児数（1,706人）には大きな定員階差がある（数値は2008〔平成20〕年度の「全国児童自立支援施設運営実態調査」による）。

とくに，都市部以上に地方の施設でその階差が大きい。理由としては，職員の専門性の問題，施設長が3年程度で異動すること[9]，児童相談所に非行相談の専門部署がないことや，虐待ケースの対応に追われていて非行相談にまで手が回らないことなどが挙げられている。

また，被虐待児や発達障害児などが多く占めており，そうした子どもへの支援内容が明確に定まっていないため，こうした子どもの意見も含めたスタンダードミニマム（全国の施設で提供される共通した支援内容や自立支援計画など）の作成や性的被害や加害者への支援プログラムの開発[10]などの課題が数多くある。

さらに，2011（平成23）年の児童福祉法施行令第36条の改正に伴い，児童自立支援専門員などの職員は都道府県知事の補助機関である職員でなくてもよいことになり，今後施設の民営化に関する議論が活発になるものと考えられる。

注
(1) 施設数，利用児数—厚生労働省大臣官房統計情報部「社会福祉施設等調査」（平

成21年)(http://www.mhlw.go.jp/wp/hakusyo/kousei/11-2/kousei-data/PDF/23010904.pdf)。
(2) 広島市立愛育園・杉山信作編『子どものこころを育てる生活――チームワークによる治療の実際』全国情緒障害児短期治療施設協議会,聖和書店,1990年,2頁。
(3) 厚生労働省雇用均等・児童家庭局「平成19年度社会的養護施設に関する実態調査中間報告書」2008年。
(4) 厚生労働省雇用均等・児童家庭局「児童養護施設入所児童等結果の概要」2009年7月
(5) 同前資料。
(6) 同前資料。
(7) 全国児童自立支援協議会「全国児童自立支援施設運営実態調査」2011年3月。
(8) 1998(平成10)年2月の厚生省児童家庭局企画課長通知「懲戒に係る権限の濫用禁止ついて」や2006(平成18)年10月の厚生労働省雇用均等・児童家庭局総務課長通知「児童福祉施設における施設内虐待の防止について」(参照)。
(9) 須藤三千雄「公設民営化議論の行方」全国児童自立支援施設協議会『非行問題』第217号,2011年,4頁。
(10) 全国児童自立支援施設協議会『非行問題』第217号,2011年,46頁。

参考文献

・1節(1)(2)
小田兼三・石井勲編著『養護原理 第4版』ミネルヴァ書房,2006年。
改訂・保育士養成講座編纂委員会編『養護原理』全国社会福祉協議会,2005年。
厚生労働省「社会的養護の課題と将来像」(とりまとめ論点整理〈案〉),2011年。

・1節5
小田兼三・石井勲編著『養護原理 第4版』ミネルヴァ書房,2006年。
改訂・保育士養成講座編纂委員会編『養護原理』全国社会福祉協議会,2006年。
厚生労働省雇用均等・児童家庭局「児童養護施設入所児童等調査結果の要点」2009年。
社会的養護の課題と将来像(とりまとめ論点整理〈案〉),2011年5月。

・1節6
山縣文治編『よくわかる子ども家庭福祉』ミネルヴァ書房,2002年。
改訂・保育士養成講座編纂委員会編『養護原理』全国社会福祉協議会,2005年。
厚生労働省「社会的養護の課題と将来像」(とりまとめ論点整理,〈案〉)2011年。

・3節1
全国情緒障害児短期治療施設協議会編『心理治療と治療教育 情緒障害短期治療施設研究紀要』第22号,2010年。

厚生労働省雇用均等・児童家庭局家庭福祉課『平成19年度　社会的養護施設に関する実態調査　中間報告書』2008年10月。
厚生労働省「平成23年度児童相談所長会議資料」（平成23年7月　児童養護施設等の社会的養護の課題に関する検討委員会・社会保障審議会児童部会社会的養護専門委員会とりまとめ概要）。
・3節2
小林英義・小木曽宏編著『児童自立支援施設の可能性』ミネルヴァ書房，2004年。
全国児童自立支援施設協議会編『児童自立支援施設運営ハンドブック』三学出版，1991年。
全国児童自立支援施設協議会「児童福祉施設における非行等児童への支援に関する調査報告書」2011年。

第11章　通園型児童福祉施設の種別と機能

1　主に知的障害児・肢体不自由児を対象とした児童発達支援センター

（1）主に知的障害児を対象とした福祉型児童発達支援センター
　　　——旧・知的障害児通園施設

　1）　沿革と現状

　知的障害児の養護において家庭から通園させて指導を行うことの効果に対する認識が深まり，1957（昭和32）年に知的障害児通園施設（当時）が設置された。

　当初の対象児童は，「就学義務の猶予・免除」がなされ，障害の程度が中度または軽度の児童とされた。これは，通園施設が知的障害児の保護育成だけでなく，学校教育の補完的役割を担っていたためである。

　しかし，知的障害児の早期療育の重要性への認識と，養護教育の充実もあり，1974（昭和49）年に対象児童に関する一部改正が行われ，対象児に関する「6歳以上で就学猶予・免除を受けた者」という規定が撤廃された。これにより幼児も利用対象とし，通園施設の幼児化の傾向が進んでいった。同時に，施設内学級等によって就学の道が開かれることとなった。また，1979（昭和54）年に養護学校が義務化されたことにともない，学校教育に対する補完的な役割は終えることとなり，そのほとんどが幼児を対象とする施設となった。

　2012（平成24）年4月に施行された児童福祉法の一部改正等により，「障害児通所支援（児童発達支援）」として施設体系が一元化され，知的障害児通園施設は福祉型児童発達支援センターへ移行された。

　2）　目　的

　この施設は，主に知的障害児を日々保護者の下から通わせて，これを保護す

るとともに，集団生活への適応のための訓練や独立自活に必要な知識・技能を与えることを目的とする施設である。

3） 施設の機能
① 対　象

対象とする児童は，義務教育終了後の児童または就学前の幼児であるが，ほとんどの施設が就学前幼児を利用対象の中心としている。知的障害以外の障害を重複した児童も少なくない。なかには母子ともに通園させて療育を実施している施設もあり，児童とその家族の地域生活を支援している。

② 療育の概要

就学前の幼児が中心となってきているため，早期治療・療育が求められている。児童が社会に適応し，将来においてできるだけ健全な社会生活を営んでいけるように必要な生活指導や職業指導などを行うことが重点的な目標である。

生活指導の実施にあたっては，一人ひとりの児童の発達状況や性格，ものごとの理解の仕方や表現方法などに応じた個別の支援プログラムを立て，それを基に個別または年齢や発達状況に応じた集団での指導が展開される。

指導の内容は，基本的生活習慣を身に付けることや，食事，排泄，更衣などの身辺処理技能を身に付けるための生活指導をはじめ，音楽，リズム，絵画，製作，お話し，観察などの設定保育や，体育や歩行訓練などにより，体力や運動能力の増進と健康な身体づくりを図る。また，遊びや行事，あるいは交流保育を通して豊かな経験を与え，集団のルールを理解し，望ましい対人関係や自立心を養うなど，「運動」「社会性」「言語・コミュニケーション」「認知」などのさまざまな児童の成長発達を促すための指導を行う。その他，日常療育に加えて，発達及び言語検査，健康診断を行い，児童の健康管理および保護指導がより適切に行われるよう配慮することが大切である。

連絡簿の活用や家庭訪問など家庭との連携が療育効果をより高める。地域で安心して安定した家庭生活を送れるよう，家庭の養育能力の向上を支援することも通園施設における重要な支援である。

4）事 例

　S君（5歳）は知的障害（療育手帳A判定）があり，B知的障害児通園施設（当時）に通園している。

　温厚な性格で，普段はあまり声を出さないが，興奮すると奇声をあげる。多動でよく走り回り，床に何か落ちているとすぐに口に入れるといった行為がみられる。他者に関しては無関心で，関わろうとしない。母親が全面的に介助してきており，基本的生活習慣もほぼ介助が必要である。

　食事に関しても家庭では母親が全面的に介助してきており，自分で食べさせようとすると手づかみで一気に口に詰める。まずはスプーンをS君の手に持たせ，職員の手を添えながら口の近くまで運び，飲み込んだのを確認してから同様の動作を繰り返し，食事を進めていくようにし，ある程度の流れができてきたら職員の添える手を少し放して様子をみるといった形での介助方法をすることにした。このことは母親にも伝え，家庭でも同じ方法での食事介助をしてもらうことにした。

　また，他者への関心を深め，対人関係の能力や社会性を身に付けることを目標として，職員とのボール遊びなどを通して，動作やルールについて言葉かけを交えて教えながらやりとりを深めていった。

　母親に対しても家庭生活での苦労や育児についての悩みや不安に対して耳を傾け，親の立場に寄り添って相談に応じ，アドバイス等の情報交換を心がけた。あせらずじっくりと関わり，少しの変化でも認めて励まし，褒めていくことを実践してもらった。

　しばらく経過し，食事の時にはS君自らまずスプーンに手を伸ばすようになった。遊びに関しては自発的に他の児童へ働きかけることはないが，他の児童との小グループでの活動にも参加し，取り組むことができてきている。

　このようにS君の確かな成長が見られたことで，母親も育児に対する自信を付けることができ，障害に対する理解の深まりとともに，S君に対する関わり方にも変化が出てきた。

5）課　題

　保育所や幼稚園でのいわゆる統合保育（障害児保育）が充実されてきており，また，2012（平成24）年の改正もあいまって，この施設のあり方も変革の時期を迎えている。

　今後は通所利用の障害児やその家族に対する支援は従来通りであるが，例えば保育所や幼稚園等への訪問支援の実施など援護機関としての役割や，在宅の障害児やその家族に対する相談支援などの実施，児童発達支援事業等の他の関係機関との連携を図りながら支援ネットワークを築くなど，地域療育センターとしての役割を果たしていくことが求められている。また，これまでの知的障害児への専門的な支援機能を保持しつつ，その他の障害に対しても総合的に対応していくことも望まれており，施設機能や環境整備，職員の専門性の向上などが課題であろう。

（2）主に肢体不自由児を対象とした医療型児童発達支援センター
　　——旧・肢体不自由児通園施設

1）沿革と現状

　この施設は，乳幼児期からの早期療育の必要性が認識され，1969（昭和44）年に児童福祉施設最低基準（現・児童福祉施設の設備及び運営に関する基準）の一部を改正する省令によって制度化された，医療法上の診療所の性格をもつ施設である。

　2012（平成24）年4月に施行された児童福祉法の一部改正により，「障害児通所支援（児童発達支援）」として施設体系が一元化され，肢体不自由児通園施設は医療型児童発達支援センターへ移行された。

2）目　的

　この施設は，主に療育効果の大きい就学前の肢体不自由児に対して，通園による治療と機能訓練，生活指導などの適切な療育を行うことにより，将来において自立するために必要となる知識や技術を習得することを目的とした施設である。また，幼少期における肢体不自由児を長期間家庭から切り離すことなく，

家庭から通わせて保護者との緊密な連携のもとに適切な療育を行うことも重要な目的である。

3) 施設の機能
① 対　象

対象となる児童は，原則として就学前の肢体不自由児で，施設への地理的条件や肢体機能などの障害の程度，家庭の状況などを勘案し，家庭から通園させることによって十分に療育効果が得られると判定された児童である。

実際にこの施設に通所している児童の障害や主な疾患の状況は，脳性麻痺等による肢体不自由児が最も多いが，近年では，自閉症やADHDなどの発達障害の児童が増加してきている。

② 療育の概要

将来，児童が持っている能力を十分に発揮しながら社会生活を営んでいけることを目指し，児童発達支援管理責任者をはじめ，医師や理学療法士，作業療法士，言語聴覚士，臨床心理士，保育士，児童指導員などさまざまな職種の職員が連携しながら，個別の支援計画を作成し，治療や機能訓練，生活指導などを展開する。

療育にあたっては，児童のもつ障害の程度や内容などを適切に把握しておく必要がある。対象児童の多くが脳性麻痺であるが，一口に脳性麻痺といっても，脳の障害の部位や広さによって障害の程度は一様ではない。永続的な運動障害や随伴症状を持つうえ，知的障害，視力障害，聴覚障害，言語障害，てんかんなどの障害を併せ持つことがあるため，その療育は複雑である。個々の児童の身体症状に対応した医学的治療ももちろん必要であるが，理学療法や作業療法等によって運動発達を促進し，日常生活動作訓練も合わせて身体的な自立性を高めることを目標とした機能訓練が重要である。

更衣や食事動作などの身体全体の運動と，スヌーズレン・感覚統合などさまざまな感覚を提供し，感覚運動の発達を促すなど，運動と感覚による両面からの経験をさせる。そのほか，発達障害に伴うコミュニケーション活動や言語発達の遅れなどのさまざまな問題に対する治療や発達検査など，児童の発達を継

続的にフォローしていく。

　日常の生活指導については，身辺処理能力を身に付けていくことを中心に，根気強く，継続的に指導を行う。日常動作も含めて，生活場面における児童の自主性を高めるための動機づけや，生活場面へ自主的に取り組む力を育むことが大切である。また，児童が周囲の環境と積極的に関わっていけるように支援し，環境を整えていくことも重要である。

　歌や手遊び，絵画，音楽リズム，感覚遊び，製作，ゲームなどの遊びを中心とした指導のほか，行事や地域交流をとおして経験の幅を広げるとともに，自然に触れ，情操を養い，社会性の獲得や心の成長を図る機会を設けることも大切である。

　また，母親が児童に対する適切な指導法等を身に付け，家庭においても継続して訓練が可能となることに母子通園の大きな意義がある。これらの活動を通して，単に児童の療育や母親の指導という側面のみにとどまらせることなく，家族全体での指導のひろがりとなるように働きかけていきたい。

　障害理解への支援や育児支援と並行して，子どもに障害があることで生じる家族の不安やショックなど，その心情に寄り添い，親身になって，ともに歩んでいくような精神的支援も忘れてはならない。

4）課　題

　乳幼児健康診査等により，早い時期に障害が発見されるようになり，母子による早期の療育の意義は深く，その担い手の一つであるこの施設の役割も今後さらに重要となる。また，法改正によりこの施設は医療型児童発達支援センターへ移行され，保育所等への訪問支援や障害児相談支援といった機能を有することが求められている。また，医療機能を有することから，通所利用の障害児やその家族だけでなく，在宅で生活する医療ケアを必要とする障害児に対する地域支援や，地域内の関係機関，施設や病院等と連携し，地域における中核的な療育施設としての役割を果たしていくことが期待される。

2　その他の通園施設

（1）主に難聴幼児を対象とした福祉型児童発達支援センター
——旧・難聴幼児通園施設

1）沿革と現状

　この施設は，強度の難聴の幼児を保護者のもとから通わせて適切な指導訓練を行う施設である。従来からろうあ児施設において聴覚や言語に障害のある児童を保護し，指導，訓練を実施されてきていたが，聴覚障害児の言語活動を促進し，意志の伝達を助け，生活の適応を図るためには，できるだけ早い時期に障害を発見し適切な聴能訓練・言語機能の訓練を行う必要があることが認識され，1975（昭和50）年，早期発見・早期療育の場として，難聴幼児通園施設（当時）が設立された。2012（平成24）年4月に施行された児童福祉法の一部改正により，「障害児通所支援（児童発達支援）」として施設体系が一元化され，難聴幼児通園施設は福祉型児童発達支援センターへ移行された。

2）目　的

　この施設は，強度の難聴幼児等を保護者のもとから通わせ，個々の児童の障害や発達状況に合わせて適切な指導・訓練を行うことにより，難聴幼児等の正常な発達を促進することを目的とする。

3）施設の機能

①　対　象

　強度の難聴（難聴にともなう言語障害を含む）と言語障害（言語発達障害，構音障害）のある就学前の幼児等で，聴力および言語能力の機能訓練を行うことが適当とされた児童を対象とする。

　聴覚障害児とは，何らかの原因で聞く力が不十分であったり，全く聞こえないなど，聞く能力に障害のある児童をいう。聴力レベルにより，補聴器を使用しても話を聞き取ることが難しい100dB以上の場合が「ろう」とされ，それよりも軽い強度難聴（60～100dB，非常に大きな声か補聴器の使用による会話のみ理

解できる），中等度難聴（40〜60dB，普通の会話にも多少不自由を感じる），軽度難聴（30〜40dB未満，小さい会話が聞きにくく，正確に理解できないことがある）の「難聴」とに大きく分けられている。

実際には，ろう幼児もこの施設の対象に含まれているのが現状である。

② 療育の概要

児童発達支援管理責任者や耳鼻科医をはじめ，言語聴覚士，児童指導員，保育士などの多様な専門スタッフが配置され，言語訓練，聴能訓練及び補聴器装用訓練に関する通園児童の療育を実施する。訓練だけでなく，全人格的な発達を目指し，豊かな社会性や基本的生活習慣の確立，障害の克服と学習意欲の向上など，児童の個性，特性等を尊重した支援を通して，自立と社会参加に必要な児童の生きる力を培っていく。

難聴児に対する療育では，児童の聴力の状態を的確に把握し，残存する聴覚機能を十分に活用・開発することを目的として，定期的に年齢に応じたさまざまな聴力検査を行う。その結果に基づいて，補聴器の適合装着訓練，聴能・言語訓練を行い，言語・コミュニケーション能力の育成を図る。

障害だけに目を向けるのではなく，児童の全人格的な発達を支援していくことも忘れてはならない。児童一人ひとりの状態をより深く把握し，個人の目標や課題を設定し，個別のプログラムに取り組んでいき，また，同年齢の児童との集団活動を通して社会性の発達を促すなど，自立した生活を送ることができるように指導を展開していく。

ことばの発達を促し，コミュニケーション関係の拡大を図るには，遊びや生活のなかで残存聴力を活用させることが有効である。生きたことば，豊かなことばの学習は，実際の日常生活の場面での人や物，自然とのかかわりの中で行われるものであり，家庭の生活の中で活かせるような，簡単なおやつづくり，家事などのお手伝い，ごっこ遊びなどの毎日の生活の中でのさまざまな体験を通して興味や関心を拡大し，心や言葉を育てるとともに，家庭での親子の共同活動の拡大を図っていく。

また，絵日記，体験カードの活用により，体験したことを言語化したり，手

話，絵カード，指文字，身振りなどの，音声以外のコミュニケーション手段を使って豊かなコミュニケーションを築くための方法を習得できるように指導していく。

母子通園を通して，指導には母親も直接的・間接的に参加し，児童への接し方，ことばかけの仕方などを学んでもらう。母親が安定した母子関係を育て，コミュニケーションの意欲や能力を育てていくとともに，訓練方法を習得することで幼児が退園した後も，母親によって，訓練が継続できるように積極的な指導を行う。

また，児童の生活の中心は家庭にあり，児童の成長にとって，母親や父親が障害を受容し，愛情をもってふれあい，見通しをもって安定して育てていくことができるように支援していくことがいかに大切かはいうまでもない。そのため，児童への療育だけでなく，保護者の不安を和らげ，難聴等の障害について正しく理解し，受容していくことができるよう相談等に応じ，家庭での接し方をより望ましいものにしていくための支援も心がけていく必要がある。

4）課題

新生児スクリーニングの開始など，早期発見が進み，早期治療の場としてのこの施設の役割は大きい。しかし，発見されてから訓練が開始されたのが3～4歳からといったケースもあり，できるだけ早い段階で訓練につなげるためにも，医療機関との連携が大切である。

2012（平成24）年の児童福祉法改正により児童発達支援センターとなり，言語聴覚士などの専門職の適性な配置による専門の維持と，言語訓練などこれまでに培ってきた専門性を活用して地域支援にあたることが期待される。

（2）児童発達支援事業・放課後等デイサービス──旧・児童デイサービス

1）沿革と現状

障害のある乳幼児に対する療育を実施し障害児通園施設（当時）を補完するために，「心身障害児通園事業」として1972（昭和47）年に始まった。1998（平成10）年に障害児通園（デイサービス）事業と名称が変更され，通園による指導

に馴染む幼児を原則としつつも小学生まで対象が開かれた。さらに，2003（平成15）年の支援費制度の施行とともに，児童の施設支援ではなく居宅支援事業の「児童デイサービス事業」となり，小学生も対象にした児童デイサービス事業が全国的に急増した。

その後，2006（平成18）年の障害者自立支援法（現・障害者総合支援法）の施行にともない，障害福祉サービスの介護給付事業となった。また，2012（平成24）年の児童福祉法改正により，障害者総合支援法の児童デイサービスは，児童福祉法における児童発達支援に再編され，「児童発達支援事業及び放課後等デイサービス」へ移行された。

2）目　的

児童発達支援事業は，通所利用の障害児に対して，身近な療育の場として日常生活における基本的な動作の指導，知識技能の付与，集団生活への適応訓練その他の厚生労働省で定める便宜の供与を目的としている。

放課後等デイサービスとは，学校通学中の障害児に対して，授業の終了後又は休業日に児童発達支援センターその他の厚生労働省令で定める施設に通わせ，生活能力向上のために必要な訓練，社会との交流の促進その他の便宜を供与することを目的としており，学校教育と相まって障害児の自立を促進するとともに，放課後等の居場所づくりを推進する事業である。

3）施設の機能

① 対　象

児童発達支援事業は，未就学の乳幼児が7割以上で，主に就学前の障害児に対する発達支援を行っていた旧・児童デイサービスⅠ型や，旧・重症心身障害児（者）通園事業の内，既存施設内実施型であったB型事業から移行された。対象となる児童は，療育の観点から個別療育，集団療育を行う必要が認められる児童であって，障害者手帳の有無は問わず，市町村等が行う乳幼児健診等で療育の必要性が認められる児童や児童相談所，市町村保健センター，医療機関等から療育の必要性を認められた児童が該当する。

放課後等デイサービスは，未就学児が7割未満で，主に就学している障害児

に対する放課後支援を実施していた旧・児童デイサービスⅡ型から移行されたものである。対象となる児童は，学校教育法第1条に規定される学校（幼稚園，大学を除く）に就学している障害児である。なお，引き続き放課後等デイサービスを受けなければその福祉を損なうおそれがあると認められるときは，満20歳に達するまで利用することができる。

② 療育の概要

障害児が日常生活における基本的動作を習得し，集団生活に適応することができるよう，身体及び精神の状況やその置かれている環境に応じて適切かつ効果的な指導及び訓練などの療育を行う。

計画的かつ効果的な支援を提供するために児童発達支援管理責任者が配置され，一人ひとりの児童の年齢や障害，発達段階あるいは興味，関心等に合わせた個別支援計画を策定し，それを基にした個別療育または集団療育を実施する。

活動内容としては，生活習慣や社会性を育む活動等といった日常生活での具体的な目標を設定し，日常生活動作指導では，障害の特性や発達状況に合わせて個別課題の設定を行い，食事・更衣・排泄・移動等の日常生活における基本的動作や自立心の獲得を目指した指導を行う。また，作業療法士，言語聴覚士，理学療法士・音楽療法士などにより，児童の発達状況や障害特性に応じた計画を基に療育訓練を実施する事業所もある。

児童の成長と発達を促すうえで，自由遊び（集団での遊び，個々の遊び），散歩，遊具や公園遊び，体操，リズム遊び・リトミック，製作等への取り組みといった遊びの役割は大きく，グループ遊びや行事などの遊びや挨拶や身だしなみ等の指導を通じ，集団行動へ参加し，社会性を高めるとともに，生活の基本ルールを身に付けることも不可欠である。

また，放課後等デイサービスにおいては，学校との一貫性に配慮しながら，学校との連携・協働による支援を行っていくことが求められる。

4）課題

早期療育の場として，理学療法士等の専門家を加配し，質の高いサービスを実施しているところもあれば，指定基準を下回らない程度の人員で実施してい

るところもあり，事業所の考え方や都道府県の療育への取り組み姿勢や人口規模によって実態に大きな格差がある。

職員配置や設備などで児童発達支援センターよりも基準を緩和することで，実施事業所の拡大を図り，できる限り身近な場所で支援を受けられるようにすることが期待されているが，個々の状況に応じた適切な支援が行えるよう，職員の専門性の確保・向上と適正な配置が望まれる。

参考文献
小田兼三・石井勲編著『養護原理 第4版』(現代の保育学5)ミネルヴァ書房，2006年。
吉田眞理『演習社会的養護内容』(児童の福祉を支える)萌文書林，2011年。
神戸賢次・喜多一憲『新選児童の社会的養護原理』(シリーズ福祉新時代を学ぶ)みらい，2011年。
若井淳二『幼稚園・保育所の先生のための障害児保育テキスト』教育出版株式会社，2006年。
中根晃『こころの科学セレクション 自閉症』株式会社日本評論社，1999年。
厚生労働省「平成21年社会福祉施設等調査結果の概況」(http://www.mhlw.go.jp/toukei/saikin/hw/fukushi/09/index.html) 2009年12月16日。
厚生労働省障害保健福祉関係主管課長会議資料(平成23年10月31日開催)(http://www.mhlw.go.jp/seisakunitsuite/bunya/hukushi_kaigo/shougaishahukushi/kaigi_shiryou/dl/20111101_02.pdf)。

| 第12章 | 家庭型社会的養護の種別と機能 |

1　里親制度

(1) 沿革と現状

　1947（昭和22）年12月に児童福祉法が制定され、翌年10月に出された厚生省次官通達「里親等家庭養育の運営に関して」により、わが国の里親制度は、児童福祉行政の重要な一施策として運用されることになった。里親は、児童福祉法第6条の4により「この法律で、里親とは、養育里親及び厚生労働省令で定める人数以下の要保護児童を養育することを希望する者であつて、養子縁組によつて養親となることを希望するものその他のこれに類する者として厚生労働省令で定めるもののうち、都道府県知事が第27条第1項第3号の規定により児童を委託する者として適当と認めるものをいう」と定義されている。

　里親制度の成立後60年以上経過しているが、順調に発展してきたとはいえない。里親委託児童数は、1955（昭和30）年が最も多く9,618人であったが、1985（昭和60）年には3,322人と3分の1に減少した。その後も2,000人台と低迷していたが、2009（平成21）年には3,836人となっている（表12-1参照）。

　また、1987（昭和62）年に里親制度は全面改正されたが、その主な改正点は、特別な篤志家に里親になってもらうという従来の考え方を改め、一般の社会人の中から広く里親を求めていくという里親制度の理念の改正、里親に必要な研修を行うこと、単身里親を容認したこと、虚弱児童や知的障害児等に関する知識と経験豊かな里親への委託を進めることなどであった。また、1988（昭和63）年に民法が改正され、特別養子縁組制度が施行された。

　里親制度の運用が低調である要因としては、日本人の国民性にあるともいわ

表12-1 里親委託の状況

区分 (里親は 重複登 録有り)		登録里親数	委託里親数	委託児童数
		7,185人	2,837人	3,836人
	養育里親	5,842人	2,298人	3,028人
	専門里親	548人	133人	140人
	養子希望里親	1,428人	176人	159人
	親族里親	342人	341人	509人

資料：福祉行政報告例（平成21年度末現在）。

れた。家制度が強いために里子を受け入れる寛容性に欠けているという考え方である。しかし，一方では児童福祉施策に対する行政のあり方に課題があるともいわれている。里親制度を理解して里親を開拓して里子委託を進めるに当たり児童相談所における里親に関する業務への依存度が高いため，里親担当の児童福祉司の業務内容の多いことが問題となっている。

また，実際の里親制度の運営は，2002（平成14）年10月1日から施行された「里親の認定に関する省令」「里親が行う養育に関する最低基準」（厚生労働省令第115号，第116号，「里親の認定に関する省令」は2009〔平成21〕年に廃止）とそれらに伴う運営，運用についての各種の局長通知によることになった。

里親制度とは，家庭での養育に欠ける児童等に，その人格の完全かつ調和のとれた発達のための温かい愛情と正しい理解をもった家庭を提供することにより，児童の健全な育成を図るものである。

（2）里親の種類

2008（平成20）年の児童福祉法改正において，社会的養護の体制における家庭的養護の拡充を図る一環として里親制度改正が行われた。厚生労働省の資料によると，この改正で新しい里親の種類は，「養育里親」「専門里親」「親族里親」「養子縁組を希望する者」となった。

養育里親とは，保護者がいない児童又は保護者に監護させることが不適当であると認められる児童（要保護児童）が，元の家庭で生活できるようになるま

での一定期間，あるいは児童が自立できるようになるまで養育する里親である。里親希望者は，まず里親基礎研修を受けなければならない。その後に認定前研修と実践的実習を受けて，児童福祉審議会里親認定部会で審議されて認定される。養育里親になることを希望する者とその同居人が欠格事由に該当しないこと，また経済的に困窮していないことが必要とされている。

専門里親とは，要保護児童のうち虐待を受けた児童や非行傾向のある児童や障害のある児童で，家庭的な援助を必要とする児童を養育する里親である。養育里親として3年以上委託児童の養育を経験した者や児童福祉事業に3年以上従事した者で都道府県知事が適当と認めた者が専門里親になることができる。この場合，専門里親研修を修了しなければならない。

親族里親とは，児童の両親が行方不明や死亡，拘禁，長期入院などの理由により養育できない時に，祖父母やおじ，おばなど，三親等内の親族里親として認可を受けて児童を養育する里親である。

養子縁組を希望する者とは，要保護児童のうち，将来にわたって親が養育していく見込みがない養子縁組が望まれる児童を自分の養子とすることを前提として養育する里親である。その他，養育里親の認定等に準じて都道府県知事が適当と認可した者という要件がある。

(3) 里親手当

2008（平成20）年の制度改正により，養育里親の里親手当は，1人目が月額7万2,000円，2人目以降は月額3万6,000円となる。専門里親は1人目が月額12万3,000円，2人目が8万7,000円である。また，親族里親，養子縁組希望里親には里親手当は支給されない。これに委託児童1人あたり約5万円の一般生活費が加わる。教育費や医療費は別途加算される。

2008（平成20）年の里親制度の改正の目的は，子育て中の世代や子育てを終えた世代等を含む誰もが，社会的養護体制の一翼を担うことができるよう「養育里親」の普及・啓発を進めることである。また，その制度的な位置づけを明確化して，一定の社会的評価を得ながら養育を行うことができるようにすると

ともに，里親を支える支援体制等を整備することも目的の一つであった。

2 養子縁組

里親制度は児童福祉法上の制度であり，養子縁組制度は民法上の制度である。法的に親子関係を結ぶ，つまり同じ戸籍に入り，同じ名字になる。親子になるため，「保護が必要な子ども」と見なされなくなり，公的な支援はなくなる。「養子制度の運用について」という通知には，「保護者のない児童又は家庭に恵まれない児童に温かい家庭を与え，かつその児童の養育に法的安定性を与えることにより，児童の健全な育成を図る」と養子縁組の意義が述べられている。これらの規定により，わが国の養子縁組制度は，普通養子縁組と特別養子縁組の2つに分けられている。

（1）普通養子縁組

1988（昭和63）年に特別養子縁組制度が創設されるまでは普通養子縁組が唯一の養子縁組の形態であった。子どもが15歳以上であれば本人の判断で養親と法的に親子となれる。養子が未成年であれば家庭裁判所の許可が必要となる。戸籍には「養子」と明記され，実親の名前も掲載される。相続権など実親との関係も続く。

（2）特別養子縁組

1988（昭和63）年に創設された制度で，わが国の養子法の歴史において画期的なものであった。原則として6歳未満の子どもが対象となる。実親よりも養親に育てられる方が子どものためになると家庭裁判所が認めれば，実親の同意がなくても成立する。成人の夫婦で少なくとも一人が25歳以上であることが条件である。半年以上の試験養育期間が必要となる。戸籍でも実子と同じ扱いとなり，実親との法的関係はなくなる。

3　地域小規模児童養護施設

（1）家庭的養護のはじまり

　厚生労働省は，2000（平成12）年度から新たに「地域小規模児童養護施設（グループホーム，以下，小規模施設）」の制度を創設した。小規模施設の目的は，実親が死亡するか，行方不明などの理由により家庭復帰が見込めない児童，又は虐待を受けて大人との信頼関係の再構築が必要な児童を対象とし，近隣住民との適切な関係や少人数による一般家庭に近い生活を体験することにより，児童の社会的自立を目指すことである。

　1カ所の定員は，児童6名で職員は専任職員2名と非常勤職員1名の3名である。年齢構成は，幼児（2歳）から高校生（18歳）までで，いわば他人同士の集まりで疑似家庭であるが，一般家庭と同じ暮らし方であり，自分の意志で行動する。一日の基本的なルールは決めておく。起床，食事，就寝，門限は決めて，これ以外の時間は，すべて児童が自分で考えて行動する。生活の管理である食事，洗濯，清潔，学習，遊び，進路など，すべてにわたって担当保育士または児童指導員が責任をもって役割を果たす。とくに食事では，食材の買い出し，調理，後始末という家事負担は大きい。家庭でいえば，6人の子どもを抱えた母親が，育児，家事，学習の面倒をみるようなもので，保育士や児童指導員の育児能力，家事能力と教育指導（しつけ，進路）など児童期，青年期における人格形成の重要な役割が求められる。

　小規模施設は，施設分園型の形態をとっている所が多い。経費は，既存の法人が経営する児童養護施設の中に組み込まれている。建物の維持管理，職員の人件費，児童の生活費や学費等すべての費用は，法人本部が負担している。地方公共団体の補助金もあり，施設運営の維持において大きな支えになっている。

　大舎制（集団生活の寮）との違いは，家庭的な雰囲気を持つことができるので，子どもの情緒が安定し，一人ひとりの個性が発揮されやすい点である。地域社会の中で一般家庭と同じ形態で生活することにより，近所の友達と交流す

ることもできる。担当職員は，施設勤務経験者で年配者と若い新任者とのペアで組む構成が良い。また，中堅職員や一度施設に勤務して退職した職員で再雇用された者が担当職員となる場合もある。家庭生活を経験した高齢者も人材としては有効に活用すべきである。

(2) 事 例

　K県O市にある社会福祉法人A事業団は，児童養護施設F学園を運営している。F学園の母体は，宗教法人の寺院で，戦後間もなく戦災孤児を収容保護したことが契機となり，児童養護施設が設立された。70名定員の大舎制（寮舎）で，寺院に併設されている。地域は大都市に隣接した人口8万人の小都市S市である。創立後50年経過しており，建物は1975（昭和50）年に改築されている。S市は戦後つくられた農村にできた住宅地域で，公団の団地ができたため，古い村と新しい町が混合したものである。F学園は，地域の民生委員や農協役員，僧侶，医師といった役員で構成された法人であり，民主的な経営をしており地域社会と密着した運営をしている。

　2002（平成14）年からF学園の近くにある古い一軒家を借用して小規模施設を始めた。担当保育士は，F学園で11年勤務していた独身の中堅職員である。その保育士は，短大での施設実習で児童養護施設の生活を体験したことで，子どもと生活を共にした保育士の仕事に感動して施設保育士の道を選んだのであった。学生時代はバレーボール部で活躍して，気力，体力のある頼もしい保育士である。大舎制の施設での仕事では，子どもと心を通わすことできず，疑問を抱いていた。小規模施設Tホームの設立と同時に自分から施設長に懇願して就任した。Tホームの食卓では，大きなテーブルを囲んで6人の子どもが一緒に食事をしている明るい笑顔を見ることができる。リビングでは，小学生と高校生がおしゃべりしながら楽しそうにテレビを見ている光景が繰り広げられている。

　Tホームで生活しているC子は，幼児期（4歳）からF学園で生活している。C子の両親は行方不明で，帰る家はなかった。中学校3年生になって小規模施

設Tホームで生活するようになった。C子は，保育士と一緒に買い物に行くのが楽しかった。少しでも安い食材を買って，保育士と献立を立てて料理を作ることで充実した生活をすることができた。地元の公立高校に進学して，学校では吹奏楽部に所属して高校生活を過ごした。学習成績は普通であった。保育士から頼まれた小・中学生の世話も積極的にしていた。Tホームでの生活で充実した高校生活を送り，無事に高校を卒業して食品会社に就職した。卒業後は，アパートで独立した社会生活を営んでいる。休日にはケーキを買ってTホームを訪問している。

(3) 課　題

　小規模施設は，2009（平成21）年度現在，全国に190カ所ある（「社会福祉施設等調査」）。厚生労働省の家庭福祉対策の方針では，社会的養護体制の充実に向けて取り組んでおり，2014年度には300カ所にするという目標を立てている。入所児童の数だけをみると，まだ1,200人であり，300カ所になったとしても1,800人である。

　今後は，小規模施設が社会的養護の主流にならなければならない。家庭を失った子どもに対して，家庭を取り戻すためには代替家庭が必要であることは，だれでも理解できることである。普通の家庭で普通に生活をすることは子どもの成長・発達に大きく寄与するものであり，児童の最善の利益が保障されるのである。

　小規模施設の職員配置基準は，児童6人につき保育士2人なので，児童養護施設の基準からみると2倍である。当然，人件費は高くなり，国と地方公共団体の補助金が得られない限り施設の運営は難しくなる。また，小規模施設の課題として，住居の確保が挙げられる。わが国の住宅事情では，一戸建ての住居を確保するのは難しい。団地やマンションのような集合住宅を2～3軒分を活用する方法も考えられるが，賃貸料が高くなってしまう。

　小規模施設を発展・拡充させるためには，国と地方公共団体の的確な行政指導と財源確保がなければならない。そして，社会福祉法人の施設経営者が，社

会的養護のあり方として，保護を必要とする子どもと家庭的な環境の中で職員との個別的な信頼関係が構築されるように施設を運営するという養護理念を持たなければ，この道は険しいといえる。

4 小規模住居型児童養育事業

　2009（平成21）年4月，厚生労働省は児童福祉法を改正して，児童養護施設でも里親でもない「第3の社会的養護」として「小規模住居型児童養育事業」（ファミリーホーム）を制度化した。要保護児童を対象として児童相談所から措置されたものであり，定員は5～6人であり，3人以上の養育者を置かなければならない。だだし，1人を除き補助者をもって代えることができる。また，1人以上の者が事業所に生活の本拠を置く専任の養育者でなければならない。事業の目的は，事業者が相互の交流を行いつつ，委託児童の自主性を尊重し，基本的生活習慣を確立するとともに，豊かな人間性及び社会性を養い，委託児童の自立を支援することである。設備基準において，児童の居室，台所，浴室，洗面所，便所，食堂および児童が相互に交流を図ることができる設備を設けることが規定されている。また，衛生管理，非常災害対策，自立支援計画，秘密保持などは児童養護施設と同じ設置基準である。

　支援内容は，個別ケアとグループケアの両方を備えているのが特徴である。虐待などで心に傷を負った子どもを養育するのである。この事業は，養育里親として長年にわたって保護児童の養育に携わった者が児童福祉の研究者と協働して厚生労働省に訴えた結果，実現したものである。国の基準では，児童1人につき月14～15万円の事務費，児童の生活費として月4～5万円，その他教育費が支給される。施策の方針が里親からファミリーホームへ転換したことは，家庭的な雰囲気を継続しつつ，援助者の専門性と福祉事業者としての使命感が達成されるものと評価されている。この評価がもっと高まれば，家庭環境を奪われた子どもがますます当たり前の生活を送りやすくなるとともに，地域社会の中で住民から理解されやすくなると思われる。

2011（平成23）年10月現在，全国で145か所設置されている（厚生労働省児童家庭局調べ）「小規模住居型児童養育事業」（ファミリーホーム）は里親型の小規模施設であり，「地域小規模児童養護施設」（グループホーム）は，既存の児童養護施設に所属している施設型の小規模施設といえる。新しい制度が次々と創設されて混乱する面もあるが，要保護児童への支援の方向性が，小規模化（小舎，家庭舎）に転換されたことは歓迎するべきであり，欧米並みの社会的養護の制度が実現されるようになってきたと評価できる。

参考文献

庄司順一『フォスターケア――里親制度と里親養育』明石書店，2003年。

柏女霊峰「新しい里親制度の概要と今後の課題」「里親と子ども」編集委員会編『里親と子ども』VoL 4，明石書店，2009年。

日本ファミリーホーム協議会監修，「社会的養護とファミリーホーム」編集委員会編『社会的養護とファミリーホーム』vol. 1，福村出版，2010年。

「特集　児童養護施設の小規模化」「子どもと福祉」編集委員会編『子どもと福祉』Vol. 3，明石書店，2010年。

日本ファミリーホーム協議会監修，「社会的養護とファミリーホーム」編集委員会編『社会的養護とファミリーホーム』vol. 2，福村出版，2011年。

第13章 社会的養護と地域社会

1 児童福祉施設における地域支援

　児童福祉施設は，地域社会で生活している児童の健全な成長・発達のために利用されるものであり，地域社会に密着している施設である。また，児童福祉施設には，地域住民が抱えている子育てや家庭の諸問題を緩和し，解決する機能が求められている。一方，保育所や児童厚生施設のような通園型児童福祉施設は，家庭から徒歩または自転車で通える範囲内の近距離にある通学区域内の地域住民が利用する施設であり，家庭における生活を支援施設として地域社会に根差したものとなっている。

　現代社会では，両親が就労している家庭が増加していることにもよるが，家庭生活機能が電化製品などの普及により合理化されて，食生活をはじめとして家事が簡素化されている。また，夫婦（父母）がそれぞれに独立心が強くなったために，相互依存性が弱くなった。そのため，家庭における人間関係の弱体化と家事能力の低下などによって，児童の養育能力が低下してきている。

　また，母親が就労しているために地域で近隣住民との交流が少なくなり，生活の連帯感が欠け，孤立する家庭も出てきているのが現状である。そのため，これらの施設は，乳幼児期は当然であるが，学童期を含めて児童福祉施設における援助内容や方法が地域に開放されて，地域住民に利用されるようにならなければならない。

　乳児院，母子生活支援施設，児童養護施設，情緒障害児短期治療施設，児童自立支援施設のような居住型児童福祉施設では，家庭における養育が困難な児童を児童相談所の措置により入所させているため，入所児童の生活支援が中心

である。しかし，近年，地域で生活する親への支援が必要となってきている。児童福祉施設の長は，地域住民に対して，その行う児童の保護に支障がない限りにおいて，児童の養育に関する相談に応じ，助言を行うのが望ましい。また，児童福祉法施行規則には，地域にける子育て短期支援事業として，短期入所生活援助事業と夜間養護等事業が規定されている。

(1) 短期入所生活援助事業（ショートステイ）

保護者が疾病，疲労その他の身体上もしくは精神上または環境上の理由により家庭において児童を養育することが一時的に困難となった場合において，市町村長が適当と認めたときに，当該児童につき，前記の居住型児童福祉施設において必要な保護を行う事業である。1995（平成7）年から国庫補助によって市町村が行う。7日以内を期間として生活する。

(2) 夜間養護事業（トワイライトステイ）

1993（平成3）年から父子家庭等ひとり親家庭の子育て支援として取り組まれるようになった事業である。保護者が仕事その他の理由により平日の夜間または休日に不在となり，家庭において児童を養育することが困難となった場合その他の緊急の必要がある場合において市町村長が適当と認めたときに，当該児童につき，保護者が帰宅する夜間までの間，前記の居住型児童福祉施設で生活する。例えば，学童の場合は放課後，自宅に帰るのでなく，施設で夕食をすませて午後10時頃まで待機するのである。

2　家庭における諸問題の発生と支援

(1) 家庭における諸問題の発生

社会生活を営む上で一番大切なことは何かと問われれば，家庭生活が安定していることと答える人が多いであろう。そのためには，夫婦関係を土台とした家族関係が良好でなければならない。家族関係がうまく機能して信頼性が維持

されていれば，家庭生活は円満で夫婦，親子，兄弟姉妹といった家族メンバーは楽しい生活を送ることができる。しかし，現代社会では，家庭内で果たされていた機能である衣・食・住・教育・娯楽・看護等といった社会生活を維持するための機能が家庭外部の専門機関に依存される傾向が強くなっている。また，夫婦（父母）における家庭生活の価値観が多様化して，些細なことからトラブルが発生して，夫婦関係が崩れるケースが以前よりも増加している。これは家庭における児童育成の機能が弱体化し，養護問題がより容易に発生する要因となっている。

　保護者の死亡，離別，家出，疾病，失業，借金，拘禁などのさまざまな社会的・経済的・精神的な問題により家庭における児童養育が困難になった場合には，社会的養護が必要になる。社会的養護は，児童福祉法をはじめとする多くの福祉に関する法律・制度・政令・省令などにより，公的な養育機能として規定されたサービスである。

（2）家庭支援のあり方

　1997（平成9）年の児童福祉法改正で，児童養護施設の目的に入所した児童の自立支援が明記されて，あわせて関係機関と連携して家庭環境の調整をすることが児童福祉施設最低基準（現・児童福祉施設の設備及び運営に関する基準）に加えられた。1999（平成11）年より，乳児院には家庭支援専門相談員（ファミリーソーシャルワーカー）が配置されて入所児童の家族的背景や地域環境を理解して，児童の家庭復帰を目指して支援活動が行われるようになった。また，児童養護施設でも，2004（平成16）年から家庭支援専門相談員が配置されることとなった。

　家庭支援専門相談員は，相談援助の専門的な知識と技術を修得した者で，入所児童の保護者との面接や家庭訪問をしてさまざまな問題や悩みなどの聴取に基づき，問題の緩和と解決に向けて支援する。また，児童相談所や福祉事務所等の関係機関と連携をとり，施設と家族との関係を円滑にすることにより，親子関係の改善を図り，新たな家族関係をつくるために支援活動を展開しなけれ

ばならない。夫婦関係の調整，就職斡旋，アルコール依存症の通院治療など多方面にわたる助言，指導を通して生活改善のために取り組むのも役割の一つである。

3　地域社会での連携

　社会的養護を円滑に進めていくためには，児童福祉施設が地域社会において行政機関を中心として，その他各種の社会的な機関や施設と緊密な連携をとらなければならない。児童の健全育成は，家庭で保護者だけでされるものではなく，地域社会に存在する福祉，教育，医療，司法などのあらゆる機関や施設の専門的な職員が制度を活用して，互いに連絡，協力し合って達成されるものである。

(1) 児童相談所との連携
　社会的養護を進めていく第一線の機関が児童相談所であり，児童福祉法に基づいて都道府県および指定都市に設置されている。近年，機構改革によって地方自治体によっては名称が変更されて，「○○子ども家庭センター」「○○子ども相談センター」「○○児童相談総合センター」のように○○センターという名称が多くなっているが，法律上の位置づけは児童相談所である。
　児童相談所は子どもと家庭に関するあらゆる問題について相談に応じるとともに，必要に応じて子どもを一時保護し，児童福祉施設への入所措置を行っている。最近，虐待される児童が増加したため，その対応をめぐって新聞やテレビで報道されることが増えたため，その存在が知られるようになった。地域住民が，子育てに関するさまざまな問題を抱えている場合には，児童相談所を訪問して解決の糸口を探すのである。
　保護者の死亡，家出，離別，疾病入院，服役，就労などによって家庭での養育が困難になった場合，あるいは虐待や置き去りのために養育されない場合には，保護者に代わって児童福祉施設や里親の所で養育されるが，まず児童相談

所を通さなければならない。その業務をつかさどる専門職員として児童福祉司，相談員，児童心理司（心理判定員），医師，看護師などがいるが，児童福祉司は，保護者と直接に関わって家庭と子どもの諸問題に取り組む専門職である。

最近，保育所や幼稚園で保護者に虐待される乳幼児が発見された場合，児童相談所に通報して家庭調査などを実施して早急に対応することが必要となり，虐待の予防と治療が行われるようになった。小学校においても不登校児童や集団活動に参加できない子どもに対する援助について児童相談所と連携して，治療や訓練をするケースも増えている。

児童養護施設などに入所した児童に対する支援活動は，児童相談所の児童福祉司が作成した児童支援計画書を基にして，施設の保育士や児童指導員が子どもに対して直接的に行う。したがって，施設と相談所は，車の両輪のような協調的，協力的な関係を維持することが大切であり，児童の正常な発達に欠かすことができない。また，児童相談所は，障害児相談，非行児相談，健全育成相談などを通して子どもの生存権を保障するための重要な専門的な相談機関ともいえる。

（2）福祉事務所との連携

福祉事務所では，生活保護法に基づく生活困難な家庭に対して生活扶助を実施する業務が多いが，基本的には児童福祉，障害者福祉，老人福祉，母子福祉といった社会福祉に関する全般的な援助活動を行うところである。社会的養護の視点から見れば，児童福祉法に基づく業務として保育所の入所業務，運営費の支給や乳児院や児童養護施設の運営，補助金などの業務がある。福祉事務所は，地域住民の社会生活と密接に関係しており，家庭での育成が困難になった子どもに対する専門的な支援をしている。

福祉事務所には，1964（昭和39）年度から児童福祉機能を充実するために家庭児童相談室が任意に設置されている。地域住民にとっては，家庭における子育ての不安や悩みを気軽に相談できる所である。家庭児童相談室の職員として非常勤の家庭相談員が配置されているが，設置者の意向によっては常勤の社会

福祉主事（ケースワーカー）を配置して専門的な支援をしている。地域内の保育所や幼稚園の巡回相談や障害児の親子教室，保護者に対するカウンセリングを実施する所もある。

(3) 警察署や裁判所との連携

　警察署には少年係があり，地域社会における非行児童の保護や補導にあたる。家出，徘徊，盗み等をする児童は減少しているが，無くなったわけではない。今も昔も，バイクを盗んで無免許で乗る，ゲームセンターで恐喝をする，弱いものをいじめるなどの悪質な犯罪が起こっている。警察では，非行児童を保護すると保護者に通報して注意を促して引き取らせるのである。保護者が不在であったり問題があって引き取りが困難な場合には児童相談所に送致されて，児童養護施設や児童自立支援施設に措置される。施設入所児童が，無断外出することもあるので施設から警察署へ連絡して，援助の協力を依頼する場合もある。

　いま，地域社会でとくに問題になっていることは，家庭で虐待を受けている子どもをいかにして保護するかである。近隣住民から虐待の通報を受けた警察署では，児童相談所の職員とともに家庭訪問して実情を把握したうえでの適切な対応が警察官にも求められている。また，虐待を行った保護者に対して親権を制限する処置がとられることもあり，その場合には児童相談所，施設，裁判所の担当する職員がケース会議を行うことになる。

(4) 教育機関との連携

　社会的養護という視点から児童の学校生活をみると，家庭環境がおよぼす影響は大きい。家庭で両親の仲が悪くて，常に言い争っている状態や経済的状態が悪いために不安定な生活が続いていると，子どもの情緒は不安定となり学校での学習活動はもとより交友関係も悪くなる。学校では，学級担任と生活指導の教師が保護者に連絡して協議をするのであるが，子どもの状態が改善されない場合は，児童相談所へ通報して対応策を検討する。家庭環境を調査するのに民生委員や児童委員が協力することがある。また，福祉事務所も介入する必要

がある場合もある。児童養護施設や障害児入所施設，児童発達支援センター等を活用することも考えられるので，関係者によるケース会議を行わなければならない。

(5) 医療機関との連携

　乳児院や児童養護施設の入所理由には，保護者（父・母）の入院という項目がある。乳児院の場合，母親の出産後の疾病のために婦人科，内科，精神科などさまざまな病気で入院治療を受けているために育児ができなくなるケースが考えられる。児童養護施設の場合は，父親または母親の精神疾患で長期間入院治療を受けているために養育困難になるケースが考えられる。また，アルコール依存症で入・退院を繰り返す親も多いのである。病気が完治して家庭生活に戻り，子どもと関係を深めるためには，入院中から施設の保育士などの職員と連絡を取り合って，子どもの発達状態を把握しなければならない。そのため，病院と施設の職員が相互に情報を交換することが求められている。

4　ボランティア活動

　わが国におけるボランティア活動は，地域社会における社会福祉をはじめとしたさまざまな社会問題に対して，その緩和と解決のために取り組んでいる。とくに，高齢者や障害者に対する支援においては，めざましい活動が展開されている。しかし，社会的養護の領域におけるボランティア活動は，実質的には十分とは言えない。乳児院や児童養護施設におけるボランティア活動としては，学生や企業によるボランティアがかなり浸透してきている。地域社会の中では児童養護問題を解決するために，民生委員・児童委員によるボランティア活動として家庭に問題がある親への相談支援が行われている。

(1) 地域ボランティアセンター

　1995（平成7）年頃から，地域社会におけるボランティア活動の推進拠点と

して，地区ボランティアセンターの設置が行われるようになった。これは地区社会福祉協議会の事業が土台となっている場合であるが，他に地域住民の自主的な活動が土台となった民間のNPO法人などがボランティアセンターを開設して，住民のニーズに対応したボランティア活動を展開している場合もある。

児童養護において保護者の家出や離別，入院などで養育困難となった場合には，一時保護や緊急保護といったニーズについて，ボランティアセンターに利用者の情報が通知されるとともに，地域社会でボランティア活動を展開している団体と協議して適切な支援が行われることがある。また，ボランティアセンターを通じて福祉施設や福祉機関と利用者の連絡調整が円滑に実施されなければならない。ボランティアセンターは，土曜日や夜間も業務を行うことにより，住民のニーズに応えることが可能となる。また，ボランティア情報紙を頻繁に発行して福祉施設などの受け入れ情報を公表することも重要である。

（2）学生ボランティア

学生ボランティア活動の歴史は古く，戦後間もない頃から，大学生が児童養護施設に入って子どもたちのレクリエーション活動や学習補助活動を実施している。大学にはボランティアクラブが開設されて，自治会活動の一環として，学生の自主的・開拓的なボランティア活動が行われている。最近では，高校生のボランティア活動も活発になり，休日に児童養護施設に入り，子どもたちと野球やサッカーなどスポーツ活動を一緒に楽しむ様子が見られる。

学生ボランティア活動は，学生自身の社会的な自立への心がまえを養うとともに，社会福祉の知識や技術を学ぶ機会になっている。最近，大震災における被災者を支援するボランティア活動が活発となり，ボランティアの使命感とその役割によって，社会性に富んだ人格形成の一助となっている。

（3）企業ボランティア

最近，企業ボランティア活動が活発になっている。それは民間企業の社員による社会貢献が，その社員にとって生き甲斐になっている場合があることも要

因の一つと考えられる。働くことによって，経済的に恵まれて生活が豊かになることだけでは，精神的には満足できないのである。企業内で社員が募金活動をして，その資金で児童養護施設などの児童福祉施設の子どもを遊園地に連れて行ったりクリスマスパーティに招待する。これは児童福祉施設を訪問して慰問するという考え方でなくて，社会人としてボランティア精神を発揮して，共に生きていくという使命感の表れである。

　児童養護施設で生活している子どもの中には，家庭的に恵まれなかった者がいるが，ボランティアの人たちと親しくなり，交流を重ねていくことで，社会的に成長して学校での学習成績や友人関係も良好になり，社会的に自立していく者も多い。

第14章 虐待を受けた子どもへの支援

1 児童虐待の実態

(1) 社会的養護と児童虐待

　2007（平成19）年9月，国は「社会的養護のあり方」を検討するために社会保障審議会児童部会の下に社会的養護専門委員会を設置した（2011〔平成23〕年に取りまとめ報告が行われている）。この委員会の設置趣旨は「社会的養護を必要とする子どもの増加や虐待等による子どもの抱える背景の多様化・複雑化を踏まえ，児童の社会的養護の拡充に向けた具体的施策を検討する」と述べられているように，子どもと家族を取り巻く社会環境が大きく変容する中で社会的養護の対象となる子どもの態様も変化し，また増加してきたことである。加えて「児童の権利に関する条約」の批准（1994年），児童虐待防止法の施行（2000年）や「子ども・子育てビジョン」の推進（2010年）などの新たな枠組みが次々と提起され，それらに対応できるよう支援の拡充が求められていたことも設置理由の一つである。

　少し説明を加えると，何らかの理由により家庭から離れ，施設等での生活を余儀なくされた子どもがそれなりに環境に適応し，自立していくことは並大抵のことではない。そこに保護者から酷い虐待を受け，大きな心の傷を負うという負荷が加われば，自立がより困難になることは想像に難くない。障害などがある子ども（多くはいじめなどの2次障害によって入所）も同様である。しかし，「彼らを受けとめる社会的養護の現状は」と言うと，このような課題のある子どもの入所割合が高くなるにつれて子ども集団のトラブルが増えるなど，日々のケアを担当する職員は今まで以上に過重な労働を強いられ，また入所してい

る子どもはニーズに適切に応えてもらえないため不満を蓄積させるなど、悪循環状態に陥ってしまっている。さらに「愛着形成」「被虐待児の心のケア」「アドミッションケアからアフターケアに至る継続した自立支援」や「家族間調整」のみならず「地域の子育て相談支援」へのきめ細やかな対応が求められ、もはや現有体制の下での支援は限界に達していた。このような背景が相まって社会的養護のあり方が検討されるに至ったわけである。

　そこで本章では、この委員会設置の契機ともなった「児童虐待」について、その特徴や現状の支援などについて述べる。

（2）児童虐待とは何か

　児童虐待という言葉の響きから、親からの荒々しく、非人道的な行為（殴る、蹴る、食事を与えずに餓死させるなど）を想像する人は少なくない。悲惨な児童虐待事件が発生する度に大々的に報道されるため、このような見方をする人がいることは仕方がないことであるが、児童虐待は多様な要因が複合して生じる事象であり、虐待者である保護者だけに一方的に責任を負わせて済む問題ではない。そこでより理解を深めるために、まず児童虐待の種類と虐待者から述べる。

　児童虐待の種別は、児童虐待防止法第2条で次のように定義されている。

① 身体的虐待：児童の身体に外傷を生じ、又は生じるおそれのある暴行を加えること。
② 性 的 虐 待：児童にわいせつな行為をすること又は児童をしてわいせつな行為をさせること。
③ ネグレクト：児童の心身の正常な発達を妨げるような著しい減食又は長時間の放置、保護者以外の同居人による前二号又は次号に掲げる行為と〔筆者注：本文中上記①、②〕同様の行為の放置その他の保護者としての監護を著しく怠ること。
④ 心理的虐待：児童に対する著しい暴言又は著しく拒絶的な対応、児童が同居する家庭における配偶者に対する暴力（配偶者

（婚姻の届出をしていないが，事実上婚姻関係と同様の事情にある者を含む。）の身体に対する不法な攻撃であって生命又は身体に危害を及ぼすもの及びこれに準ずる心身に有害な影響を及ぼす言動をいう。）その他の児童に著しい心的外傷を与える言動を行うこと。

分類としては上記の4種類になるが，特異な虐待事例として「揺さぶられっ子症候群」「医療ネグレクト」や「代理ミュンヒハウゼン症候群」などがある。実際に虐待であるか否かの判断は，いくつもの虐待が複合していることや虐待の程度の判断，さらに虐待の確証が得られにくいことなどから，それほど容易なことではない。

児童虐待防止法で定義された虐待者のなかに，子どもの保護者（親権を行う者，未成年後見人その他の者で，児童を現に監護するもの）が明記されている。そして，この定義では，実親だけでなく，子どもと同居する監護者も含めている。

なお，一番多い虐待者は実母で全体の約60.6％を占め，次いで実父（24.8％），実父以外の父親の順となっている（2010〔平成22〕年度全国児童相談所における児童虐待対応件数）。

（3）児童虐待の現状

全国児童相談所の児童虐待相談対応件数の推移（図14-1）を見ると，その件数は年々増加し，2011（平成22）年には速報値で5万5,152件（但し，2011〔平成23〕年3月に起こった東日本大震災により宮城県，福島県仙台市は統計から除かれている）となっている。また児童相談所が対応したケース以外にも全国の市町村窓口で対応した件数が2010（平成21）年度約5万7,000件ある（児童相談所との重複相談を加味した件数は全国で8万件を超えると推測されている）。この件数の推移は児童虐待に対する社会的認識が高くなり通報件数が増加したことを勘案しても，子ども人口の減少という現状から考えると，子どもの養育に悩んでいる保護者は相当数あり，またその数は年々増加傾向にあることを示している。

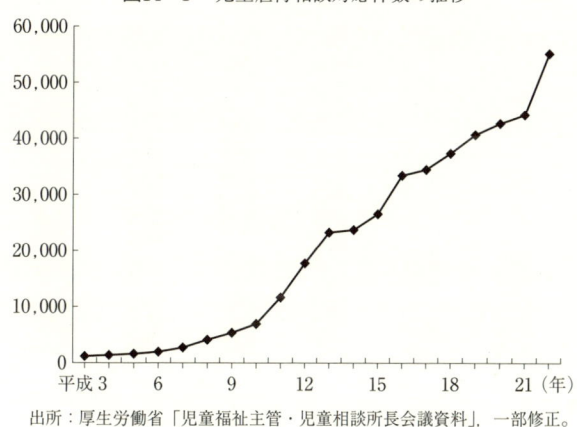

図14-1　児童虐待相談対応件数の推移

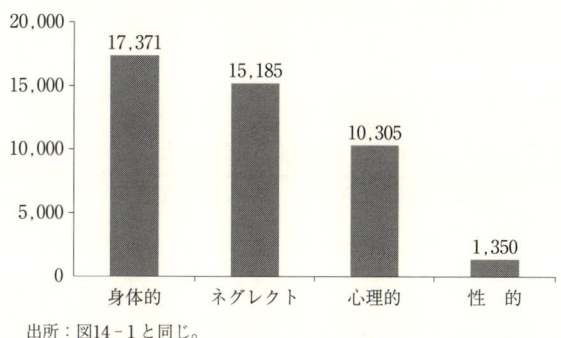

出所：厚生労働省「児童福祉主管・児童相談所長会議資料」，一部修正。

図14-2　児童虐待の相談種別対応件数（平成21年度）

- 身体的：17,371
- ネグレクト：15,185
- 心理的：10,305
- 性的：1,350

出所：図14-1と同じ。

　次に，どのような虐待の種別が多いのか見てみると，一番多いのが身体的虐待である（図14-2）。次いで，ネグレクト，心理的虐待，性的虐待の順となっている。また虐待を受けた子どもの年令層から見てみると，小学生，3歳〜学齢前が多く，特に死亡等の生命の危険性が高い0〜3歳未満は約8,000件もある（全国の虐待死亡事例調査の1次から7次報告書のまとめでは，3歳児以下の乳幼児が386人中，292人と大半を占めている）。

図14-3 児童福祉施設における虐待を受けた子どもの入所割合

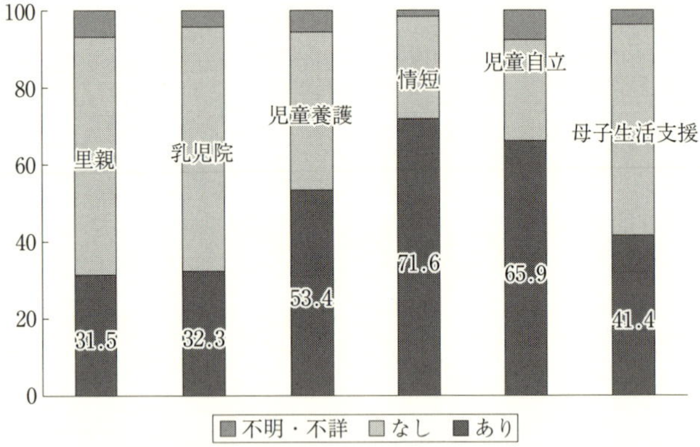

里親 31.5　乳児院 32.3　児童養護 53.4　情短 71.6　児童自立 65.9　母子生活支援 41.4

■不明・不詳　□なし　■あり

出所：厚生労働省「児童養護施設入所児童調査結果の概要」。

（4）児童虐待を受けた子どもの受け入れ施設と子どもの特徴

　虐待を受けた子どもがすべて施設に入所するわけではないが，それでも相当数の子どもが施設等に入所し，その割合は2007（平成19）年度の「児童養護施設入所児童調査」では乳児院で32.3％，児童養護施設で53.4％，情緒障害児短期治療施設で71.6％，児童自立支援施設で65.9％となっている（図14-3）。

　こうした子どもは施設内では適切な対人関係が持てず，喧嘩などのトラブルを起こしやすく，また職員への信頼関係も容易なことでは形成されず，逆に反抗や暴言などを繰り返すことが多い。さらに情緒の安定が得られていないため，過度の怒りや悲しみの感情を表出しやすく，なかには複雑性PTSD（心的外傷後ストレス障害）のような症状を示す子どももいる。その他，学習面では学齢相応の学力に達していないことが多く，また性格行動面でも自分に自信がなく，無力感を抱きやすいなどの特徴がある。総じて言うと，被虐待児は自立していくためには克服すべき課題を数多く抱えていると言っても過言ではない。

　一方，直接援助を行う職員は，彼らの激しい問題行動（喧嘩や反抗など）を鎮静するために叱責や注意を繰り返し，逆に子どもとの関係を悪化させ，時には施設内虐待とも言われるような問題に発展させてしまうことも過去には少なからずあった。そのため，今日では個別対応職員や家庭支援専門相談員（ファミ

リーソーシャルワーカー）や子どもの心のケアを担当する心理職の配置，さらには専門里親制度の創設など，次々に新しい事業が実施され，より子どものニーズに合った支援が試みられるようになってきている。またきめ細やかな日常ケアができるように大舎制からユニット制や地域小規模養護施設などへの移行といったハード面での環境改善もなされつつある。さらには2012（平成24）年より職員数の配置面でも，児童福祉施設の基準が見直され，順次改善されていくことになっている。しかし，それでも支援を担う職員の質（専門性）・量（配置数）とも決して十分ではなく，解決すべき課題は山積している。

2　児童虐待の発生要因

　わが子を殺害する，殴る蹴る，食事を与えないなどの虐待はなぜ起こるのだろうか。多くの人は「わが子を虐待するなんて信じられない」「鬼畜のような親」などと言ってその行為を否定し，虐待者である保護者を批判する。しかし，児童虐待は特定の性格行動上の問題がある人だけが起こす事象ではなく，ある条件（「リスク要因」という）が揃えばどのような人であっても起こり得るものである。従って虐待が起こるリスク要因を分析することは，虐待を未然に防ぐためにも重要である。虐待の発生リスクの高い要因を保護者，子どもとその家族環境の3つの側面から述べる。

（1）保護者側のリスク要因
　虐待は保護者によってなされる行為であるため，その要因の多くは保護者側にあると言える。では虐待を起こす保護者には，どのような特徴があるのだろうか。2011（平成23）年の「子ども虐待による死亡事例等の検証結果等について（厚生労働省）」で報告されているリスク要因などを参考にまとめると，次のような要因が挙げられる。

　①　保護者等に精神的な疾患がある。あるいは強い抑うつ状態である。

② 妊娠の届出がされていない。母子手帳も未発行である。
③ 飛び込み出産である。
④ 妊娠を受容することができない（10代の妊娠，望まぬ妊娠など）。
⑤ 親自身が育ちの中で親から暴力などの虐待された経験がある。
⑥ 性格に偏りがある。
⑦ アルコール依存や薬物依存などがある。
⑧ 養育体験が乏しく，育児知識が欠如している。
⑨ 育児に対する不安やストレスがある。
⑩ 過剰な躾（暴力を肯定）や期待がある。

（2）子ども側のリスク要因

　子どもは被害者であり，その非が子ども側にあるわけではない。しかし子ども，とくに乳幼児期を通じて子育てを行う親にとって手がかかる扱いにくい子どもがいることも確かである。そうした子どもの特徴（リスク要因）としては次のようなものがある。

① 乳幼児期で育児に手がかかる（夜泣きなど）。
② 未熟児，病弱児で手がかかる。
③ 何らかの障害がある。
④ 拒食や偏食や盗みなど性格・行動上に問題がある。
⑤ 新しい保護者（再婚などで）になつかない。

（3）養育環境のリスク要因

　児童虐待は「家庭という密室」で行われる行為であるが，その要因を子どもとその保護者だけに限定してはいけない。というのは，虐待が深刻化する背景には複雑な家庭環境が存在するからである。主たる要因としては，次のようなものがある。

① 未婚や単身家庭
② 内縁者や同居人がおり，ストレスがある家庭
③ 子連れの再婚（新たな人間関係が形成された時期）
④ 夫婦間にストレスがある
⑤ 転居を繰り返す家庭
⑥ 経済的困窮や失業
⑦ 親族や地域から孤立している。
⑧ ドメスティック・バイオレンス（家庭内暴力：DV）がある。

　注意すべきは，これらの要因が一つでもあれば虐待が起こるというものではないということである。これら3つの側面（保護者・子ども・養育環境）のいくつかのリスク要因が複合して虐待が発生し，早期の支援のなさが虐待を重症化に導くということをよく理解しておく必要がある。

3　児童虐待への対応

　児童虐待の基本的な支援の流れは，①虐待の予防，②虐待の早期発見・早期対応，③相談支援による家庭機能の強化，④子どもの保護と心のケア，⑤家庭復帰に向けての調整（家族再統合），⑥地域での見守り，である。これらのどの過程においても最優先すべきは「子どもの安心・安全」であり，「チャイルド・ファースト」である。保護者との支援関係を重視しすぎて，過去に子どもの安全が著しく損なわれてしまったケースが過去に何度も起きている。支援者は常に子どもがどのような状態に置かれているのかを考え，時には思い切った職権による介入も必要となる。この職権介入があるという点で，児童相談所の相談支援は家庭児童相談室や地域の子育て相談機関等のそれとは大きく異なるのである。

(1) 虐待の発生・早期対応・家族調整と心のケア・家族の再生への道

　虐待の予防活動は，児童虐待の防止を目的とした啓発活動や乳幼児期の子育ての悩み相談や「子育て広場事業」などの諸事業において展開されている。しかし，こうした活動にもかかわらず虐待が発生した場合，どのような支援がなされるのかについてこの節で述べる。

　虐待の対応は，虐待に気づいた人からの通報で始まる。通報の受理機関は児童相談所や市町村の児童担当部署である。また，時には警察へ通報されることもある。通報を受けた児童相談所は，子どもの安全を確認するために48時間以内に当該家庭を訪問し，目視による安否確認を行う。とくに虐待がなければそこで終わるが，虐待が疑われる場合には介入が行われる。介入方法は保護者からの養育困難を中心とした相談が基本的である。

　軽度の虐待ケースでは，児童が関わっている機関（保健所，幼稚園，保育所，学校など）や民生児童委員などの見守りを中心とした家族支援が展開される。しかし重篤な虐待ケースでは，児童相談所による職権介入等による支援が検討され，時には子どもの安全を確認・確保するための一時保護が行われる。一時保護期間中に虐待を受けたと考えられる子どもへの面接や行動観察，心理判定などが行われ，同時に保護者への面接が行われる。このような支援に保護者が理解・協力し，また虐待が深刻なものでないと判断されれば在宅支援となる。しかし家庭に戻っても虐待が再発し，子どもの健全な発達が著しく損なわれると考えられる場合には，保護者に児童養護施設等への利用が勧められる。

　施設入所には保護者の同意が基本的に必要である。同意が得られれば，子どもは施設へ入所し，子どもの心のケアや保護者へのカウンセリングを含めた支援が行われる。同意が得られない場合には，後述の事例のように児童相談所は家庭裁判所に施設入所の承認を求め，申立が行われる。承認されると，子どもは施設へ入所することになり，その後のケアは同意入所と同じ手順で行われ，家族再統合が図られる。

　児童養護施設等では日常生活の支援だけでなく，例えば，虐待を受けて心に傷を負っている子どもへの心理的ケアが児童心理職員などによって行われる。

また，親への指導は施設や児童相談所でカウンセリングや面接により行われる。家庭復帰を図るために施設では子どもの面会，外出，外泊などの段階が踏まれる。この間の経過が良ければ，子どもは家庭に戻ることになる（措置解除）。しかし，虐待ケースでは施設から引き取られた後も虐待が再発する心配もあるため，地域の機関と連携した見守りが不可欠である。

（2）地域での支援──要保護児童対策地域協議会を中心として

　虐待を受けている子どもがすべて施設に保護されているわけではなく，大半のケースは在宅で支援されている。ただ「在宅で支援する」と言っても，まったく安全というわけではなく，虐待の心配は常に付きまとうため，地域の子どもに関わる機関との連携なしには支援は不可能である。また虐待は家庭で起こるため，地域の子どもに関する機関や近隣などが発見しやすい立場にある。とくに，乳幼児期はほとんど家庭で過ごすために，保健師の家庭訪問などが重要視されている（乳児家庭全戸訪問事業など）。

　各機関が思い思いに支援していても，なかなか子どもの安全性が担保されにくいため，2004（平成16）年の児童福祉法改正により要保護児童対策地域協議会（「地域ネットワーク会議」とも言われる）が全国的に設置されるようになった。以下，これらの支援の実際を事例を通して解説する。

4　児童虐待の事例

　児童虐待の通告を受けた児童相談所がどのような対応を行い，また虐待を受けた子どもが施設に入所すれば，具体的にどのような支援を受けられるのかについて述べる。

（1）通報から施設入所まで──児童相談所が職権介入した事例
1）中学校から通報
　当該児童（T子）は中学校1年生の女児でやや知的な障害がある。ある日，

T子が下校を渋ったので、担任が理由を聞くと「継父から勉強や掃除ができないなどと言っては殴られる」や「性的なことを強要される」などと訴えた。数日前にも帰宅を渋ったが、その時は理由は言わなかった。しかし今回は理由を言ったので、家に連絡したところ継父が来て、「人の家のしつけに口を出すな」「T子は嘘つきだ」などと言って、引きずるようにT子を連れ帰った。心配した担任が家庭訪問を行ったが、家に入れてもらえず、会うことができなかった。今朝も登校してこないので心配になり通報したとのことである。

2） 早期対応（48時間以内の安否確認など）と初回面接

通報を受けて児童福祉司（以下、「CW」）が学校訪問し、事情を聴き、家庭訪問をする。しかしいくら呼んでも誰も出てこないので児童相談所に戻り、所内協議を行う。所内協議では「明日の訪問でも会えない時は、保護者への呼び出し状と拒否すれば最終的には立入調査（臨検）になることを説明した書類を入れること」などの方針が出される。翌日も訪問するがやはり会えず。しかしその日の午後、書類を見た継父より連絡が入る。

数日後、両親とT子が児童相談所に来所。親子はそれぞれ別室での面接となる。女性の児童心理司がT子と、またCWが両親と面接をする。継父は「暴力は振るっていない。性的虐待もしていない」「家事を嫌がって嘘をついている」と強く主張する。一方、T子は硬い表情で言葉少なに話す。話の内容は両者とも教員に話したことと変わりがなかったが、印象的なことはT子が「絶対、家に帰りたくない」と泣いて訴えたことである。長時間の話し合いが続いたが、このままT子を家に帰すことはできないのでT子を職権により一時保護することになる。そのことを両親に説明すると、継父は当然の如く怒りを露わにして反発したが、後日また話し合うということでこの日は終わる。

3） 法的対応——家庭裁判所に児童福祉法第28条の申立と承認

それ以降、何度か両親との話し合いが行われたが不調に終わる。1カ月が過ぎ、方針（家庭引き取りか施設入所か）を決定する時期が迫ってくる。児童相談所は学校等の情報やT子の話を精査した上で児童相談所審査部会にケースを上程する。医師、弁護士や学識経験者からなる審査部会で「T子の気持ちが

変わらないこと，身体的虐待だけでなく，性的虐待も強く疑われるため当面は家庭に戻せない」との相談所の意見が承認される。しかし，保護者が施設への入所に不同意なため，児童相談所長は家庭裁判所へ施設入所の承認を求めて申立（児童福祉法第28条）を行う。

その後，T子と両親は家庭裁判所の調査官より個別に面接調査を受ける。身体的虐待については継父も「少しやりすぎた」と言うが，それでも施設入所させるほどの行為はしていないと主張する。また性的虐待については全面否定する。

そんなある日，母親が下の妹を伴ってA市役所の母子福祉の相談窓口に逃げ込んでくる。理由は酒を飲んだ継父が暴れ，母子に暴力を振るうということである。その折，母親は「継父とT子の性的な関係についてうすうす感じていたが，言えば自分に暴力が向くので怖くて言えなかった」と話す。母子は緊急で母子生活支援施設に保護され，またこれらの情報は家庭裁判所にももたらされ，その結果，T子の施設入所が承認されることになった。

（2）施設入所から家族再統合まで——施設での子どものケアと家族調整事例

1）保護までの経過——保護者の同意による施設入所

A君（5歳）ら兄弟は家庭で放任されていたために保護され，施設に入所した。A君の家族は父，継母，A君，弟（3歳），継母と父の間に生まれた双子の姉妹（1歳）の6人である。父親は工場で働いていたが不景気で会社が倒産。その頃から酒量が増え，家で暴れることが増える。継母は精神的な病気を患い，家事は何もしない。家の中は荒れ放題で，子どもらは放置されていた。また継母は「うるさい」と大声で怒鳴り，子どもらを叩いたりもしていた。家庭訪問した保健師が，子どもらが痩せ衰えていることに気づき，児童相談所へ通報した。相談所は深刻なネグレクトと身体的虐待として認定し，両親と面接する。最終的に保護者の同意でAと弟はW児童養護施設に，妹二人はY乳児院に入所する。

2） 子どもの心のケアと生活環境への配慮

　A君は口汚く，職員には「むかつく」や「ババア，あっちへ行け」などの言葉を連発する。同年齢の子どもとすぐに喧嘩になることが多く，注意されると平気で嘘をつき，ごまかす。また些細なことでパニックになり，手当たり次第に物を投げたりする。反対に弟は特定の遊びに固執し，他のことにはまったく関心を示さない。2人の様子を心配した担当保育士が施設の心理治療担当職員に相談し，週に1回，心理治療が行われることになる。

　入所後の半年は幼児ばかりの8人部屋にいたが，A君が落ち着かないため施設内にあるGホームにA君と弟は一緒に移される。Gホームは3つの居室とリビング・ダイニング等（ユニット型）で構成され，A君兄弟以外に高校生1名，中学生1名と小学生3名が生活している。ホームの担当職員は2人だが，応援に他の職員が入る日もある。同居者はA君兄弟よりも年上なこともあって次第にA君は落ち着きだし，女性職員にべったり甘えることも増える。

　一方，両親は相談所で定期的にカウセリングを受け，父親は「早く引き取りたい」と言うが，継母は「自信がない」と消極的な態度であった。約1年が経過し，妹たちも2歳になりW学園に措置変更される。幸いGホームに入ることができたので，兄弟4人が一緒に生活できるようになる。

3） 自立支援計画に基づく家庭引き取り

　2年近くが過ぎ，支援内容を見直すためにCWと施設の家庭支援専門相談員は両親と面接することになる。父親は「給与は高くないが仕事につき，最近では酒で暴れることもなくなった」と語る。継母の方は「まだまだ不安」と言う。一方，A君は「早く家に帰りたい」と訴えることが最近では多くなってきたので，家庭支援専門相談員が両親に「何が支障になっているのか」と尋ねると，継父は収入が少ないこと，子どもらが継母に無理を言って困らせないか，またそのことで継母の病気が再び悪化しないかなどを挙げる。継母は体調が完全でないことや特に4人一緒に暮らすのはとても自信がないことなどを挙げる。また継母は「自分も親から虐待され，言うことを聞かないとよく叩かれた。子どもらが帰ってきたらまた同じことをするのでは」と不安を打ち明ける。

そこで家庭に戻るための支援計画が再検討され，次のような提案がなされる。引き取りの期日は不確定な要素が多いので明記せずに，まずA君と弟を引き取り，その後に下の妹を引き取ること。また妹2人は就学年齢に達していないので保育所入所が前提条件であることや，継母が養育に課題を感じていることから地域の育児相談を紹介し，その担当者との信頼関係が一定の程度構築されてからという条件が提示される。両親も4人一緒でないことや引き取った後も関わりを継続してくれるということだったので，この方法を了解した。

5　残された課題

　児童虐待への対応は，子どもの生命がかかっているため，ケースワーク的な支援だけでなく司法を絡めた支援も必要となってくる。近年，児童虐待防止法の度重なる改正により司法の整備も進み，子どもの救済の手立ては大きく変化してきている。それでも親権という問題が行政機関の支援と対立することも度々あった。例えば，深刻な医療ネグレクトケースでは，従来は親権喪失や児童福祉法第28条の申立などを同時に行うなどの方法により対応がなされてきた。しかし児童相談所にはケースの緊急性から早期に判断を求められる一方，親権喪失が決定するとその回復が難しく，親子の縁を生涯にわたって切ってしまうため，難しい判断が求められることになる。このような問題の解消策として「親権の一時停止」制度が2012（平成24）年4月の法改正により可能となった。ただ臨検（強制的立入調査）制度が法的枠組みとしてすでに創設されているが，十分に活用されていないという指摘もあるように，いかにこうした司法制度を支援と組み合わせて行うか，またそれを実践する児童相談所の職員の専門性をどのように高めるかなどが課題となっている。

　虐待を受けた子どもの支援では，心のケアをどのように行うかということが課題となっている。本章第4節第2項の事例で紹介したが，現状ではケア体制が全国的に十分備わっているとは言い難い状況にある。また児童養護施設等の職員の資質向上も課題となっている。施設で生活している子どもは心理治療室

以外の場所（居室や学校）で一日の大半を過ごしており，そこでの職員と関わりの中で育っていく。児童福祉施設の基準は2011（平成23）年に見直されたが，それでも決して十分ではない。

　最後に，子どものケア単位も支援の重要な課題となっている。里親の絶対数が不足しており，また建物構造の問題のため新たな支援体制が組みにくくなっている施設が多数存在するなど（建替のための経費などのため），課題は山積しているのが現状である。

参考文献

厚生労働省社会保障審議会児童部会児童虐待等要保護事例の検証に関する専門委員会「子ども虐待による死亡事例等の検証結果等について（第7次）」(http://www.mhlw.go.jp，2011年8月1日アクセス)。

厚生労働省雇用機会均等・児童家庭局「第13回社会保障審議会児童部会社会的養護専門委員会資料」(http://www.mhlw.go.jp，2012年1月30日アクセス)。

「児童の権利利益を擁護するための方策について　社会保障審議会児童部会児童虐待防止のための親権の在り方に関する専門委員会報告書」2011年1月28日。

厚生労働省雇用均等・児童家庭局「児童養護施設入所児童等調査結果の概要」(http://www.mhlw.go.jp，2009年8月3日アクセス)。

厚生労働省雇用均等・児童家庭局「社会的養護の課題と将来像」(概要9　児童養護施設等の社会的養護の課題に関する検討委員会・社会保障審議会児童部社会的養護専門委員会とりまとめ概要)(http://www.mhlw.go.jp，2011年8月10日アクセス)。

第15章　社会的養護のこれから

1　社会的養護の変遷と改革

　わが国の社会的養護は，ここ数年で大きく変わろうとしている。元来，家庭環境を奪われた子どもに対して，家庭に替わる養育環境を提供するのが児童家庭福祉の役割の一つである。児童福祉法が制定されて60年以上経過し，その間にたびたび改正されて児童福祉施設の名称が変更されたりはしたが，保護が必要な子ども（約4万7,000人）の9割は，乳児院や児童養護施設等で生活をしている。また，児童養護施設の7割は大舎制であり，大規模施設である。大きな建物に児童居室や食堂，便所，浴室，娯楽室等の設備を作って多くの子どもを生活させることは，利便性があり，効率的である。学生寮や企業の社員寮はそれでもよいが，家庭に替わる児童養育の場としては不適切である。家庭に替わる児童の人格形成の場としては問題があるので，近年は小規模グループケアを取り入れるようになってきた。

　第2章などでも解説したが，戦後の混乱期に，戦災孤児や浮浪児など家族を失った子どもが急増したために，仏教（寺院）やキリスト教会の宗教家や教育者等の民間の有志者が私財を提供し，寄付金を集めて児童養護施設を創設し運営したのが嚆矢である。これは明治期に石井十次が岡山孤児院を創設したことと類似している。1951（昭和26）年に社会福祉事業法が制定されて，社会福祉法人が施設を運営することになり，措置費制度も確立されたために，施設に入所している児童の生活費や職員の人件費も国と地方公共団体が負担することになった。これは社会福祉事業のすべての分野において多大な発展の礎となった。しかし乳児院や児童養護施設が児童の健全育成の場であることを考えると

児童福祉の施策としての課題は多いのが実状であった。

児童憲章には,「すべての児童は,家庭で正しい愛情と知識と技術をもって育てられ,家庭に恵まれない児童には,これにかわる環境が与えられる」と謳われている。また児童権利に関する条約には「児童の意見表明権」や「虐待や放任から守られる権利」「児童の最善の利益が保障される権利」等が規定されている。このように法律などで,子どもの生きる権利は保障されているように見えるが,社会的養護の実施形態からみると施設における大人数による養護が主力であり,里親家庭における養護などの家族的な養護は,なかなか普及していないのが現状である。

現在,厚生労働省は,社会的養護における施設偏重の考え方を見直そうとしており,里親制度等の拡充に向けての取り組みが進められている。2009(平成21)年度から里親手当を大幅に増額し,子ども5〜6人を家庭的な環境の中で養育する小規模住居型児童養育事業(ファミリーホーム)を制度化した。これからの社会的養護は,これらの家庭的な養護をいかにして進展させていくべきかが課題となっている。

2 施設内虐待の背景と防止

(1) 暴力の背景

暴力行為そのものについて考えると,力の強いものが弱いものに対して一方的に行うものである。家庭で親が子どもに,学校では,教師が生徒に,上級生が下級生に対して,しつけや指導・訓練のためにという理由で暴力行為をすることが当然のように考えられていた。

規則を守るためやしつけ上の体罰や指導・訓練上での暴力が,エスカレートして身体的,精神的な被害が発生することが度々あり,また顔を殴られたため鼻の骨折や耳の打撲で聞こえなくなったりする事件も発生したことがあった。また,精神的な悩みから自殺に追い込まれることもあった。さらに暴力を受けた者が障害を抱え,暴力をした者に対して訴訟を起こすこともあった。また,

1980年代から家庭内暴力や学校内暴力が一つの社会問題として取り上げられるようになった。

　児童養護施設においても，盗みをした子どもや悪戯をした子どもに対して，職員が体罰と称して暴力行為をしていたのである。とくに大舎制の施設では，生活を維持するためには規則が多くなるため，管理的な面から大人が一方的に暴言をはいたり暴力をふるうことがあったのである。このような暴力的な支配を是認する傾向は，1989年に国連で採択された「児童の権利に関する条約」（わが国は1994年に批准）の第19条「監護を受けている間における虐待等から保護される権利」を契機として大きく変化することとなった。

　児童養護施設などを指導・監督している地方公共団体では，「子どもの権利ノート」等を作成して，施設入所児童に配付して人権の尊重，体罰の禁止，子どもの意見表明権などを周知させるようになったのである。

（2）体罰の歴史

　前述したように，わが国の学校教育の現場では，児童の指導監督のために，教師による体罰が行われてきた。規律を乱した者，教師の命令に服従しない者，不正なことをした者に対しては体罰という行為でもって指導したのである。体罰は，児童を指導する手段としてとらえられていた。昔の軍隊の教練も同じような手段で上官が暴力行為を行っていたのである。人間を正しく導くためには，体罰が必要とみなされていたのである。

　明治期に石井十次が岡山孤児院を創設して，多くの孤児を保護し養育していた時，入所児童の中に盗みをする児童がいた。石井十次は，体罰で止めさせようとしたが，夫人に「大切な子どもを叩いてはいけない」と説得された。その後，石井十次は「非体罰主義」を岡山孤児院の教育理念の一つとして児童養育にあたったのである。

　わが国の児童養護施設は，戦後，戦災孤児対策として急速に発展したが，その形態は大規模施設であり，少ない職員が集団指導を展開していた。そして，生活の質が低いために，施設長や職員による体罰や暴力・暴言が行われた。例

えば，一つの居室に10人の子どもが生活している場合には，力の強い者（または上級生）が自分に有利な行動をする。それを発見した職員が上級生に対して暴力で指導する。その結果，職員のいない所で子どもの暴力によるいじめが発生するのである。

施設内で職員（直接援助者の保育士や児童指導員）による体罰は，子どもをしつける上で当り前のことと思われていた。集団養護体制では，命令的な言葉を使って子どもを指導することで施設の集団生活は維持することができたわけで，それができない職員は，リーダーシップのない，頼りない職員と呼ばれたのである。

（3） 施設内虐待の事例

児童福祉施設の中では，子ども同士や，職員から子どもへ，また子どもから職員へとさまざまな暴力があり問題となっている。暴力行為が明るみに出されることは少なく，子どもが施設を退所した後，退職した職員が児童相談所や警察に報告したために判明した場合が多い。しかも10年，20年と経過してから暴力の実態が判明することも多いため，単なる話題となるだけで施設内援助の問題点として改善されることがほぼなかった。施設内の虐待事例としては，以下のような例がある。

① 子ども同士の虐待
・高校生からカードゲームを強要されて，お小遣いを取られた小学生。
・居室内で夜中に高校生から嫌がらせを受けた中学生。
・ケンカの強い子が，食事中に嫌いなおかずを他の子に押し付ける。
・テレビのチャンネルを勝手に変えて反対したら殴られた。
・面会の時に買ってもらった服をカッターで切られた。
・職員に甘えたのをとがめられて，大きい子から出て行けと言われた。
・男子高校生に夜中に性的虐待を受けた女子中学生。
② 職員の虐待

・いつも命令的な言葉づかいで，指図をする，偉そうな態度をする。
・勉強のできない子どもや行動の遅い子どもを叱る。子どもの欠点を指摘する。
・管理的で施設の規則を守ることばかりに重点を置く。
・万引をして警察に保護された子どもを殴る。
・施設長の顔色を見て仕事をする。子どもの気持ちを考えない。
・勤務時間にこだわり，子どもの状態を正しく把握しない職員。
・身体の大きい子どもや気の強い子どもに対して遠慮する職員。

　ここに取り上げた虐待事例は，ほんの一部である。施設内における児童間の暴力は頻繁に行われており，中には殴られて骨折に至った例もあるが，被害者自身が，相手のことを公表せず隠していたケースもある。
　また，ある県の民間児童養護施設では，施設の経営者が非民主的，管理的であったため，高校生が中心になって集団脱走をして児童相談所に訴えたというケースがあった。行政が特別監査と子どもからの聞き取り調査の結果，施設長の変更，施設理事会に対する改善命令が出された。この事件はマスコミにも取り上げられて児童福祉施設の公的責任が問われたのである。
　1997（平成9）年の児童福祉法の大幅な改正により，児童自立支援を重点課題として施設の名称変更や児童家庭支援センターの創設などが行われ，新たな社会的養護の仕組みが制度化された。
　さらに，1998（平成10）年，国は児童福祉施設最低基準（現・児童福祉施設の設備及び運営に関する基準）の改正により，施設長の懲戒権濫用禁止，さらに施設職員には虐待等の禁止を課し，しつけなどの理由で体罰が行われることは，ほぼなくなったのである。

（4）施設内虐待の防止
　過去の施設内虐待を振り返ると，児童養護施設をはじめとして児童福祉施設としての体制そのものが貧困であったと思われる。施設の運営に関する予算が

少ないため，少ない職員で大勢の子どもの生活を援助するためには，子ども一人ひとりの個性や状態を把握することが難しかった。保育士など子どもと直接に関わる者は，専門職としての知識と技術を修得しているとはいえ，施設の現場では，長時間勤務などによる過労が原因で，正しい判断で子どもを導くことができなくなるのである。

つまり，児童福祉施設は，建物や設備などハード面が整備されたとしても，子どもと関わる職員の勤務形態や待遇，余暇，研修などのソフト面が整備されていないと子どもの生活そのものが守られないといえるのである。施設は，子どもにとっては生活の場であり，余暇を楽しむことができる気楽なところであるべきである。しかし，職員にとっては職場であり，緊張するところで勤務時間中のみいる場所である。この矛盾は，福祉施設における対人援助方法や内容の永遠のテーマであろう。

つまり，施設内虐待を防止するという観点からみれば，児童福祉施設において子どもの正しい成長発達を保障するためには，施設職員の配置基準を改正して，職員数を増やすことや職員待遇の改善，研修体制を整備するべきである。そのためには施設の経営者のあり方が問われている。民間施設の中には，独断的，管理的な経営方針で運営されているために職員の専門性が活かされていない所もある。民主的な施設運営をしている施設には，職員による虐待は発生しないといっても過言でない。

(5) 虐待防止への取り組み

児童養護施設を中心として，虐待を防ぐ方法の要点を述べる。

1) 施設内の小グループ化

小グループに分けて生活すること。5～6人の小集団で生活することによって，子ども同士の意思が伝えやすいこと。職員の目が届くこと。グループ分けの方法はよく検討すること。年齢別，男女別があるが，子どもにアンケートをとり，一人ひとりの意見を取り入れること。生活単位が小さい所では，不満や不快感が少なくなり，暴力はできにくくなる。また，職員と子どもの接触が多

くなり相互信頼感もつくりやすい。

2）話し合いの場を多くする

職員と子どもとの話し合いが多ければ多いほど意思が通じ合いやすくなるため，他の人の気持ちや立場を理解することができるようになる。衣・食・住・遊・学などすべてにわたって意見交換をすることによって，暴力やいじめのない楽しい生活を築くことができる。職員は子どもの意見を受け止めて，きちんと答えることが大事である。

3）記録をとり開示すること

子ども会議，職員会議の内容は綿密に書きとどめておくこと，記録の方法は，記録者の主観を入れないこと，ありのままの記録を施設長が点検して，職員と子どもとの繋がりを把握して生活の改善などに活用することは重要であり，記録の報告と開示は，虐待防止に役立つ。

（6）苦情解決委員会

施設の第三者委員会・苦情解決委員会は，3カ月に一度ぐらいの間隔で開催して，子どもの状態や意見を組み入れるべきである。また，子どもの意見箱を設置して，子どもの苦情を把握して対処することによって虐待を防ぐとともに生活の質を上げることができる。子どもの意見が取り上げられることにより，食生活をはじめ生活の形態までも改善された例は多い。施設の生活では，普通の家庭生活では考えられないほど多くの苦情や問題点がある。例えば，入浴やトイレの順番，テレビのチャンネル，言葉づかい，体臭，いびき等…他人同士の共同生活では必ず不満や苦情が出ることを認識しなければならない。

国（厚生労働省）は，2000（平成12）年に成立した「児童虐待の防止等に関する法律」（児童虐待防止法）と連動させて，社会的養護関連の施策を実施し，児童福祉法第6節に被措置児童等虐待の防止等を盛り込んだ。この法律の第33条の10から17では，被措置児童等虐待の定義，禁止行為，通告，秘密保持，通告への措置が謳われている。また，施設長や職員，里親等が行う暴力，わいせつ行為，ネグレクトおよび心理的外傷を与える行為等の他に，他の児童による行

為の放置,子ども間の暴力の見過ごし,不十分な対応も被措置児童等虐待と規定している。なお,施設に入所している子どもが,虐待を受けた場合には,子ども自身が届け出ることができる。

また,2009(平成21)年度から国は,知道府県・児童相談所が設置された市に向けて「被措置児童等虐待防止ガイドライン」を策定して,その取り組みや対応手続きを示している。この対策は,社会的養護に関係するすべての児童福祉施設や里親における児童虐待を一般家庭で起こる児童虐待と同等にとらえており,施設内や里親家庭で虐待が発生した場合に,虐待事件として社会問題として訴えられるようになったのである。

3　児童養護施設の小規模化

(1) 小規模化への取り組み

わが国の児童養護施設は,約7割が大舎制(1舎20人以上)の形態をとっている。大きな建物の中で児童全員が利用する食堂や風呂場や集会室があり,集団生活を営んでいる。中舎制(13〜19人)や小舎制(12人まで)もあり,大きな建物の中を区切りホーム型として玄関,台所,食堂,風呂場,居室が設置されている。近年,施設の建物の老朽化のために建て替えが行われる際に家庭的な雰囲気をつくるために,小規模グループケア(ユニットケア)が取り入れられるようになった。これは本体施設の敷地内又は地域内で本体施設と連携が取れる原則6人という小規模ケア単位で,家庭的な環境の中で職員と個別的な関わりをつくれるケアをするものである。

児童養護施設の小規模化については,今まで多くの児童福祉の専門家や施設の経営者がその必要性について訴えてきた。また厚生労働省では,社会保障審議会児童部会社会的養護専門委員会を開催して議論を深め,社会的養護における家庭的養護の推進に向けて取り組んでいる。第12章等で述べたとおり,「地域小規模児童養護施設(グループホーム)」と「小規模住居型児童養育事業(ファミリーホーム)」が制度化されて新しい社会的養護の展開が進められている。

筆者は，長年にわたり大舎制の児童養護施設で子どもの養護に携わってきたが，施設の小規模化は悲願である。集団養護には，多くの利点もある。グループ活動を通して，子ども同士の相互関係が形成されて，人格を高めることができる。集団の力を活用することによって，子ども自身の潜在的な力を伸ばすことができる。児童指導員や保育士が，民主的なグループワーカーとして，その知識と技能を発揮することによって，子どもの成長発達に成果を挙げることができる。それは専門職員の適切な配置とスーパービジョンが展開されてこそ達成されるものである。

集団養護では，家庭生活を体験することは不可能であり，子どもを個別化して援助することには限界がある。乳幼児期に施設に入所した者が，保護者との関係が調整されないために，家庭に復帰することができないで18歳となり，施設を卒園して社会人となった場合，家庭生活そのものを全く知らないのである。

グループホームやファミリーホームが制度化されて，やっと要養護児童が家庭生活を体験できる機会が訪れたのである。定員6人の子どもに対し3〜4人の保育士などの職員が配置されて生活支援をするので，当然，人件費は高くなる。児童養護施設は，家庭の代替機能を持っているので，生活単位を小さくしてより家庭に近い環境となるようにし，地域社会に密着した小規模施設に転換することこそが，子どもに対して最善の利益を受ける権利を保障することになるのである。

厚生労働省の社会保障審議会児童部会社会的養護専門委員会がとりまとめた「社会的養護の課題と将来像」（2011〔平成23〕年7月）では，児童養護施設の課題と将来像について，次のように述べている。

① 小規模化と施設機能の地域分散化が家庭的養護の推進につながるものとみなし，将来は全施設を小規模グループケア化（オールユニット化）する。本体施設を小規模化する場合には定員45人以下にする。
② 本体施設は，精神的不安定等が落ち着くまでの専門的ケアや地域支援を行うセンター施設として高機能化する。

また，地域分散化を進める児童養護施設の姿については，次のように述べている。

① 児童養護施設は，1施設につき，小規模グループケア最大で6カ所と小規模児童養護施設1カ所を持ち，小規模グループケアは本体施設のユニットケア型化は無論の事，できるだけグループホーム型を推進する。
② 1施設につき概ね2カ所以上のファミリーホームを持つとともに，地域に施設と連携する里親の集団を持ち，里親支援を行う。
③ 児童養護施設の本体施設での長期入所を無くし，グループホームや里親への支援を継続しながら家庭的な養護を行える体制に，すべての施設を変革していく。

（2）小規模施設の実際

　筆者は，2012（平成24）年6月1日より，小規模住居型児童養育事業（ファミリーホーム）を開設して事業を実施している。住居は3階建ての一軒家を借用して筆者夫妻が専任養育者として住み込んで児童を養育している。また，養育補助者として児童養護施設の仕事を経験した保育士3人を配置して交替勤務をして児童の生活支援にあたっている。現在，児童相談所から虐待を受けた児童6人（小学生・中学生・高校生）を預かって生活支援，教育支援活動を実施している。養育者（スタッフ）の呼び方は，おじいちゃん，おばあちゃん，お兄ちゃん，お姉ちゃんとしている。生活の基本としては，養育者が買い物と調理をして子どもと一緒に食卓を囲み，楽しいひと時を過ごすことに重点をおいている。

　施設の形態は，社会福祉法人の児童養護施設に所属しているので法人型（施設型）のファミリーホームということになる。ホームの養育方針は，個人を大切にすることと家庭的な育て方をすることであり，一人ひとりの希望や要求をできるだけ受け入れて支援している。

4 社会的養護の当事者活動

　社会的養護で育つ子どもは，子どもであるがゆえに「政治権力や経済力の中心から遠く隔絶され，みずからの取り扱われ方に実質上何の意見表明も行えない」状態に置かれてきた。「『私のことは私が決める』というもっとも基本的なこと」を奪われてきたともいえる。子どものみならず，女性，高齢者，身体障害者，患者，精神障害者といったこれまで日本社会から排除されやすい状態に置かれた人々は，他者によって自らの処遇を決められてきた。これらの人々が，現代の社会に対し不足や欠乏を感じ，「私のことは私が決める」という根本的で基本的なことを取り戻すために声を上げ始めた。それが，当事者活動である。これまで当事者活動は，社会福祉政策およびケアの変革にいくつもの貢献をもたらしてきた。

　その一つは，「サービスニーズを顕在化させて行政のサービスを改善したこと」である。支援者によって「必要であろう」と考えられてきた支援が，実はケアを受ける側にとっては全く意味をなさないと気づかされる。逆に，当事者の声によってこれまで得られなかった視点をもつことができる。これらの過程によって，ケアが改善されていくのである。

　2000（平成12）年代以降，社会的養護で育った人たちの声を発信する当事者活動が立ち上がってきた。当事者活動は，他の当事者活動同様，社会的養護におけるケアを改善する可能性がある。社会的養護における「子どもの声を聴く」ことは，多くの当事者活動がたどってきたプロセスと比べると，ほんの入り口に立ったところである。本節では，社会的養護における当事者活動の現在を整理し，その困難さを踏まえ，今後の課題について述べたい。

（1）社会的養護における当事者活動の現在

　2000（平成12）年以降，施設で育った人たちによって，表15-1のような社会的養護の当事者活動と呼ばれる団体が2000年代後半から次々と立ち上がった。

表15-1　日本における児童養護施設経験者による活動団体

団体名	場所	発足年
社会的養護の当事者エンパワメントチーム　CVV (Children's Views and voices)	大阪	2001
社会的養護の当事者参加推進団体　日向ぼっこ	東京	2006
社会的養護の当事者参加民間グループ　こもれび	千葉	2008
社会的養護の当事者推進団体　なごやかサポートみらい	愛知	2008
退所児童等アフターケア事業ひだまりから当事者グループレインボーズが誕生	鳥取	2008→2010
社会的養護の当事者自助グループ　だいじ家	栃木	2010
奈良県社会的養護の当事者団体　明日天気になぁれ	奈良	2011
社会的養護の当事者参加推進団体　ふたばふらっとホーム	東京	2011
社会的養護の当事者グループ　One love One life	兵庫	2012

出所：内田龍史「児童養護施設生活者／経験者の当事者活動への期待と現実」西田芳正編著『児童養護施設と社会的排除』解放出版社，2011年，180頁を一部修正。

　1990年代以降日本とカナダの交流によって，2001（平成13）年に誕生したのが大阪の「CVV（Children's Views and Voices）」である。施設で育った若者たちが，カナダのオンタリオ州を訪問する機会を得た際に，カナダの里親で育った若者たちが里親のケアについて否定的な側面を含め率直に語り合い，待遇の改善を要求する姿に影響を受け，日本でも同様の場所を作ろうと立ち上げた団体である。2006（平成18）年3月には，「社会的養護の当事者参加推進団体日向ぼっこ」が結成された。社会的養護で生活していた人たちの孤立防止やエンパワメントである居場所・相談事業と，当事者の声を集め援助者や行政，市民に発信していく当事者の声・集約啓発事業を行う。2007（平成19）年4月には日向ぼっこサロンを開設した。「日向ぼっこ」は，設立当初から社会的養護で育った人の声が政策に反映されるよう尽力してきたが，2011（平成23）年に「日向ぼっこ」代表が初めて厚生労働省で開催された児童福祉の将来構想を検討する「児童養護施設等の社会的養護の課題に関する検討委員会」の正式な委員として就任した。社会的養護で育った人が将来の児童福祉政策に影響を与える会議の正式な委員となり，声を反映する機会を得たことは，当事者活動の具体的

な成果である。

　2010（平成12）年4月には，社会的養護の当事者グループと朝日新聞厚生文化事業団が，社会的養護の当事者グループ全国ネットワーク「こどもっと」を結成した。

　社会的養護で育った人たちの声が発信されるにつれ，施設で育った人たちの声を聴く試みは，施設職員の研修や学習に位置づけられるようになる。全国の児童養護施設長が集まる会議では，第57回全国大会から分科会の一つとして「子ども（当事者）の声を聴く」が設けられ，以降59回大会まで継続された。また，児童福祉の各種専門誌で，施設で育った人たちが自らの生い立ちを執筆したり，座談会で経験を語ったものが掲載されたりするなど，継続して取り組まれるトピックとなっている。

　ここまで述べたように「子どもの声を聴く」ことの重要性は，広く認識されるところである。しかしながら現状においては，発せられた声は，それを受け止めた施設職員をはじめとする児童福祉関係者の心がけにのみ還元される側面がある。もちろん，「子どもの声を聴く」ことによって，自らの資質を向上していくことは重要であるが，社会的養護で育った人たちが声を発するまでの困難さを鑑みると，「子どもの声を聴く」ことの成果は，単に資質の向上にのみ還元されてよいものではない。

（2）社会的養護で育った人たちが声を発していく困難

　社会的養護で育っている子ども，あるいは育った人たちが，ケアについて声を発する際にはいくつかの困難さが立ちはだかる。

　まず挙げられるのが，生育歴において損なわれた意欲や能力における困難さである。子どもの意見表明の一つである子ども参加について世界をフィールドワークし，調査研究にまとめたハート（R. Hart）は，子どもが声を発していく際の意欲や能力を阻害する最大の要素は，自分の属している社会階級や文化をどう感じているかというような，自分自身に対する感情であるという。[6] 貧困に加えて差別と無力感を感じる経験が重なったときに，子どもの自分に対する感

覚および何かを変えようとする力は大きく打撃を受けてしまうのだ。
　こうした生育歴の困難さに加え，施設での生活は，そうした生育歴における傾向をより強化するような側面がある。施設で育ったある女性の語りを紹介しよう。

　　「施設で生活してる子って，『なんで自分はここにいないといけないんだろう』とか，出てからも『なんで自分だけこんなしんどい思いしないといけないんだろう』ってなったときに怒りとか思いをぶつけるところがなかったりとか。『しょうがない，もうしょうがないやん』とあきらめてしまうことがすごく多かったし，それは結構どの子も持ってるじゃないかなあと思うんですけど。(Cさん／22歳／女性)(7)」

　このような経験は，Cさんのみではない(8)。施設生活では，無力感と我慢が積み重なりである「身体化されたあきらめ」が習得されてしまう(9)。
　積み重なった困難さを越えて，社会的養護の当事者活動は立ち上がってきた。しかし，今後の事態もそれほど楽観視できるものではない。日本におけるマイノリティの若者の権利，当事者活動について研究する内田龍史は，社会的養護の当事者活動は，施設を退所すると施設で生活していたことの困難さは薄れていくことや当事者の経験が多様であることから「われわれ意識」が見出しにくく，当事者同士が結集するための軸を持ちにくいという(10)。実際のところ，それほど多くの財政的支援もないなか，社会的養護で育った人たちの人並み以上の頑張りと努力によって，活動は継続しているのが実態である。
　また，「子どもの声を聴く」という全国的な取り組みであった全国高校生交流会が，10年で終わりを遂げてしまった事実を深く認識する必要がある。高校生交流会は，「児童養護施設で生活する高校生同士が自らの生活について語り合い，自己発見を通して，施設生活をとらえなおし，自己実現を図るための一助をめざす会」であった(11)。1988（昭和63）年に鳥取県で第1回目の全国高校生交流会が行われて以来，全国の活動は第10回まで続けられた。全国高校生交流

会は，子ども自身の意見表明の重視および施設ケアに対する評価の声を出す機会であった。しかし，児童の権利に関する条約の内容について理解した高校生が自身の生活する施設の体罰を新聞社に告発したことで，一転して単なるレクリエーション活動に変容してしまう(12)。施設内虐待が可視化されてきた現在と異なり(13)，高校生の告発は，当時の施設にとっては禁忌事項が暴露される事態であった。高校生が声を発した場所に同席した桑原教修は，その事件をきっかけとして崩れていった交流会をふりかえり，「あの時が，子どもの問題を真摯に受け止めるチャンス」であったにもかかわらず，「子どもの声を聞くということがタブーだった」と当時の施設現場の限界をふりかえる(14)。当事者の声が，現在のシステムを維持する人たちの意に沿わない時には，いつでもその声が握りつぶされてしまう危険性があることは否定できない。

(3) 今後の課題

　ここまで述べてきたことから，今後もっとも重要な点は，発せられないままの声をいかにすくい取り，聴きとげるかという点であろう。「子どもの声を聴く」ことをどのように支えていけばよいのだろうか。

　内田龍史は，当事者が声を発していく際には，施設で生活している，生活していた自分自身を受け入れるプロセス，そうした自分を自己了解するための物語が必要であると指摘する。物語構築のためには，児童養護施設とは何か，社会的養護とは何かといった疑問に向き合い，それを理解することが前提になる。そのうえで，親身になってくれる施設職員の存在や，施設生活や経験を肯定的に受け入れてくれる他者の存在が大きな役割を果たすという(15)。

　こうしたプロセスを実質的に保障してきたのが，イギリスの社会的養護施策の「エンパワメント」の30年間である(16)（図15‐1参照）。

　すべての起点は，1976年に行われた「養護児童の声・会議」という世界で初めて社会的養護で育った当事者がケアについて声をあげた会議である。Who Cares?（フーケアズ）と呼ばれるその活動は，イギリスと関係の深いカナダやオーストラリアへと波及し，イギリス国内においても社会的養護の当事者の声

図15-1　イギリスの社会的養護当事者運動の展開と成果

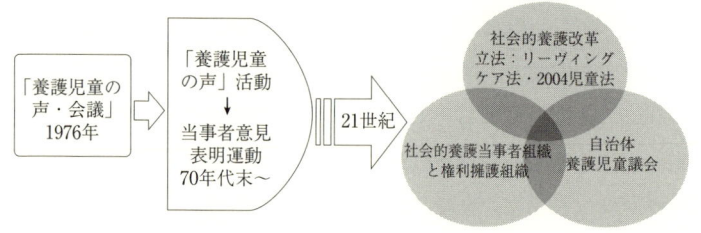

出所：津崎哲雄『養護児童の声——社会的養護とエンパワメント』福村出版，2010年，27頁。

をあげるための組織的活動が誕生していく。初期の活動は，社会的養護を経験した当事者の意見表明に集中しており，提供される生活の質について語り合い，ケアを提供する側に当事者の感じていることを発信することであった。その過程で，社会的養護とは何かという問いに答え，子どもの権利を伝える『権利ノート』も発刊されている。こうした活動は，次の3つの成果をもたらす。社会的養護当事者組織の継続的な発展，社会的養護で育った人たちの声が施策に実質的に反映されるような仕組みの整備，ケアで育ち，そこを離れた若者たちが一人前の大人になっていくことを促進する総合的司法である児童法（リービングケア法）の制定である。津崎哲雄は，イギリスの展開を「エンパワメント30年」，日本のそれを「失われた30年」と意味づける。日本の全国高校生交流会が，イギリスの「養護児童の声・会議」と非常によく似た手法をとっていたからである。

　イギリスの取り組みから学ぶことは，「子どもの声を聴く」ことを実質化するための制度や法律を整備していることである。それは，声を発しにくい状態にある社会的養護で育つ子どもが，声を発していく過程を具体的に支えるものである。そして，その発せられた声が第一義的に子ども本人のエンパワメントにつなげるだけでなく，施策や制度に実質的に反映するような仕組みを構築しているのである。現在の日本のように，「子どもの声を聴く」ことが，実践現場におけるケアを担う人たちの心がけやスキルの問題にのみ還元されるだけでは不十分なのである。ようやく発せられた声をいかに聴きとげていくか。今後

の私たちの取り組みが問われている。

5　専門職員の待遇改善・研修と第三者評価

　社会的養護の担い手は，児童福祉の専門的な知識と技術を備えた専門職であるが，家庭環境に問題を抱えた児童に対して適切な援助をするには感性の豊かな人材が要求される。専門的な資格としては，保育士が最も多い。児童指導員は，保育士資格を有しないが大学で社会福祉学や心理学，社会学等を専攻して社会福祉主事や社会福祉士の資格を有したものが配置されている。乳児院や児童養護施設の保育士や児童指導員の職務内容は，まず衣食住に関する育児・家事に関することが中心となる。また，学習，遊び，看護，しつけなどの子どもの生活を維持することのすべてに関わる。要するに対象児童の人格形成を担っているのである。近年，虐待を受けた児童が社会的養護の対象者として増加するに至って，心理治療を施す専門職の必要性が高まり，心理療法担当職員が配置されるようになった。社会的養護に関わる専門職員の存在価値は高く，重要性を持つものである。

（1）専門職員の待遇

　保育所以外の児童福祉施設は，民間の福祉施設が多く，社会福祉法人が施設を運営している。施設の運営経費は，国と地方公共団体から支給される措置費による。措置費によって，職員の人件費，管理費に該当する事務費と入所児童の生活諸費，教育諸費に該当する事業費がまかなわれている。また措置費の中の経常事務費に児童一人1カ月あたりの単価が設定されており，その点を踏まえ，毎月人数分が支給されている。[19]

　職員給与は，それぞれの法人で給与規程が制定されて，職員の基本給与（本俸，特殊業務手当，その他の諸手当）が決められている。給与体系は，国家公務員の給与ベースが基本となっているが，都道府県，指定都市の地方公務員の給与ベースが参考となって給与基準が形成されている。1975（昭和50）年頃まで

は給与基準が低く，公務員はもとより民間企業の給与体系と比べるとかなり低く設定されていた。1975年頃から，民間社会福祉施設職員給与改善費や各種専門職員加算が認められるようになった。また，乳幼児加算や虐待児対応加算などが計上されている。現在は，公務員に準じているため，職員の給与基準は公務員並みに支給されている。ただし，地方公共団体において独自に補助金を加算する場合もある。

　施設の措置費は，施設の定員払いによって支払われているため，定員の大きい施設と小さい施設では措置費収入には差が生じる。一つの法人が，施設を何カ所か運営している場合は，収入は多くなるとともに職員数や勤務年数によりかなり運用が柔軟となる。長期勤務者や主任，副施設長，施設長など給与が高くなると事務費が圧迫される。そうなると，新任職員の初任給を下げたり，定期昇給を見送るようになる。近年の児童養護施設の新任職員給与の例では，基本給（本俸17万5,000円，調整手当，特殊業務手当，宿直手当等2万5,000円）20万円×15カ月（賞与3カ月）となり，概算年間約300万円である。これより下がる場合もあるので，専門職としては低賃金である。

　専門職員の待遇を改善するためには，職員の基本給を上げなければならないが，そのためには措置費の経常事務費の単価が上がらないといけない。つまり，国の措置費基準を上げなければならない。社会的養護の対象児童は，国と地方公共団体の税金によって養育されているので，保護児童の数が国の児童総数の1％であるとしても，その児童の成長，発達する権利を保障するためには，措置費を引き上げることが必要であり，避けては通れない課題である。

　施設職員の勤務形態は，早出，遅出，日勤，宿直，夜勤，断続など多種多彩である。しかも土，日，祝日勤務が多くなり，年次有給休暇が取りにくい職場である。当然，職員の心身の負担が重く，過労の状態が継続する場合が多い。そのため，保育士など子どもに直接かかわる職員の数を増やすことが必要である。

　厚生労働省は，2011（平成23）年6月30日に児童養護施設の職員配置基準を見直す案を公表し，小学生以上で現在6人に1人の職員基準を4人に1人に引

き上げる目標を示した。配置増に必要な国費は200億円と試算している。2013（平成25）年度開始の新しい子育て支援制度の中で予算化して，基準を見直す予定である。また，定員6人の地域小規模児童養護施設（グループホーム）や小規模住居型児童養育事業（ファミリーホーム）を3分の1ずつ増やす計画である。

（2）専門職員の研修

　社会的養護の対象児童は，年々増加するとともに，ますます複雑な問題を抱えるようになり専門的な治療と援助が必要となっている。家庭で親に愛されず虐待された子ども，学校でいじめにあって不登校になった子ども，家に閉じこもって誰とも話をしない子ども，自閉症的な行動をとる子どもなどへの援助のため，専門職員には，より高度な専門的な知識と技術が求められている。大学や専門学校で基礎的な学習を修得しているが，福祉施設の現場に入ると戸惑うことが多く，子どもへの対応が難しくなる。そこで福祉現場の専門職員に対する研修のあり方，内容が重要になる。

　新任職員に対しては，法人独自の研修会を行って法人の各種規約や制度の内容を詳しく説明して，それぞれの児童福祉施設の機能や役割を把握させることである。講師は，法人の理事長はじめ施設長，副施設長，主任などが担当して，施設の実情を行政機関や他の業種の施設との連携や協力の方法を教えた方がよい。また，就業規則や給与規定，管理規定など施設職員としての基本的な決まりを熟知して施設の福祉理念や福祉方針を正しく認識するように指導しなければならない。乳児院や児童養護施設は24時間交替勤務体制が組まれているため，その仕組みが複雑なので，新任職員が理解できるよう配慮すべきである。

　新任職員が早く施設の雰囲気に順応して，先輩職員との信頼関係を形成するために，研修センターや国民保養所等を借用して一泊研修やレクリエーションを取り入れることも一つの方法である。新任職員歓迎会と称して派手に飲み食いをする施設もあるが，一時的に楽しませるためだけに施設の経費を使うことはやめるべきである。

　新任職員の中でも保育士の場合，子どもと直接に触れ合って生活のすべてに

わたって援助する立場であるから，先輩保育士から子どもの状態をしっかりと引き継ぐための方法を学ぶことが必要である。子どもは新任職員に対しては自分の立場を認識させるために，いたずらをして試し行動をとることがあるので，子どもの言動に動揺しないよう助言することが必要である。新任職員を落ち着かせるための研修の際には，主任などの先輩者との親密な話し合いが必要であり，主任が新任職員の状態を受け止めて親身になって指導するべきである。

　10年以上勤務した中堅職員の研修は，施設単位の研修よりも都道府県単位の施設連盟が主催して実施することが多い。研修に要する経費は，参加者の施設負担もあるが施設連盟や施設協議会が公的な補助金で実施する。研修の講師についても，大学や専門機関の研究者や専門職員を選任して，専門的な研修プログラムを組むことができる。また，施設長の中には専門的な学識者もいるので活用できる。研修内容は，社会的養護における専門性の獲得，児童相談所など関係機関との連携のあり方，家庭支援のあり方やケースカンファレンスの方法と実際などである。最近では，虐待を受けた児童に対する心理治療の方法や発達障害児への支援方法を発達障害児の専門家から学ぶ研修をすることが求められている。

　主な研修方法の一つとして，受講者は施設現場における児童援助の課題を持ち寄って，グループワーク等の手法を用いて実践的な研修効果を高める方法がある。受講者には，振り返り用紙を記入，提出させて，講座が期待どおりであったか，専門的な技術向上に役立ったか，今後，施設において活用すべきかどうかなど，研修の効果を述べてもらうこともある。

　20年以上勤務した職員には基幹的な幹部職員としての研修が必要である。この研修の方法としては，都道府県における社会福祉の専門団体に委託する方法がある。研修の経費は，国や地方自治体の補助金と参加施設負担金でまかなう。研修内容は，施設の運営・管理とリスクマネジメント，職員へのスーパービジョンの方法と内容，施設における子どもの専門的な援助の修得などで，児童福祉施設の今後のあり方についても学ぶこともある。定年退職した元施設長や元幹部職員から体験を基にした講義を受けると，職員の意識の向上に役立つもの

である。

　施設長研修は，全国乳児院長研究協議会や全国児童養護施設長研究協議会といった全国レベルの研修が毎年1回行われている。また，北海道，東北，関東，近畿，四国，九州ブロックなどに分かれて施設長および幹部職員の研修が実施されている。毎年，児童福祉の専門家の基調講演，厚生労働省の行政報告や新たな社会的養護に関する課題や近未来像などについて，社会福祉審議会児童福祉専門官による講義が行われている。全国の施設長が一堂に会して講義を聴き，各種の分科会に分かれて研究討議が展開されている。分科会においては，研究テーマに沿って発題者による研究報告が行われて，専門家による助言によって研修効果を上げるように企画運営されている。

　近年のテーマでは，虐待を受けた子どもへの対応や家庭環境に問題がある子どもへの対応のあり方が課題として設定されている。また，児童養護施設の小規模化への対策について議論が深まり，これからの社会的養護の将来像に向けての具体的な意見交換が行われている。全国レベルの研修会は，参加するのに交通費，宿泊費など多額の費用が施設の経費として負担されているので，研修の効果や成果が出てこないと無駄な支出となる。研修会への参加は，ただ講演や発表を聴取するだけでは施設長の資質の向上にならないので，参加報告書をまとめて法人の機関紙や施設連盟などで発行している機関誌に発表する義務を与えるべきである。

　専門職の養成に対する海外研修も実施されており，民間企業などの後援団体が経費を助成して毎年，実施している。報告書も発行されているが，海外の児童福祉事情を視察して見聞を広めるのに大切なことであるが，児童福祉施設の政策や制度の改善に役立てないといけない。例えば，欧米諸国の児童福祉施設では，小規模施設や里親への委託が社会的養護の主流になっていることを学び，わが国の社会的養護の改善に寄与しなければならない。

（3）施設の第三者評価

　前述したように，児童養護施設や児童自立支援施設などでは，今でも職員や

施設長による子どもへの体罰や暴力行為が起きることがあり，施設内で子どもの人権が侵害されるケースが発生しているのが現状である。2000（平成12）年に社会福祉法が改正され，施設長に対して「情報の提供」「自主評価や第三者評価等による福祉サービスの質に向上のための措置等」「苦情の解決」の努力義務が課せられた。児童福祉施設の設備及び運営に関する基準においてもすべての児童福祉施設に対して子どもの最善の利益を保障し，その権利を擁護するための苦情解決システムが導入することが義務づけられ実施されている。

　苦情解決システムとは，法人理事や施設長等を「苦情解決責任者」と定めて，職員から任命された「苦情受付担当者」が苦情を受けて，苦情解決責任者および役職員以外の第三者委員の「苦情相談委員」「苦情調停委員」への報告を実施することになっている。第三者委員の会議は法人・施設によってそれぞれ実施回数や内容にはばらつきがある。社会的養護の受け皿である児童養護施設は子どもへのサービスの質を向上させることが義務づけられており，家庭生活を体験させるために，より良い環境を整備していくべきである。

　施設の評価は，行政の監査（児童福祉施設の設備及び運営に関する基準の遵守）と自己評価および第三者評価によって行われているが，施設を利用している保護者（利用者）や施設を退所した者・社会人となった当事者が施設における援助内容を正しく評価しなければならない。また，施設の専門職員は，子どもから愛されて信頼されなければならない。なぜならば，子どもの保護者として，教育者として認められる存在となるべきだからである。

　厚生労働省は，乳児院，児童養護施設，児童自立支援施設，母子生活支援施設，情緒障害児短期治療施設に対して，2013（平成25）年度から3年に1回，第三者評価を受けるように義務づけることとした。それまで実施されていた第三者評価は基準が統一されておらず，施設によって方式が異なるので支援内容の質を向上させるために，厚生労働省が運営や評価の指針を定めて都道府県に通知する方針である。評価内容は，施設における衣・食・住・学・看護・遊びなどの約100項目を3段階で評価する。その結果は，都道府県指定都市のウェブサイトなどでの公表が義務づけられている。これは現在実施されている任意

の第三者評価の実施率が14％と低いためである。

注

(1) ロジャー・グッドマン／津崎哲雄訳『日本の児童養護』明石書店，2006年，32頁（＝Roger Goodman (2000) "Children of Japanese State: Changing Role of the Child Protection Institution in the Contemporary Japan", UP.）
(2) 上野千鶴子・中西正司「当事者であること」『当事者主権』岩波書店，2003年。
(3) 上野千鶴子・中西正司「当事者活動の達成してきたもの」同前書。
(4) カナダでの交流については，側垣一也「大人が変われば子どもは変わる！」全国社会福祉協議会養護施設協議会『児童養護』31巻2号，2000年が詳しい。
(5) NPO法人日向ぼっこHP（http://hinatabokko2006.main.jp/，2011年9月11日アクセス）。
(6) ロジャー・ハート，木下勇・田中治彦・南博文監修，IPA日本支部訳『子どもの参画──コミュニティづくりと身近な環境ケアへの参画のための理論と実際』，萌文社2000年，30頁（＝Roger A Hart (1997) "Children's Participation", UNICEF）
(7) 長瀬正子「児童養護施設の生活」西田芳正編著『児童養護施設と社会的排除──家族依存社会の臨界』解放出版社，2011年，67頁。
(8) 同前書，122頁。
(9) 同前書，67-69頁。
(10) 内田龍史「児童養護施設生活者／経験者の当事者活動への期待と現実」西田芳正編著『児童養護施設と社会的排除──家族依存社会の臨界』解放出版社，2011年。
(11) 『子どもが語る施設の暮らし』編集委員会編『子どもが語る施設のくらし2』明石書店，2003年，230-231頁。
(12) なぜ，高校生交流会が終焉を迎えたのかについては，内田龍史「児童養護施設生活者／経験者のアイデンティティ問題」西田芳正編著『児童養護施設と社会的排除──家族依存社会の臨界』解放出版社，2011年，に詳しい。
(13) 2000年代に入り，施設内虐待が発覚した施設は全児童養護施設の1割にあたるという結果が示されるようになった（野津牧「児童福祉施設で生活する子どもたちの人権を守るために」『子どもと福祉』第2号，明石書店，2009年，49頁）。
(14) 桑原教修・塩見守・藤木浩行・山口公一・森田喜治「座談会・権利擁護と子どもの行動化」資生堂社会福祉事業財団『世界の児童と母性』第58号，2005年，42-55頁。
(15) 内田龍史「児童養護施設生活者／経験者のアイデンティティ問題」西田芳正編著

『児童養護施設と社会的排除——家族依存社会の臨界』解放出版社，2011年．
(16)　津崎哲雄『養護児童の声——社会的養護とエンパワメント』福村出版，2010年，16-27頁．
(17)　津崎哲雄「養護児童による意見表明と不満申し立て——『京都・施設・里親で暮らす子どもの権利のガイドブック』作成を素材に」『京都市児童福祉センター紀要』第3号，1995年．
(18)　津崎哲雄，前掲書，10-39頁．
(19)　2012年4月1日現在，経常事務費の国基準単価は一人当たり1カ月14万6,260円．

参考文献
・4節
市川太郎「社会的養護当事者組織の意義と役割——児童養護の当事者参加推進団体『日向ぼっこ』の活動を通して」高橋重宏監修『日本の子どもと家庭福祉——児童福祉法制定60年の歩』明石書店，2007年．
社会的養護の当事者参加推進団体日向ぼっこ『施設で育った子どもたちの居場所「日向ぼっこ」と社会的養護』明石書店，2009年．
津崎哲雄『養護児童の声——社会的養護とエンパワメント』福村出版，2010年．
内田龍史「児童養護施設生活者／経験者のアイデンティティ問題」「児童養護施設生活者／経験者の当事者活動への期待と現実」西田芳正編著『児童養護施設と社会的排除』解放出版社，2011年．

おわりに

　わが国の社会情勢はますます変貌しており，結婚観の多様化に伴い家族観も多様化している。離婚や未婚による単親家庭が増加してきているが，家庭における子育てのあり方が問題となってきた。親自身が子育てに不安感を抱いて，愛着関係を形成できない場合もある。いつの間にか子どもを虐待しているという状態に陥ることもある。

　社会的養護というと，乳児院や児童養護施設での児童養育が中心となっているが，これは集団養護である。子どもは家庭的な環境で育てられるということが，児童憲章，児童の権利に関する条約，児童福祉法では謳われている。今後，社会的養護施設は小規模化する方向を示しており，施設型養護から家庭型養護へシフト変換をしている。わが国の里親制度はなかなか進展していない。新たにファミリーホーム（小規模住居型児童養育事業）を制度化して，里親を中心とした小規模施設による児童養護を展開することである。

　本書では，児童の権利擁護，家庭型養護に重点を置いて記述している。各章では，新しい社会的養護について記述することにより，児童養護を学ぶ学生に対して児童福祉施設の専門性と施設の小規模化に関する知識を理解してもらう所存である。各章の執筆者は，児童相談所や児童福祉施設の職員として実践活動をされた方である。将来，保育士として福祉現場に携わる学生諸君にとって座右の書となることを確信している。

　この書物の出版を契機として，児童福祉の発展に寄与できれば幸いである。

2013年1月

石井　勲

巻末資料

児童の権利に関する条約（抄）

（1989・11・20国際連合総会で採択，平成6・5・16条約2号）

前文

この条約の締約国は，

　国際連合憲章において宣明された原則によれば，人類社会のすべての構成員の固有の尊厳及び平等のかつ奪い得ない権利を認めることが世界における自由，正義及び平和の基礎を成すものであることを考慮し，

　国際連合加盟国の国民が，国際連合憲章において，基本的人権並びに人間の尊厳及び価値に関する信念を改めて確認し，かつ，一層大きな自由の中で社会的進歩及び生活水準の向上を促進することを決意したことに留意し，

　国際連合が，世界人権宣言及び人権に関する国際規約において，すべての人は人種，皮膚の色，性，言語，宗教，政治的意見その他の意見，国民的若しくは社会的出身，財産，出生又は他の地位等によるいかなる差別もなしに同宣言及び同規約に掲げるすべての権利及び自由を享有することができることを宣明し及び合意したことを認め，

　国際連合が，世界人権宣言において，児童は特別な保護及び援助についての権利を享有することができることを宣明したことを想起し，

　家族が，社会の基礎的な集団として，並びに家族のすべての構成員特に児童の成長及び福祉のための自然な環境として，社会においてその責任を十分に引き受けることができるよう必要な保護及び援助を与えられるべきであることを確信し，

　児童が，その人格の完全なかつ調和のとれた発達のため，家庭環境の下で幸福，愛情及び理解のある雰囲気の中で成長すべきであることを認め，

　児童が，社会において個人として生活するため十分な準備が整えられるべきであり，かつ，国際連合憲章において宣明された理想の精神並びに特に平和，尊厳，寛容，自由，平等及び連帯の精神に従って育てられるべきであることを考慮し，

　児童に対して特別な保護を与えることの必要性が，1924年の児童の権利に関するジュネーヴ宣言及び1959年11月20日に国際連合総会で採択された児童の権利に関する宣言において述べられており，また，世界人権宣言，市民的及び政治的権利に関する国際規約（特に第23条及び第24条），経済的，社会的及び文化的権利に関する国際規約（特に第10条）並びに児童の福祉に関係する専門機関及び国際機関の規程及び関係文書において認められていることに留意し，

　児童の権利に関する宣言において示されているとおり「児童は，身体的及び精神的に未熟であるため，その出生の前後において，適当な法的保護を含む特別な保護及び世話を必要とする。」ことに留意し，

　国内の又は国際的な里親委託及び養子縁組を特に考慮した児童の保護及び福祉についての社会的及

び法的な原則に関する宣言，少年司法の運用のための国際連合最低基準規則（北京規則）及び緊急事態及び武力紛争における女子及び児童の保護に関する宣言の規定を想起し，

極めて困難な条件の下で生活している児童が世界のすべての国に存在すること，また，このような児童が特別の配慮を必要としていることを認め，

児童の保護及び調和のとれた発達のために各人民の伝統及び文化的価値が有する重要性を十分に考慮し，

あらゆる国特に開発途上国における児童の生活条件を改善するために国際協力が重要であることを認めて，

次のとおり協定した。

第1部

第1条〔子どもの定義〕

この条約の適用上，児童とは，18歳未満のすべての者をいう。ただし，当該児童で，その者に適用される法律によりより早く成年に達したものを除く。

第2条〔差別の禁止〕

1　締約国は，その管轄の下にある児童に対し，児童又はその父母若しくは法定保護者の人種，皮膚の色，性，言語，宗教，政治的意見その他の意見，国民的，種族的若しくは社会的出身，財産，心身障害，出生又は他の地位にかかわらず，いかなる差別もなしにこの条約に定める権利を尊重し，及び確保する。

2　締約国は，児童がその父母，法定保護者又は家族の構成員の地位，活動，表明した意見又は信念によるあらゆる形態の差別又は処罰から保護されることを確保するためのすべての適当な措置をとる。

第3条〔子どもの最善の利益〕

1　児童に関するすべての措置をとるに当たっては，公的若しくは私的な社会福祉施設，裁判所，行政当局又は立法機関のいずれによって行われるものであっても，児童の最善の利益が主として考慮されるものとする。

2　締約国は，児童の父母，法定保護者又は児童について法的に責任を有する他の者の権利及び義務を考慮に入れて，児童の福祉に必要な保護及び養護を確保することを約束し，このため，すべての適当な立法上及び行政上の措置をとる。

3　締約国は，児童の養護又は保護のための施設，役務の提供及び設備が，特に安全及び健康の分野に関し並びにこれらの職員の数及び適格性並びに適正な監督に関し権限のある当局の設定した基準に適合することを確保する。

第4条〔締約国の実施義務〕

締約国は，この条約において認められる権利の実現のため，すべての適当な立法措置，行政措置その他の措置を講ずる。締約国は，経済的，社会的及び文化的権利に関しては，自国における利用

可能な手段の最大限の範囲内で,また,必要な場合には国際協力の枠内で,これらの措置を講ずる。

第5条〔親の指導の尊重〕

　締約国は,児童がこの条約において認められる権利を行使するに当たり,父母若しくは場合により地方の慣習により定められている大家族若しくは共同体の構成員,法定保護者又は児童について法的に責任を有する他の者がその児童の発達しつつある能力に適合する方法で適当な指示及び指導を与える責任,権利及び義務を尊重する。

第6条〔生命への権利,生存・発達の確保〕

1　締約国は,すべての児童が生命に対する固有の権利を有することを認める。

2　締約国は,児童の生存及び発達を可能な最大限の範囲において確保する。

第7条〔名前・国籍を得る権利,親を知り養育される権利〕

1　児童は,出生の後直ちに登録される。児童は,出生の時から氏名を有する権利及び国籍を取得する権利を有するものとし,また,できる限りその父母を知りかつその父母によって養育される権利を有する。

2　締約国は,特に児童が無国籍となる場合を含めて,国内法及びこの分野における関連する国際文書に基づく自国の義務に従い,1の権利の実現を確保する。

第8条〔アイデンティティの保全〕

1　締約国は,児童が法律によって認められた国籍,氏名及び家族関係を含むその身元関係事項について不法に干渉されることなく保持する権利を尊重することを約束する。

2　締約国は,児童がその身元関係事項の一部又は全部を不法に奪われた場合には,その身元関係事項を速やかに回復するため,適当な援助及び保護を与える。

第9条〔親からの分離禁止と分離のための手続〕

1　締約国は,児童がその父母の意思に反してその父母から分離されないことを確保する。ただし,権限のある当局が司法の審査に従うことを条件として適用のある法律及び手続に従いその分離が児童の最善の利益のために必要であると決定する場合は,この限りでない。このような決定は,父母が児童を虐待し若しくは放置する場合又は父母が別居しており児童の居住地を決定しなければならない場合のような特定の場合において必要となることがある。

2　すべての関係当事者は,1の規定に基づくいかなる手続においても,その手続に参加しかつ自己の意見を述べる機会を有する。

3　締約国は,児童の最善の利益に反する場合を除くほか,父母の一方又は双方から分離されている児童が定期的に父母のいずれとも人的な関係及び直接の接触を維持する権利を尊重する。

4　3の分離が,締約国がとった父母の一方若しくは双方又は児童の抑留,拘禁,追放,退去強制,死亡(その者が当該締約国により身体を拘束されている間に何らかの理由により生じた死亡を含む。)等のいずれかの措置に基づく場合には,当該締約国は,要請に応じ,父母,児童又は適当な場合には家族の他の構成員に対し,家族のうち不在となっている者の所在に関する重要な情報

を提供する。ただし，その情報の提供が児童の福祉を害する場合は，この限りでない。締約国は，更に，その要請の提出自体が関係者に悪影響を及ぼさないことを確保する。

第10条〔家族再会のための出入国〕
1 前条1の規定に基づく締約国の義務に従い，家族の再統合を目的とする児童又はその父母による締約国への入国又は締約国からの出国の申請については，締約国が積極的，人道的かつ迅速な方法で取り扱う。締約国は，更に，その申請の提出が申請者及びその家族の構成員に悪影響を及ぼさないことを確保する。
2 父母と異なる国に居住する児童は，例外的な事情がある場合を除くほか定期的に父母との人的な関係及び直接の接触を維持する権利を有する。このため，前条1の規定に基づく締約国の義務に従い，締約国は，児童及びその父母がいずれの国（自国を含む。）からも出国し，かつ，自国に入国する権利を尊重する。出国する権利は，法律で定められ，国の安全，公の秩序，公衆の健康若しくは道徳又は他の者の権利及び自由を保護するために必要であり，かつ，この条約において認められる他の権利と両立する制限にのみ従う。

第11条〔国外不法移送・不返還の防止〕
1 締約国は，児童が不法に国外へ移送されることを防止し及び国外から帰還することができない事態を除去するための措置を講ずる。
2 このため，締約国は，二国間若しくは多数国間の協定の締結又は現行の協定への加入を促進する。

第12条〔意見表明権〕
1 締約国は，自己の意見を形成する能力のある児童がその児童に影響を及ぼすすべての事項について自由に自己の意見を表明する権利を確保する。この場合において，児童の意見は，その児童の年齢及び成熟度に従って相応に考慮されるものとする。
2 このため，児童は，特に，自己に影響を及ぼすあらゆる司法上及び行政上の手続において，国内法の手続規則に合致する方法により直接に又は代理人若しくは適当な団体を通じて聴取される機会を与えられる。

第13条〔表現・情報の自由〕
1 児童は，表現の自由についての権利を有する。この権利には，口頭，手書き若しくは印刷，芸術の形態又は自ら選択する他の方法により，国境とのかかわりなく，あらゆる種類の情報及び考えを求め，受け及び伝える自由を含む。
2 1の権利の行使については，一定の制限を課することができる。ただし，その制限は，法律によって定められ，かつ，次の目的のために必要とされるものに限る。
 a．他の者の権利又は信用の尊重
 b．国の安全，公の秩序又は公衆の健康若しくは道徳の保護

第14条〔思想・良心・宗教の自由〕

1　締約国は，思想，良心及び宗教の自由についての児童の権利を尊重する。
2　締約国は，児童が1の権利を行使するに当たり，父母及び場合により法定保護者が児童に対しその発達しつつある能力に適合する方法で指示を与える権利及び義務を尊重する。
3　宗教又は信念を表明する自由については，法律で定める制限であって公共の安全，公の秩序，公衆の健康若しくは道徳又は他の者の基本的な権利及び自由を保護するために必要なもののみを課することができる。

第15条〔結社・集会の自由〕
1　締約国は，結社の自由及び平和的な集会の自由についての児童の権利を認める。
2　1の権利の行使については，法律で定める制限であって国の安全若しくは公共の安全，公の秩序，公衆の健康若しくは道徳の保護又は他の者の権利及び自由の保護のため民主的社会において必要なもの以外のいかなる制限も課することができない。

第16条〔プライバシィ・通信・名誉の保護〕
1　いかなる児童も，その私生活，家族，住居若しくは通信に対して恣意的に若しくは不法に干渉され又は名誉及び信用を不法に攻撃されない。
2　児童は，1の干渉又は攻撃に対する法律の保護を受ける権利を有する。

第18条〔親の第一次的養育責任と国の援助〕
1　締約国は，児童の養育及び発達について父母が共同の責任を有するという原則についての認識を確保するために最善の努力を払う。父母又は場合により法定保護者は，児童の養育及び発達についての第一義的な責任を有する。児童の最善の利益は，これらの者の基本的な関心事項となるものとする。
2　締約国は，この条約に定める権利を保障し及び促進するため，父母及び法定保護者が児童の養育についての責任を遂行するに当たりこれらの者に対して適当な援助を与えるものとし，また，児童の養護のための施設，設備及び役務の提供の発展を確保する。
3　締約国は，父母が働いている児童が利用する資格を有する児童の養護のための役務の提供及び設備からその児童が便益を受ける権利を有することを確保するためのすべての適当な措置をとる。

第19条〔親による虐待・放任・搾取からの保護〕
1　締約国は，児童が父母，法定保護者又は児童を監護する他の者による監護を受けている間において，あらゆる形態の身体的若しくは精神的な暴力，傷害若しくは虐待，放置若しくは怠慢な取扱い，不当な取扱い又は搾取（性的虐待を含む。）からその児童を保護するためすべての適当な立法上，行政上，社会上及び教育上の措置をとる。
2　1の保護措置には，適当な場合には，児童及び児童を監護する者のために必要な援助を与える社会的計画の作成その他の形態による防止のための効果的な手続並びに1に定める児童の不当な取扱いの事件の発見，報告，付託，調査，処置及び事後措置並びに適当な場合には司法の関与に関する効果的な手続を含むものとする。

第20条〔家庭環境を奪われた子どもの養護〕
1 一時的若しくは恒久的にその家庭環境を奪われた児童又は児童自身の最善の利益にかんがみその家庭環境にとどまることが認められない児童は，国が与える特別の保護及び援助を受ける権利を有する。
2 締約国は，自国の国内法に従い，1の児童のための代替的な監護を確保する。
3 2の監護には，特に，里親委託，イスラム法のカファーラ，養子縁組又は必要な場合には児童の監護のための適当な施設への収容を含むことができる。解決策の検討に当たっては，児童の養育において継続性が望ましいこと並びに児童の種族的，宗教的，文化的及び言語的な背景について，十分な考慮を払うものとする。

第21条〔養子縁組〕
養子縁組の制度を認め又は許容している締約国は，児童の最善の利益について最大の考慮が払われることを確保するものとし，また，
a．児童の養子縁組が権限のある当局によってのみ認められることを確保する。この場合において，当該権限のある当局は，適用のある法律及び手続に従い，かつ，信頼し得るすべての関連情報に基づき，養子縁組が父母，親族及び法定保護者に関する児童の状況にかんがみ許容されること並びに必要な場合には，関係者が所要のカウンセリングに基づき養子縁組について事情を知らされた上での同意を与えていることを認定する。
b．児童がその出身国内において里親若しくは養家に託され又は適切な方法で監護を受けることができない場合には，これに代わる児童の監護の手段として国際的な養子縁組を考慮することができることを認める。
c．国際的な養子縁組が行われる児童が国内における養子縁組の場合における保護及び基準と同等のものを享受することを確保する。
d．国際的な養子縁組において当該養子縁組が関係者に不当な金銭上の利得をもたらすことがないことを確保するためのすべての適当な措置をとる。
e．適当な場合には，二国間又は多数国間の取極又は協定を締結することによりこの条の目的を促進し，及びこの枠組みの範囲内で他国における児童の養子縁組が権限のある当局又は機関によって行われることを確保するよう努める。

第22条〔難民の子どもの保護・援助〕
1 締約国は，難民の地位を求めている児童又は適用のある国際法及び国際的な手続若しくは国内法及び国内的な手続に基づき難民と認められている児童が，父母又は他の者に付き添われているかいないかを問わず，この条約及び自国が締約国となっている人権又は人道に関する他の国際文書に定める権利であって適用のあるものの享受に当たり，適当な保護及び人道的援助を受けることを確保するための適当な措置をとる。
2 このため，締約国は，適当と認める場合には，1の児童を保護し及び援助するため，並びに難

民の児童の家族との再統合に必要な情報を得ることを目的としてその難民の児童の父母又は家族の他の構成員を捜すため，国際連合及びこれと協力する他の権限のある政府間機関又は関係非政府機関による努力に協力する。その難民の児童は，父母又は家族の他の構成員が発見されない場合には，何らかの理由により恒久的又は一時的にその家庭環境を奪われた他の児童と同様にこの条約に定める保護が与えられる。

第23条〔障害児の権利〕

1　締約国は，精神的又は身体的な障害を有する児童が，その尊厳を確保し，自立を促進し及び社会への積極的な参加を容易にする条件の下で十分かつ相応な生活を享受すべきであることを認める。

2　締約国は，障害を有する児童が特別の養護についての権利を有することを認めるものとし，利用可能な手段の下で，申込みに応じた，かつ，当該児童の状況及び父母又は当該児童を養護している他の者の事情に適した援助を，これを受ける資格を有する児童及びこのような児童の養護について責任を有する者に与えることを奨励し，かつ，確保する。

3　障害を有する児童の特別な必要を認めて，2の規定に従って与えられる援助は，父母又は当該児童を養護している他の者の資力を考慮して可能な限り無償で与えられるものとし，かつ，障害を有する児童が可能な限り社会への統合及び個人の発達（文化的及び精神的な発達を含む。）を達成することに資する方法で当該児童が教育，訓練，保健サービス，リハビリテーション・サービス，雇用のための準備及びレクリエーションの機会を実質的に利用し及び享受することができるように行われるものとする。

4　締約国は，国際協力の精神により，予防的な保健並びに障害を有する児童の医学的，心理学的及び機能的治療の分野における適当な情報の交換（リハビリテーション，教育及び職業サービスの方法に関する情報の普及及び利用を含む。）であってこれらの分野における自国の能力及び技術を向上させ並びに自国の経験を広げることができるようにすることを目的とするものを促進する。これに関しては，特に，開発途上国の必要を考慮する。

第24条〔健康・医療への権利〕

1　締約国は，到達可能な最高水準の健康を享受すること並びに病気の治療及び健康の回復のための便宜を与えられることについての児童の権利を認める。締約国は，いかなる児童もこのような保健サービスを利用する権利が奪われないことを確保するために努力する。

2　締約国は，1の権利の完全な実現を追求するものとし，特に，次のことのための適当な措置をとる。

　a．幼児及び児童の死亡率を低下させること。

　b．基礎的な保健の発展に重点を置いて必要な医療及び保健をすべての児童に提供することを確保すること。

　c．環境汚染の危険を考慮に入れて，基礎的な保健の枠組みの範囲内で行われることを含めて，

特に容易に利用可能な技術の適用により並びに十分に栄養のある食物及び清潔な飲料水の供給を通じて，疾病及び栄養不良と戦うこと。

d．母親のための産前産後の適当な保健を確保すること。

e．社会のすべての構成員特に父母及び児童が，児童の健康及び栄養，母乳による育児の利点，衛生（環境衛生を含む。）並びに事故の防止についての基礎的な知識に関して，情報を提供され，教育を受ける機会を有し及びその知識の使用について支援されることを確保すること。

f．予防的な保健，父母のための指導並びに家族計画に関する教育及びサービスを発展させること。

3　締約国は，児童の健康を害するような伝統的な慣行を廃止するため，効果的かつ適当なすべての措置をとる。

4　締約国は，この条において認められる権利の完全な実現を漸進的に達成するため，国際協力を促進し及び奨励することを約束する。これに関しては，特に，開発途上国の必要を考慮する。

第25条〔医療施設等に措置された子どもの定期的審査〕

締約国は，児童の身体又は精神の養護，保護又は治療を目的として権限のある当局によって収容された児童に対する処遇及びその収容に関連する他のすべての状況に関する定期的な審査が行われることについての児童の権利を認める。

第26条〔社会保障への権利〕

1　締約国は，すべての児童が社会保険その他の社会保障からの給付を受ける権利を認めるものとし，自国の国内法に従い，この権利の完全な実現を達成するための必要な措置をとる。

2　1の給付は，適当な場合には，児童及びその扶養について責任を有する者の資力及び事情並びに児童によって又は児童に代わって行われる給付の申請に関する他のすべての事項を考慮して，与えられるものとする。

第27条〔生活水準への権利〕

1　締約国は，児童の身体的，精神的，道徳的及び社会的な発達のための相当な生活水準についてのすべての児童の権利を認める。

2　父母又は児童について責任を有する他の者は，自己の能力及び資力の範囲内で，児童の発達に必要な生活条件を確保することについての第一義的な責任を有する。

3　締約国は，国内事情に従い，かつ，その能力の範囲内で，1の権利の実現のため，父母及び児童について責任を有する他の者を援助するための適当な措置をとるものとし，また，必要な場合には，特に栄養，衣類及び住居に関して，物的援助及び支援計画を提供する。

4　締約国は，父母又は児童について金銭上の責任を有する他の者から，児童の扶養料を自国内で及び外国から，回収することを確保するためのすべての適当な措置をとる。特に，児童について金銭上の責任を有する者が児童と異なる国に居住している場合には，締約国は，国際協定への加入又は国際協定の締結及び他の適当な取決めの作成を促進する。

第28条〔教育への権利〕
1 締約国は，教育についての児童の権利を認めるものとし，この権利を漸進的にかつ機会の平等を基礎として達成するため，特に，
  a．初等教育を義務的なものとし，すべての者に対して無償のものとする。
  b．種々の形態の中等教育（一般教育及び職業教育を含む。）の発展を奨励し，すべての児童に対し，これらの中等教育が利用可能であり，かつ，これらを利用する機会が与えられるものとし，例えば，無償教育の導入，必要な場合における財政的援助の提供のような適当な措置をとる。
  c．すべての適当な方法により，能力に応じ，すべての者に対して高等教育を利用する機会が与えられるものとする。
  d．すべての児童に対し，教育及び職業に関する情報及び指導が利用可能であり，かつ，これらを利用する機会が与えられるものとする。
  e．定期的な登校及び中途退学率の減少を奨励するための措置をとる。
2 締約国は，学校の規律が児童の人間の尊厳に適合する方法で及びこの条約に従って運用されることを確保するためのすべての適当な措置をとる。
3 締約国は，特に全世界における無知及び非識字の廃絶に寄与し並びに科学上及び技術上の知識並びに最新の教育方法の利用を容易にするため，教育に関する事項についての国際協力を促進し，及び奨励する。これに関しては，特に，開発途上国の必要を考慮する。

第29条〔教育の目的〕
1 締約国は，児童の教育が次のことを指向すべきことに同意する。
  a．児童の人格，才能並びに精神的及び身体的な能力をその可能な最大限度まで発達させること。
  b．人権及び基本的自由並びに国際連合憲章にうたう原則の尊重を育成すること。
  c．児童の父母，児童の文化的同一性，言語及び価値観，児童の居住国及び出身国の国民的価値観並びに自己の文明と異なる文明に対する尊重を育成すること。
  d．すべての人民の間の，種族的，国民的及び宗教的集団の間の並びに原住民である者の間の理解，平和，寛容，両性の平等及び友好の精神に従い，自由な社会における責任ある生活のために児童に準備させること。
  e．自然環境の尊重を育成すること。
2 この条又は前条のいかなる規定も，個人及び団体が教育機関を設置し及び管理する自由を妨げるものと解してはならない。ただし，常に，1に定める原則が遵守されること及び当該教育機関において行われる教育が国によって定められる最低限度の基準に適合することを条件とする。

第30条〔少数者・先住民の子どもの権利〕
種族的，宗教的若しくは言語的少数民族又は原住民である者が存在する国において，当該少数民族に属し又は原住民である児童は，その集団の他の構成員とともに自己の文化を享有し，自己の宗

巻末資料

教を信仰しかつ実践し又は自己の言語を使用する権利を否定されない。

第31条〔休息・余暇・遊び・文化的・芸術的生活への参加〕
1 締約国は、休息及び余暇についての児童の権利並びに児童がその年齢に適した遊び及びレクリエーションの活動を行い並びに文化的な生活及び芸術に自由に参加する権利を認める。
2 締約国は、児童が文化的及び芸術的な生活に十分に参加する権利を尊重しかつ促進するものとし、文化的及び芸術的な活動並びにレクリエーション及び余暇の活動のための適当かつ平等な機会の提供を奨励する。

第32条〔経済的搾取・有害労働からの保護〕
1 締約国は、児童が経済的な搾取から保護され及び危険となり若しくは児童の教育の妨げとなり又は児童の健康若しくは身体的、精神的、道徳的若しくは社会的な発達に有害となるおそれのある労働への従事から保護される権利を認める。
2 締約国は、この条の規定の実施を確保するための立法上、行政上、社会上及び教育上の措置をとる。このため、締約国は、他の国際文書の関連規定を考慮して、特に、
  a．雇用が認められるための1又は2以上の最低年齢を定める。
  b．労働時間及び労働条件についての適当な規則を定める。
  c．この条の規定の効果的な実施を確保するための適当な罰則その他の制裁を定める。

第33条〔麻薬・向精神薬からの保護〕
  締約国は、関連する国際条約に定義された麻薬及び向精神薬の不正な使用から児童を保護し並びにこれらの物質の不正な生産及び取引における児童の使用を防止するための立法上、行政上、社会上及び教育上の措置を含むすべての適当な措置をとる。

第34条〔性的搾取・虐待からの保護〕
  締約国は、あらゆる形態の性的搾取及び性的虐待から児童を保護することを約束する。このため、締約国は、特に、次のことを防止するためのすべての適当な国内、二国間及び多数国間の措置をとる。
  a．不法な性的な行為を行うことを児童に対して勧誘し又は強制すること。
  b．売春又は他の不法な性的な業務において児童を搾取的に使用すること。
  c．わいせつな演技及び物において児童を搾取的に使用すること。

第35条〔誘拐・売買・取引の防止〕
  締約国は、あらゆる目的のための又はあらゆる形態の児童の誘拐、売春又は取引を防止するためのすべての適当な国内、二国間及び多数国間の措置をとる。

第36条〔他のあらゆる形態の搾取からの保護〕
  締約国は、いずれかの面において児童の福祉を害する他のすべての形態の搾取から児童を保護する。

第37条〔死刑・拷問等の禁止、自由を奪われた子どもの適正な取扱い〕

締約国は，次のことを確保する。
- a．いかなる児童も，拷問又は他の残虐な，非人道的な若しくは品位を傷つける取扱い若しくは刑罰を受けないこと。死刑又は釈放の可能性がない終身刑は，18歳未満の者が行った犯罪について科さないこと。
- b．いかなる児童も，不法に又は恣意的にその自由を奪われないこと。児童の逮捕，抑留又は拘禁は，法律に従って行うものとし，最後の解決手段として最も短い適当な期間のみ用いること。
- c．自由を奪われたすべての児童は，人道的に，人間の固有の尊厳を尊重して，かつ，その年齢の者の必要を考慮した方法で取り扱われること。特に，自由を奪われたすべての児童は，成人とは分離されないことがその最善の利益であると認められない限り成人とは分離されるものとし，例外的な事情がある場合を除くほか，通信及び訪問を通じてその家族との接触を維持する権利を有すること。
- d．自由を奪われたすべての児童は，弁護人その他適当な援助を行う者と速やかに接触する権利を有し，裁判所その他の権限のある，独立の，かつ，公平な当局においてその自由の剥奪の合法性を争い並びにこれについての決定を速やかに受ける権利を有すること。

第38条〔武力紛争における子どもの保護〕
1　締約国は，武力紛争において自国に適用される国際人道法の規定で児童に関係を有するものを尊重し及びこれらの規定の尊重を確保することを約束する。
2　締約国は，15歳未満の者が敵対行為に直接参加しないことを確保するためのすべての実行可能な措置をとる。
3　締約国は，15歳未満の者を自国の軍隊に採用することを差し控えるものとし，また，15歳以上18歳未満の者の中から採用するに当たっては，最年長者を優先させるよう努める。
4　締約国は，武力紛争において文民を保護するための国際人道法に基づく自国の義務に従い，武力紛争の影響を受ける児童の保護及び養護を確保するためのすべての実行可能な措置をとる。

第39条〔犠牲になった子どもの心身の回復と社会復帰〕
締約国は，あらゆる形態の放置，搾取若しくは虐待，拷問若しくは他のあらゆる形態の残虐な，非人道的な若しくは品位を傷つける取扱い若しくは刑罰又は武力紛争による被害者である児童の身体的及び心理的な回復及び社会復帰を促進するためのすべての適当な措置をとる。このような回復及び復帰は，児童の健康，自尊心及び尊厳を育成する環境において行われる。

第41条〔既存の権利の確保〕
この条約のいかなる規定も，次のものに含まれる規定であって児童の権利の実現に一層貢献するものに影響を及ぼすものではない。
- a．締約国の法律
- b．締約国について効力を有する国際法

第2部

第42条〔条約広報義務〕
　締約国は，適当かつ積極的な方法でこの条約の原則及び規定を成人及び児童のいずれにも広く知らせることを約束する。

第43条〔子どもの権利委員会の設置〕
1　この条約において負う義務の履行の達成に関する締約国による進捗の状況を審査するため，児童の権利に関する委員会（以下「委員会」という。）を設置する。委員会は，この部に定める任務を行う。
2　委員会は，徳望が高く，かつ，この条約が対象とする分野において能力を認められた10人の専門家で構成する。委員会の委員は，締約国の国民の中から締約国により選出されるものとし，個人の資格で職務を遂行する。その選出に当たっては，衡平な地理的配分及び主要な法体系を考慮に入れる。
3　委員会の委員は，締約国により指名された者の名簿の中から秘密投票により選出される。各締約国は，自国民の中から１人を指名することができる。
4　委員会の委員の最初の選挙は，この条約の効力発生の日の後６箇月以内に行うものとし，その後の選挙は，２年ごとに行う。国際連合事務総長は，委員会の委員の選挙の日の遅くとも４箇月前までに，締約国に対し，自国が指名する者の氏名を２箇月以内に提出するよう書簡で要請する。その後，同事務総長は，指名された者のアルファベット順による名簿（これらの者を指名した締約国名を表示した名簿とする。）を作成し，この条約の締約国に送付する。
5　委員会の委員の選挙は，国際連合事務総長により国際連合本部に招集される締約国の会合において行う。これらの会合は，締約国の３分の２をもって定足数とする。これらの会合においては，出席しかつ投票する締約国の代表によって投じられた票の最多数で，かつ，過半数の票を得た者をもって委員会に選出された委員とする。
6　委員会の委員は，４年の任期で選出される。委員は，再指名された場合には，再選される資格を有する。最初の選挙において選出された委員のうち５人の委員の任期は，２年で終了するものとし，これらの５人の委員は，最初の選挙の後直ちに，最初の選挙が行われた締約国の会合の議長によりくじ引で選ばれる。
7　委員会の委員が死亡し，辞任し又は他の理由のため委員会の職務を遂行することができなくなったことを宣言した場合には，当該委員を指名した締約国は，委員会の承認を条件として自国民の中から残余の期間職務を遂行する他の専門家を任命する。
8　委員会は，手続規則を定める。
9　委員会は，役員を２年の任期で選出する。
10　委員会の会合は，原則として，国際連合本部又は委員会が決定する他の適当な場所において開催する。委員会は，原則として毎年１回会合する。委員会の会合の期間は，国際連合総会の承認を条件としてこの条約の締約国の会合において決定し，必要な場合には，再検討する。

11　国際連合事務総長は，委員会がこの条約に定める任務を効果的に遂行するために必要な職員及び便益を提供する。

12　この条約に基づいて設置する委員会の委員は，国際連合総会が決定する条件に従い，同総会の承認を得て，国際連合の財源から報酬を受ける。

第44条〔締約国の報告義務〕

1　締約国は，(a)当該締約国についてこの条約が効力を生ずる時から2年以内に，(b)その後は5年ごとに，この条約において認められる権利の実現のためにとった措置及びこれらの権利の享受についてもたらされた進歩に関する報告を国際連合事務総長を通じて委員会に提出することを約束する。

2　この条の規定により行われる報告には，この条約に基づく義務の履行の程度に影響を及ぼす要因及び障害が存在する場合には，これらの要因及び障害を記載する。当該報告には，また，委員会が当該国における条約の実施について包括的に理解するために十分な情報を含める。

3　委員会に対して包括的な最初の報告を提出した締約国は，1(b)の規定に従って提出するその後の報告においては，既に提供した基本的な情報を繰り返す必要はない。

4　委員会は，この条約の実施に関連する追加の情報を締約国に要請することができる。

5　委員会は，その活動に関する報告を経済社会理事会を通じて2年ごとに国際連合総会に提出する。

6　締約国は，1の報告を自国において公衆が広く利用できるようにする。

以上の証拠として，下名の全権委員は，各自の政府から正当に委任を受けてこの条約に署名した。

巻末資料

全国児童養護施設協議会倫理綱領

社会福祉法人　全国社会福祉協議会
全国児童養護施設協議会

原則

　児童養護施設に携わるすべての役員・職員（以下，『私たち』という。）は，日本国憲法，世界人権宣言，国連・子どもの権利に関する条約，児童憲章，児童福祉法，児童虐待の防止等に関する法律，児童福祉施設最低基準にかかげられた理念と定めを遵守します。

　すべての子どもを，人種，性別，年齢，身体的な精神的状況，宗教的文化的背景，保護者の社会的地位，経済状況等の違いにかかわらず，かけがえのない存在として尊重します。

使命

　私たちは，入所してきた子どもたちが，安全に安心した生活を営むことができるよう，子どもの生命と人権を守り，育む責務があります。

　私たちは，子どもの意思を尊重しつつ，子どもの成長と発達を育み，自己実現と自立のために継続的な援助を保障する養育をおこない，子どもの最善の利益の実現をめざします。

倫理綱領

1．私たちは，子どもの利益を最優先した養育をおこないます

　一人ひとりの子どもの最善の利益を優先に考え，24時間365日の生活をとおして，子どもの自己実現と自立のために，専門性をもった養育を展開します。
身が選択し，意思決定できる機会を保障し，支援します。また，子どもに必要な情報は適切に提供し，説明責任をはたします。

2．私たちは，子どもの理解と受容，信頼関係を大切にします

　自らの思いこみや偏見をなくし，子どもをあるがままに受けとめ，一人ひとりの子どもとその個性を理解し，意見を尊重しながら，子どもとの信頼関係を大切にします。

3．私たちは，子どもの自己決定と主体性の尊重につとめます

　子どもが自己の見解を表明し，子ども自身が選択し，意思決定できる機会を保障し，支援します。また，子どもに必要な情報は適切に提供し，説明責任をはたします。

4．私たちは，子どもと家族との関係を大切にした支援をおこないます

　関係機関・団体と協働し，家族との関係調整のための支援をおこない，子どもと，子どもにとってかけがえのない家族を，継続してささえます。

5．私たちは，子どものプライバシーの尊重と秘密を保持します

　子どもの安全安心な生活を守るために，一人ひとりのプライバシーを尊重し，秘密の保持につとめます。

6．私たちは，子どもへの差別・虐待を許さず，権利侵害の防止につとめます

いかなる理由の差別・虐待・人権侵害も決して許さず，子どもたちの基本的人権と権利を擁護します。

7．私たちは，最良の養育実践を行うために専門性の向上をはかります

　自らの人間性を高め，最良の養育実践をおこなうために，常に自己研鑽につとめ，養育と専門性の向上をはかります。

8．私たちは，関係機関や地域と連携し，子どもを育みます

　児童相談所や学校，医療機関などの関係機関や，近隣住民・ボランティアなどと連携し，子どもを育みます。

9．私たちは，地域福祉への積極的な参加と協働につとめます

　施設のもつ専門知識と技術を活かし，地域社会に協力することで，子育て支援につとめます。

10．私たちは，常に施設環境および運営の改善向上につとめます

　子どもの健康および発達のための施設環境をととのえ，施設運営に責任をもち，児童養護施設が高い公共性と専門性を有していることを常に自覚し，社会に対して，施設の説明責任にもとづく情報公開と，健全で公正，かつ活力ある施設運営につとめます。

2010年5月17日　制定

全国保育士会倫理綱領

　すべての子どもは，豊かな愛情のなかで心身ともに健やかに育てられ，自ら伸びていく無限の可能性を持っています。
　私たちは，子どもが現在（いま）を幸せに生活し，未来（あす）を生きる力を育てる保育の仕事に誇りと責任をもって，自らの人間性と専門性の向上に努め，一人ひとりの子どもを心から尊重し，次のことを行います。

　　　私たちは，子どもの育ちを支えます。
　　　私たちは，保護者の子育てを支えます。
　　　私たちは，子どもと子育てにやさしい社会をつくります。

（子どもの最善の利益の尊重）
　1．私たちは，一人ひとりの子どもの最善の利益を第一に考え，保育を通してその福祉を積極的に増進するよう努めます。

（子どもの発達保障）
　2．私たちは，養護と教育が一体となった保育を通して，一人ひとりの子どもが心身ともに健康，安全で情緒の安定した生活ができる環境を用意し，生きる喜びと力を育むことを基本として，その健やかな育ちを支えます。

（保護者との協力）
　3．私たちは，子どもと保護者のおかれた状況や意向を受けとめ，保護者とより良い協力関係を築きながら，子どもの育ちや子育てを支えます。

（プライバシーの保護）
　4．私たちは，一人ひとりのプライバシーを保護するため，保育を通して知り得た個人の情報や秘密を守ります。

（チームワークと自己評価）
　5．私たちは，職場におけるチームワークや，関係する他の専門機関との連携を大切にします。また，自らの行う保育について，常に子どもの視点に立って自己評価を行い，保育の質の向上を図ります。

（利用者の代弁）
　6．私たちは，日々の保育や子育て支援の活動を通して子どものニーズを受けとめ，子どもの立場に立ってそれを代弁します。
　また，子育てをしているすべての保護者のニーズを受けとめ，それを代弁していくことも重要な役割と考え，行動します。

（地域の子育て支援）

7．私たちは，地域の人々や関係機関とともに子育てを支援し，そのネットワークにより，地域で子どもを育てる環境づくりに努めます。

（専門職としての責務）

8．私たちは，研修や自己研鑽を通して，常に自らの人間性と専門性の向上に努め，専門職としての責務を果たします。

社会福祉法人 全国社会福祉協議会

全国保育協議会

全国保育士会

索　引

あ 行

愛着関係 ……………………………… 105
愛着形成 ……………………………… 104
アセスメント ………………………… 131
遊びの集団 …………………………… 63
アフターケア …………………… 70, 112
生きる力 ……………………………… 153
衣食住 ………………………………… 101
一次預かり事業 ……………………… 80
医療型児童発達支援センター ……… 185
医療型障害児入所施設 …… 152, 161, 164
医療機関 ……………………………… 209
医療ケア ……………………………… 150
運営管理 ……………………………… 121
運営計画 ……………………………… 123
運営方針 ……………………………… 123
エリザベス救貧法 …………………… 28
エンパワメント ………………… 241, 242
親子関係尊重の原理 ………………… 65

か 行

介護保険方式 ………………………… 122
外泊 …………………………………… 171
　　――訓練 ………………………… 171
学習指導 ………………… 111, 138, 149
学習集団 ……………………………… 63
学生ボランティア …………………… 210
家族再統合 ……………… 51, 220, 223
家族調整 ……………………………… 223
家族面接 ……………………………… 170
活動範囲 ……………………………… 98
家庭裁判所 ……………………… 26, 222
家庭支援専門相談員 …… 88, 118, 134, 205, 216
家庭児童相談室 ……………………… 207
家庭的養護 …………………………… 198
家庭養護 ……………………………… 81
企業ボランティア …………………… 210
基本的生活習慣 ……………………… 10

――の確立 …………………………… 153
ギャング集団 ………………………… 11
救護法 ………………………………… 37
教育機関 ……………………………… 208
教護院 ………………………………… 173
行政との契約方式 …………………… 122
居住型児童福祉施設 …………… 22, 203
苦情解決委員会 ……………………… 233
クラブ活動 …………………………… 176
グループダイナミックス …………… 92
グループワーク ……………………… 91
ケア基準 ……………………………… 55
警察署 ………………………………… 208
軽度情緒障害児 ……………………… 168
健康 …………………………………… 104
権利基盤型アプローチ ……………… 55
合計特殊出生率 ……………………… 71
高校進学率 …………………………… 109
広汎性発達障害 ……………………… 173
子育て短期支援事業 ………………… 86
子育て広場事業 ……………………… 220
子ども家庭福祉 ……………………… 87
子ども・子育てビジョン ……… 79, 141
子ども参加 ……………………… 43, 239
子どもの権利ノート …………… 47, 48
子どもの権利条約　→児童の権利に関する条約
子どもの権利宣言 …………………… 41
子どもの心のケア …………………… 224
子ども暴力防止プログラム ……… 47-49
コノプカ, G. ………………………… 91
個別化 ………………………………… 12
　　――の原理 ……………………… 59
個別的援助 …………………………… 61
コミュニティ・プロジェクト ……… 17
コミュニティワーク ………………… 94
コルチャック博士 …………………… 41
こんにちは赤ちゃん事業　→乳児家庭全戸訪問事業

271

さ 行

災害訓練……………………………… 106
裁判所………………………………… 208
財務管理……………………………… 129
作業指導……………………………… 177
里親…………………………………… 194
里親委託児童数……………………… 194
里親が行う養育に関する最低基準…… 195
里親手当……………………………… 196
里親の認定に関する省令…………… 195
参加のはしご………………………… 42
視覚障害児…………………………… 158
事業費補助方式……………………… 122
自己の意見を表明する権利……… 24, 42
資産・設備の管理…………………… 126
思春期………………………………… 10
支援費支給方式……………………… 122
システム論…………………………… 85
施設運営管理………………………… 131
施設職員……………………………… 98
施設長………………………………… 124
　　──研修………………………… 247
　　──の懲戒権濫用禁止………… 231
施設内虐待………………… 50, 51, 230, 241
施設養護……………………………… 81
慈善組織協会………………………… 30
肢体不自由児………………………… 161
　　──施設……………………… 161
　　──通園施設………………… 185
　　──療護施設………………… 161
児童援助計画書……………………… 66
児童家庭支援センター…………… 95, 144
児童家庭福祉………………………… 1, 4
児童家庭養護………………………… 6
児童家庭養護問題…………………… 19
　　──発生のメカニズム………… 18
児童期………………………………… 9
児童虐待……………………………… 213
児童虐待の防止等に関する法律…… 40
児童虐待防止ネットワーク………… 95
児童虐待防止法　→児童虐待の防止等に関する
　法律

児童憲章……………………………… 38
児童厚生施設………………………… 117
児童指導員……………………… 114, 170
児童自立援助計画書………………… 66
児童自立支援施設………………… 21, 172
児童自立支援専門員………………… 115
児童心理司…………………………… 207
児童生活支援員……………………… 116
児童相談所………………… 5, 144, 170, 206
児童デイサービス事業……………… 191
児童の遊びを指導する者…………… 117
児童の権利………………………… 2, 58
　　──に関するジュネーブ宣言…… 31
　　──に関する条約… 3, 41-45, 49, 51-54, 229
児童のニーズ………………………… 13
児童発達支援……………… 182, 185, 188
　　──管理責任者……………… 192
児童発達支援事業…………………… 191
　　──及び放課後等デイサービス…… 191
児童福祉司………………… 89, 207, 222
児童福祉施設最低基準…………… 52, 53
児童福祉施設の設備及び運営に関する基準
　　……………………………………… 124
児童福祉の理念……………………… 1
児童福祉法…………………………… 38
児童法………………………………… 31
児童保護……………………………… 1
児童養護……………………………… 241
児童養護施設……………… 47, 50, 51, 53, 54, 136
　　──長………………………… 239
　　──等の社会的養護………… 238
自閉症児施設………………………… 152
社会的自立…………………………… 69
　　──の原理…………………… 68
社会的養護……… 45-47, 49-51, 53-55, 237-242
　　──専門委員会……………… 212
　　──当事者組織……………… 242
　　──のあり方………………… 88
　　──の課題と将来像………… 172, 235
　　──の担い手………………… 243
社会保障法…………………………… 34
重症心身障害児施設………………… 163
集団生活……………………………… 108

索　引

集団性活用の原理‥‥‥‥‥‥‥‥‥ 62
集団養護‥‥‥‥‥‥‥‥‥‥‥‥ 235
集団力動　→グループダイナミックス
重度病棟‥‥‥‥‥‥‥‥‥‥‥‥ 161
恤救規則‥‥‥‥‥‥‥‥‥‥36, 136
受容‥‥‥‥‥‥‥‥‥‥‥‥‥‥ 151
障害児通所支援‥‥‥‥‥‥182, 185, 188
障害児入所支援‥‥‥‥‥‥‥‥‥ 164
障害理解‥‥‥‥‥‥‥‥‥‥‥‥ 151
小規模グループケア‥‥‥‥‥‥‥ 234
小規模住居型児童養育事業‥138, 201, 228, 236
小舎夫婦制‥‥‥‥‥‥‥‥‥‥‥ 175
情緒障害児‥‥‥‥‥‥‥‥‥‥‥ 21
　──短期治療施設‥‥‥‥‥‥21, 167
少年教護院‥‥‥‥‥‥‥‥‥‥‥ 173
少年を指導する職員‥‥‥‥‥‥‥ 117
職員‥‥‥‥‥‥‥‥‥‥‥‥‥‥ 125
職員会‥‥‥‥‥‥‥‥‥‥‥‥‥ 127
職員給与‥‥‥‥‥‥‥‥‥‥‥‥ 243
職員研修‥‥‥‥‥‥‥‥‥‥‥‥ 127
職員組織‥‥‥‥‥‥‥‥‥‥‥‥ 126
職員配置基準‥‥‥‥‥‥‥‥‥‥ 244
食事‥‥‥‥‥‥‥‥‥‥‥‥‥‥ 102
助産施設‥‥‥‥‥‥‥‥‥‥‥‥ 132
ショートステイ‥‥‥‥‥‥‥‥‥ 204
自立援助ホーム‥‥‥‥‥‥‥‥‥ 139
自立支援‥‥‥‥‥‥‥111, 138, 150, 176
　──計画‥‥‥‥‥‥‥‥‥‥‥ 224
新救貧法‥‥‥‥‥‥‥‥‥‥‥‥ 29
親権行使‥‥‥‥‥‥‥‥‥‥‥‥ 24
親権者‥‥‥‥‥‥‥‥‥‥‥‥‥ 25
親権の一時停止‥‥‥‥‥‥‥‥‥ 225
新生児スクリーニング‥‥‥‥‥‥ 190
親族里親‥‥‥‥‥‥‥‥‥‥‥‥ 196
身体障害‥‥‥‥‥‥‥‥‥‥‥‥ 19
身体障害者障害程度等級表‥‥‥157, 165
身体的虐待‥‥‥‥‥‥‥‥‥‥‥ 213
新任職員‥‥‥‥‥‥‥‥‥‥‥‥ 127
心理的虐待‥‥‥‥‥‥‥‥‥‥‥ 213
心理療法‥‥‥‥‥‥‥‥‥‥‥‥ 169
　──担当職員‥‥‥‥‥‥‥118, 176
進路指導　→グループダイナミックス
健やか親子21‥‥‥‥‥‥‥‥‥‥ 168

スタンダードミニマム‥‥‥‥‥‥ 179
生活環境‥‥‥‥‥‥‥‥‥‥‥‥ 224
生活空間‥‥‥‥‥‥‥‥‥‥‥‥ 103
生活支援‥‥‥‥‥‥‥‥‥‥‥‥ 149
生活集団‥‥‥‥‥‥‥‥‥‥‥‥ 63
生活日課‥‥‥‥‥‥‥‥‥‥‥‥ 101
性教育‥‥‥‥‥‥‥‥‥‥‥‥‥ 109
性的虐待‥‥‥‥‥‥‥‥‥‥51, 213
性別役割分業‥‥‥‥‥‥‥‥‥‥ 75
世帯人数‥‥‥‥‥‥‥‥‥‥‥‥ 71
専門里親‥‥‥‥‥‥‥‥‥‥‥‥ 196
専門職‥‥‥‥‥‥‥‥‥‥‥‥‥ 113
専門職員研修‥‥‥‥‥‥‥‥‥‥ 245
全国高校生交流会‥‥‥‥‥‥‥‥ 240
早期療育‥‥‥‥‥‥‥‥‥‥‥‥ 192
相互作用‥‥‥‥‥‥‥‥‥‥‥‥ 86
総合環境療法‥‥‥‥‥‥‥‥‥‥ 169
相対的貧困率‥‥‥‥‥‥‥‥‥‥ 76
育ち直し‥‥‥‥‥‥‥‥‥‥‥‥ 175
セラピスト‥‥‥‥‥‥‥‥‥169, 176
ソーシャル・ケースワーク‥‥‥‥ 88
ソーシャルスキル‥‥‥‥‥‥‥‥ 153
ソーシャルワーク‥‥‥‥‥‥‥‥ 85

た　行

第1種自閉症児施設‥‥‥‥‥‥‥ 152
第1種助産施設‥‥‥‥‥‥‥‥‥ 133
第三者委員会‥‥‥‥‥‥‥‥‥‥ 233
第三者評価‥‥‥‥‥‥‥‥‥131, 247
大舎制‥‥‥‥‥‥‥‥‥‥‥‥‥ 227
第2種自閉症児施設‥‥‥‥‥‥‥ 152
第2種助産施設‥‥‥‥‥‥‥‥‥ 133
体罰‥‥‥‥‥‥‥‥‥‥‥‥‥‥ 229
短期入所生活援助事業‥‥‥‥‥‥ 204
担当保育士‥‥‥‥‥‥‥‥‥‥‥ 101
地域援助技術‥‥‥‥‥‥‥‥‥‥ 94
地域子育て支援拠点事業‥‥‥‥‥ 79
地域社会に開かれた施設‥‥‥‥‥ 122
地域小規模児童養護施設‥‥198, 201, 205
地域ボランティアセンター‥‥‥‥ 209
知的障害‥‥‥‥‥‥‥‥‥‥19, 149
知的障害児‥‥‥‥‥‥‥‥‥‥‥ 147
　──通園施設‥‥‥‥‥‥‥‥‥ 182

273

知能検査 …………………………… 149
知能指数 …………………………… 149
チャイルド・ファースト ………… 219
超重症児 …………………………… 166
治療集団 …………………………… 63
通園型児童福祉施設 ……………… 203
当事者活動 …………… 237, 238, 240
特別支援学校 ………………… 20, 158
特別養子縁組 ……………………… 197
　──制度 ………………………… 194
共働き世帯 ………………………… 75
トワイライトステイ ……………… 204

な 行

難聴 ………………………………… 157
　──児 …………………………… 189
難聴幼児通園施設 ………………… 188
日常生活 …………………………… 98
　──指導 ………………………… 164
入院助産 …………………………… 132
乳児院 ……………………………… 133
乳児家庭全戸訪問事業 …………… 79
乳幼児期 …………………………… 9
妊産婦 ……………………………… 133
ネグレクト ………………………… 213
脳性麻痺 ……………………… 162, 186

は 行

バイスティックの7原則 ………… 89
パーソナリティ …………………… 8, 9
　──の社会化 …………………… 10
発達障害 …………………………… 19
発達障害者支援法 ………………… 155
発達の保障 ………………………… 58
バーナードホーム ………………… 30
母の家 ……………………………… 141
被虐待児個別対応職員 …………… 119
被措置児童等虐待防止ガイドライン …… 234
ファミリーサポートセンター事業 …… 79
ファミリーソーシャルワーカー　→家庭支援専門相談員
ファミリーホーム ……… 138, 201, 228, 236
複雑性PTSD ……………………… 216

福祉型児童発達支援センター …… 182, 188
福祉型障害児入所施設 …… 147, 152, 156, 161
福祉事務所 ………………………… 207
服装 ………………………………… 101
二葉保育園 ………………………… 141
普通養子縁組 ……………………… 197
プライバシー ……………………… 52
保育士 ……………………………… 113
防火・非常災害管理 ……………… 129
法人 ………………………………… 125
暴力 ………………………………… 228
ボウルビィ報告書 ………………… 15
保健指導 …………………………… 133
保護者 ……………………………… 217
母子支援員 ………………………… 116
母子生活支援施設 ………………… 141
母子通園 …………………………… 190
母子入園部門 ……………………… 161
母子寮 ……………………………… 142
ボランティア活動 ………………… 209
ホワイトハウス会議 ………… 15, 33

ま・や 行

民営化 ……………………………… 179
盲ろうあ児施設 …………………… 156
夜間養護事業 ……………………… 204
ユニットケア ……………………… 234
養育環境 …………………………… 218
養育里親 …………………………… 195
養育単位の小規模化 ……………… 135
養育的治療 ………………………… 175
要救護児童に関する会議　→ホワイトハウス会議
養護児童の声会議 ………………… 33
養護児童のニーズ ………………… 14
養子縁組 …………………………… 196
要保護児童対策地域協議会 …… 91, 95, 177, 221

ら・わ 行

リスク要因 …………………… 217, 218
リッチモンド, M. E. ……………… 85
療育 …………………………… 183, 186
倫理綱領 …………………………… 55

ろう……………………………… 156
労役場………………………………… 29
労務管理……………………………… 128
枠のある生活………………………… 174

欧　文

CAP プログラム　→子ども暴力防止プログラム
COS　→慈善組織協会
DV ……………………………………… 143

執筆者紹介（所属，執筆分担，執筆順，＊は編者）

＊小田　兼三（編著者紹介参照，はじめに，第1章）

岩本　華子（奈良教育大学特任講師，第2章，第5章）

長瀬　正子（佛教大学社会福祉学部専任講師，第3章，第15章4節）

＊石井　　勲（編著者紹介参照，第4章，第9章，第10章1節1・2・5・6，第13章，第15章1～3・5節，おわりに）

石田　雅弘（奈良文化女子短期大学幼児教育学科教授，第6章，第10章3節，第14章）

畠中　義久（社会福祉法人大念仏寺社会事業団大念仏寺社会福祉研究センター長，第7章，第8章，第10章1節3・4）

前田　有美（社会福祉法人南河学園児童養護施設南河学園児童指導員，第7章，第10章1節3・4）

平田　庸子（ECC国際外語専門学校子ども英語保育コース専任教員，第8章）

川端　浩一（A・TEC株式会社サービス管理責任者，第10章2節1）

松岡　　徹（社会福祉法人日本ヘレンケラー財団障害者支援施設アテナ平和館長，第10章2節2～5，第11章）

石井　公子（元・関西国際大学非常勤講師，第12章）

編著者紹介

小田兼三（おだ・けんぞう）
 1940年大阪府生まれ。
 1964年　関西学院大学大学院社会学研究科社会福祉学専攻修士課程修了。
 現　在　東京福祉大学・大学院教授，社会学博士。
 主　著　『養護原理』（共編）ミネルヴァ書房，1982年。
    『養護内容の理論と実際』（共編）ミネルヴァ書房，2007年。

石井　勲（いしい・いさお）
 1935年宮城県生まれ。
 1957年　大阪府立社会事業短期大学卒業。
 現　在　名古屋学芸大学非常勤講師。ファミリーホーム「やわらぎの家」ホーム長。
 主　著　『養護原理』（共編）ミネルヴァ書房，1982年。
    『養護内容の理論と実際』（共編）ミネルヴァ書房，2007年。

社会的養護入門

2013年4月20日　初版第1刷発行　　〈検印省略〉

定価はカバーに表示しています

編著者	小田　兼三
	石井　　勲
発行者	杉田　啓三
印刷者	江戸　宏介

発行所　株式会社　ミネルヴァ書房
607-8494　京都市山科区日ノ岡堤谷町1
電話代表　(075)581-5191
振替口座　01020-0-8076

©小田兼三・石井勲ほか，2013　共同印刷工業・藤沢製本

ISBN978-4-623-06596-7
Printed in Japan

福祉職員研修ハンドブック
　　　　　　　　　　　　　津田耕一 著　Ａ５判　210頁　本体2000円
●職場の組織力・職員の実践力の向上を目指して　利用者主体の支援のための方法論を具体的に解説した１冊。

ジェネリスト・ソーシャルワークの基盤と展開
　　　　　　　　　　　　　山辺朗子 著　Ａ５判　280頁　本体3000円
●総合的包括的な支援の確立に向けて　現代の日本の福祉状況を踏まえ，現実の支援と理論が結びつくように考えられたジェネリスト・ソーシャルワークを基にした実践基盤を解説，新しいソーシャルワークの実践体系を提言。

援助を深める事例研究の方法　第２版
　　　　　　　　　　　　　岩間伸之 著　Ａ５判　216頁　本体2200円
●対人援助のためのケースカンファレンス　ポイント解説や事例のまとめ方を中心に内容の充実を図った新版。

ソーシャルワークの理論と方法Ⅰ
　　── 岩田正美・大橋謙策・白澤政和 監修　岩間伸之・白澤政和・福山和女 編著
　　　　　　　　　　　　　Ｂ５判　292頁　本体2800円
●ジェネリストソーシャルワークの視点に基づき，総合的・包括的なソーシャルワークとは何かを分かりやすく解説。

ソーシャルワークの理論と方法Ⅱ
　　── 岩田正美・大橋謙策・白澤政和 監修　岩間伸之・白澤政和・福山和女 編著
　　　　　　　　　　　　　Ｂ５判　272頁　本体2600円
●ミクロからマクロまでの各レベルにおける支援の根底にある「共通の理論と方法」を踏まえ，ソーシャルワークの展開過程の中で必要となる様々な手法を分かりやすく解説。

──── ミネルヴァ書房 ────
http://www.minervashobo.co.jp/